AF525585

Die Spirituelle Weisheit des Altertums

Band 3

Clavis Verlag, Frankfurt am Main
Zeichnungen: Andrea Schröder (Titel, Seite 175)
Satz: Albert Wimmer, Grafikdienste
Druck: Buchproduktion Ebertin, Uhldingen-Mühlhofen

ISBN 978-3-934839-15-1

Die Spirituelle Weisheit des Altertums

Band 3

Thomas Michael Schmidt

Einweihung

in Ägypten, Indien und den Mithrasmysterien

„Die ersten Menschen sind die Stammväter,
und sie werden nur als Geschaffene bezeichnet,
nicht als Geborene, denn sie hatten keinen Vater
und keine Mutter. Man nennt sie einfach Menschen.
Durch Zauberkraft sind sie vom Schöpfer erschaffen
worden. Nun hatten sie das Aussehen von Menschen
und waren auch Menschen, sie sprachen und hatten
Vernunft, sahen und hörten, gingen und griffen
mit den Händen. Es waren wohlgebildete, schöne
Menschen, und sie hatten ein fein gebildetes Antlitz.
Ihr Blick reichte so weit, daß sie in einem Augenblick
alles sahen und die ganze Welt bis auf den Grund
erkannten. Wenn sie aufblickten, sahen sie mit
Leichtigkeit alles im ganzen Umkreis, im Innern
des Himmels sowohl wie im Innern der Erde.
Ihr Blick drang überall hin."

Aus dem Schöpfungsbericht der Quiché-Indianer
im alten Guatemala [21]

Inhaltsverzeichnis

Rückblick und Vorschau 8

Die Ägyptischen Mysterien 12
Osiris – Die Weltseele 12
Seth und die Zerstückelung des Osiris 18
Die Mysterien von Tod und Auferstehung 33
Horus und sein Kampf mit Seth 38
Isis – Göttin der Weisheit 47
Die Identität der ägyptischen und griechischen Mysterien 53
Die Gottheiten des Morgen- und Abendlichts 59
Eine Einweihung in die Isismysterien 73
Der Aufstieg der Seele in die Himmelswelten 82

Mysterienwissen im Vorderen Orient 100
Ba'al – Der sterbende Gott 100
Die Ausstoßung aus dem Paradies 103

Einweihung in Indien 117
Soma – Der Trank der Unsterblichkeit 120
Shiva – Der Gott der Einweihung 129
Yoga – Aufstieg durch die sieben Bewußtseinsebenen 138
Der Buddha-Weg – Die Ebenen der Meditation 144
Tibet – Die Seele in den Jenseitswelten 160

Die Mithras-Mysterien 165
Ursprung und Ziele der Mithras-Mysterien 165
Der Aufstieg durch die sieben Planetensphären 179
Wer und was war Mithras? 196
Der indische Lichtgott Mitra 205
Mithras – Der Morgenstern der Seele 210

Mithras – Der kosmische Beweger 220
Himmelsreise – Ein Einweihungserlebnis 224

Mysterienwissen in Amerika und Ozeanien 228
Quetzalcoatl – Himmelsträger und Gott der Einweihung 228
Hainuwele – Die begrabene Gottheit 239

Abenddämmerung der Einweihung 246
Dante – Die letzte Himmelsreise der Alten Welt 246

Synthese 256
Die weltweite Einheit der Mysterien 256
Zwillingsbrüder – Der gute und der böse Gott 262

Einweihung als Selbsterlösung 270

Die zitierten Werke 281

Rückblick und Vorschau

Hiermit liegt der dritte Band einer Folge vor, in der das spirituelle Leben des Altertums beschrieben wird. Zum vollen Verständnis des Inhalts wird die Kenntnis der beiden anderen Werke vorausgesetzt. Für Leser, denen sie nicht bekannt sind, seien hier noch einmal kurz die wichtigsten Ergebnisse der vorangegangenen Untersuchungen angeführt.

Bei den Menschen des Altertums war die Seele weit unabhängiger vom Körper als beim heutigen Menschen. Sie konnte sich leichter vom Leibe, das heißt von den Sinnesorganen und vom physischen Gehirn, lösen und außersinnliche Erfahrungen machen. Wahrträume waren nicht selten. Auch die Sehergabe trat häufiger auf. Mit dem leibfreien Bewußtsein konnten die Menschen des Altertums auch spirituelle Wesen, die sogenannten Götter und Elementarwesen, wahrnehmen und mit ihnen kommunizieren.

Verstärkt wurden diese Anlagen durch die Einweihung in die Mysterien. Es gab die Dionysos-Mysterien, die in freier Natur und auf Bergesgipfeln stattfanden und einen ekstatischen Charakter trugen. Geordneter ging es in den beiden wichtigsten griechischen Mysterienstätten zu, in Eleusis und Samothrake. In Eleusis standen die Schicksale der in die Unterwelt verbannten *Persephone* und ihrer Mutter *Demeter* im Zentrum. Dort wurde den Menschen nach längerer Vorbereitung eine Erweiterung ihres Bewußtseins zuteil. Den Seelen wurde ermöglicht, in die Spirituellen Sphären aufzusteigen, mit Göttern und Verstorbenen zu kommunizieren und sich bis zur Sphäre des Absoluten Seins und Bewußtseins zu erheben. Dionysos werden wir hier als *Osiris*, Demeter als *Isis* wiederfinden.

Diese Welten und Wesen wurden nicht mit den äußeren Sinnesorganen wahrgenommen, sondern mit dem Inneren Licht, mit dem erleuchteten Bewußtsein. Dabei tritt das sogenannte „Dritte Auge" in Funktion, das auch den Kyklopen, den Urmenschen, zugeschrieben wurde. Die Möglichkeit außersinnlicher Wahrnehmung und das Sehen mit dem Dritten Auge wurden in den alten Kulturen durch die Schlange symbolisiert.

Durch die Einweihung wird die Seele vom Haften an den Körper befreit. Sie erkennt sich als Teil der Großen Seele des Alls, der Weltseele. In diese kann sie sich unbegrenzt ausdehnen, was als „Flug der Seele" erlebt wird. Die höheren Regionen der Weltseele können als die Sphären des „Weltgeistes" bezeichnet werden. Dort kann der menschliche Geist die göttlichen Urgedanken wahrnehmen, welche der Weltschöpfung zugrunde liegen. Schließlich kann er mit dem Absoluten verschmelzen, das jenseits der offenbarten Welten liegt.

Alle diese Erlebnisse traten auch bei der ägyptischen und indischen Einweihung und den Mithras-Mysterien auf, was im vorliegenden Band geschildert wird. Die dort gemachten Erfahrungen gingen teilweise noch über diejenigen in den griechischen Mysterien hinaus. Der vollständige Weg der Seele in der Einweihung besteht im Durchschreiten der sieben spirituellen Planetensphären und dem darauf folgenden Aufstieg in die Fixsternwelt. Diese „Himmelsreise", die Wanderung durch die Sphären, ist zentraler Bestandteil der drei genannten Einweihungswege. Sie verständlich zu machen und dem heutigen Leser nahezubringen ist ein Hauptanliegen dieses Werkes.

Das bereits erwähnte Dritte Auge spielte in den ägyptischen und indischen Lehren eine herausragende Rolle. In Ägypten wurde es als das „Mondauge" oder „Horusauge" benannt und durch die Stirnschlage symbolisiert, welche die Pharaonen in der Form eines goldenen Diadems und natürlich auch die Götter tragen. Auf unzähligen Abbildungen erscheint es in Indien an der Stirn Shivas und in Asien an derjenigen Gotamo Buddhas. Im indischen Yoga ist das Stirnauge eines von insgesamt sieben astralen Wahrnehmungsorganen, welche die Wahrnehmung der sieben spirituellen Planetensphären ermöglichen.

Der Verlust des Dritten Auges, das heißt der außersinnlichen Wahrnehmung, war das zentrale Thema der weltweiten Mysterienlehren. Ursachen und Folgen dieses Verlustes nehmen deshalb auch in diesem

Band einen großen Raum ein. In diesem Zusammenhang werden die Hintergründe dieser Katastrophe und die verursachende Macht spiritueller Finsternis beleuchtet. Der mit diesem Verlust verbundene Sturz der Menschheit in die Tiefen des materiellen Daseins wird von den verschiedenen Mysterienlehren dem Sinne nach übereinstimmend geschildert.

In den genannten Kulturen spielten die Gottheiten der Einweihung eine äußerst wichtige Rolle. Dabei muß berücksichtigt werden, daß diese Götter und Göttinnen während der Einweihung wirklich wahrgenommen wurden. Für die eingeweihten Menschen des Altertums waren die Götter eine selbstverständliche, unleugbare Realität. Über ihre Offenbarung als individuelle Geistgestalten hinaus repräsentieren sie die Prinzipien des Seins und Bewußtseins. Osiris *ist* die Weltseele, Horus *ist* die Kraft der Erleuchtung, Isis *ist* die Gesamtheit des spirituellen Wissens. Das gilt für die spirituelle Außenwelt wie auch für die Innenwelt des Menschen. Die Seele im Menschen *ist* ein Teil von Osiris, das erleuchtete Bewußtsein im Menschen *ist* ein Teil von Horus, die Weisheit im Menschen *ist* ein Teil von Isis. *Die gesamte seelische und geistige Innenwelt des Menschen ist ein Teil der spirituellen Prinzipien und der sie repräsentierenden Gottheiten.*

Nicht nur der Leib, sondern auch Seele und Geist des Menschen stellen einen *Mikrokosmos* dar, der alle Kräfte des Weltalls in konzentrierter, essentieller Form enthält. Will man die hier geschilderten Prinzipien und Gottheiten wirklich verstehen, muß man sie als real vorhandene und wirksame Kräfte unserer eigenen Innenwelt begreifen. Auf diesem Wege verlieren sie auch ihre Fremdheit. Alle Gottheiten müssen übersetzt werden in Begriffe der Seele und des Geistes. *Auch alle Vorgänge, die sich in den Spirituellen Welten und zwischen den Göttern abspielen, beziehen sich immer zugleich auf den Menschen und seine Seele.* Die Zerstückelung des Osiris betrifft *uns selbst*, ebenso die Erblindung des Horus und die verzweifelte Suche der Isis. Seth und Horus fechten ihren Kampf in unserer Seele aus. Alle diese Katastrophen haben uns selbst betroffen. Die Heilung und Auferstehung des Osiris ist unsere eigene Erlösung, und recht verstanden kommt sie durch unsere eigenen Anstrengungen zustande. Alle diese Erzählungen einer lange zurückliegenden Vergangenheit reichen bis in unsere Zeit und in die Zukunft. Dieses Buch führt recht verstanden nicht in die Vergangenheit, sondern in die Problematik der Gegenwart und Zukunft, wo sie noch viel drängender geworden ist.

Die Untersuchungen dieses Buches begründen eine neue Wissenschaft, die *Vergleichende Mysteriengeschichte*. Sie ist ein Teil der spirituellen Religionsgeschichte und enthüllt die globale Einheit und Identität der Mysterien und der auf ihnen beruhenden Mythen, der Mysterienlehren und Mysteriengötter. Diese Identität ist, wie sich der Leser überzeugen kann, bis in viele Einzelheiten hinein außergewöhnlich, ja geradezu sensationell. Die hier zum erstenmal ausgebreiteten Erkenntnisse der globalen Identität der Mysterienreligionen bedeuten eine Revolution der Religionsgeschichte.

Auf diesen Wegen tasten wir uns zurück in eine Urvergangenheit, in der ein weltweites Spirituelles Bewußtsein existierte, das in seinen wesentlichen Erkenntnissen bei vielen Völkern und auf mehreren Kontinenten übereinstimmte. Das Buch lädt ein zu einer spirituellen Weltrundreise von Indien über Persien, Ägypten, den Vorderen Orient, Kleinasien, Griechenland, das Römische Weltreich, über den Atlantik nach Mittelamerika, nach Ozeanien und von dort zurück über Asien in das Italien des vierzehnten Jahrhunderts. Manches, aber nicht alles, kann durch kulturellen Austausch erklärt werden. Aber die wesentlichen Grunderkenntnisse wurden weltweit durch die Einweihung bei den betreffenden Völkern gewonnen. – Die Mysterien der sogenannten Naturvölker konnten hier nicht behandelt werden. Ihnen hat *Mircea Eliade*, der führende spirituell orientierte Völkerkundler des 20. Jahrhunderts, eine profunde und ausführliche Darstellung gewidmet (Das Mysterium der Wiedergeburt. Initiationsriten, ihre kulturelle und religiöse Bedeutung. Zürich, 1961).

Einweihung und Erleuchtung sind nach wie vor existent, wenn auch nur sehr eingeschränkt. In Indien und dem buddhistischen Asien sind ihre Prinzipien noch nicht vergessen. Und in Europa besteht wenigstens bei einigen wenigen Seelen noch die Sehnsucht nach einer Ausweitung des Bewußtseins. Die beste Bestätigung für Wahrheit und Wirksamkeit der Einweihung bilden der meditative Buddhaweg und die indischen Yogasysteme, die eine Bewußtseinserweiterung anstreben. Diese Wege liefern unanfechtbare Beweise für die Existenz spiritueller Erfahrungen. Sie stammen ursprünglich aus dem ersten vorchristlichen Jahrtausend und werden hier als eine indische Variante der Einweihung behandelt. Die überragende Gestalt *Gotamo Buddhas*, der sich durch Selbsteinweihung die höchste Ebene des Seins und Bewußtseins erobert hat, kann weltweit für alle Menschen ein höchstes Vorbild spirituellen Strebens sein, auch wenn sie keine „Buddhisten" sind. Der vollkommen Erwachte repräsentiert die ewige und höchste Wahrheit der Einweihung. In seiner Person erblicken wir die Krönung der Mysterien und den lebenden Beweis ihrer Wirklichkeit.

Die Ägyptischen Mysterien

Osiris – Die Weltseele

Die Götterwelt der alten Ägypter ist für den christlich erzogenen Europäer nur schwer zu durchschauen. Ohne kundige Führung findet er sich in der verwirrenden Vielfalt von Göttern und Göttinnen kaum zurecht. In diesem Band wird ein zusammenhängender Komplex von Gottheiten entschlüsselt, der mit den Mysterien zusammenhing. Ihre Funktionen und die innere Logik der sich um sie gruppierenden Vorgänge werden sichtbar und auch dem Verstande faßbar.

Die Welt teilte sich für den alten Ägypter in zwei grundverschiedene, getrennte Bereiche, das Diesseits und das Jenseits. In beiden Welten fühlte der Ägypter sich heimisch. In der diesseitigen irdischen Welt konnte er sich der Lebensfreude hingeben und sich selbst durch seine Fähigkeiten verwirklichen, die sich in Baukunst, Skulptur, Malerei, Töpferei, Weberei, Musik und vielen anderen Handwerken äußerten. Doch schlummerte in seiner Seele auch eine unstillbare Sehnsucht nach einem Weiterleben in der jenseitigen Welt. Diese beiden Bereiche wurden durch zwei überragende Göttergestalten repräsentiert. Die äußere Sinnenwelt wurde durch den Sonnengott *Re* konstituiert und beherrscht. Sein Licht und seine kosmische Lebenskraft durchpulsten die Welt und verliehen ihr sichtbare Schönheit und Lebensfreude. Ihm gegenüber stand der Gott *Osiris*. Er war der Herrscher in der unsichtbaren Seelenwelt, in der die entkörperten menschlichen Seelen leben. In ihrem Leben auf Erden schauten die Ägypter zum Sonnengott Re empor, in ihrem jenseitigen Leben zu Osiris.

Im Verlauf von dreitausend Jahren ägyptischer Kulturentwicklung verschoben sich Interesse und Sehnsucht der Menschen immer mehr auf den jenseitigen Bereich, hin zu Osiris. Er war es, der ihre individuellen Zukunftshoffnungen erfüllte und sie in die Himmelswelten führte, wo alle ihre irdischen Mühen und Leiden ein Ende haben würden. Die Sonnenverehrung dagegen nahm immer mehr Züge eines formalistischen, entleerten Staatskultes an, welcher der Selbstbestätigung der politischen und priesterlichen Kaste diente und dem Einzelnen nichts mehr zu bieten hatte. Diese Entwicklung setzte sich bis in die ersten nachchristlichen Jahrhunderte fort. Der Sonnengott, der das irdische Leben regierte, verlor seinen Platz in den Herzen der Menschen. Osiris führte die Seelen in das unsterbliche Dasein der Himmelswelten und vermittelte ihnen Hoffnung für die Ewigkeit.

Doch bot Osiris den Seelen bereits auf Erden die Möglichkeit, sich der Jenseitigen Welt zu nähern. Das geschah auf den Wegen der Mysterien und der Einweihung. Durch sie betraten Seelen die Höheren Welten und konnten sich bereits auf Erden mit Osiris, der Großen Seele der Welt, vereinigen. In dieser Sphäre der Mysterien traten ihm seine Schwester und Gattin *Isis* und ihr gemeinsamer „Sohn“ *Horus* zur Seite.

Diese drei Mysteriengottheiten müssen in ihren Funktionen erkannt werden, um die Mysterien zu verstehen.

Osiris – Das Wasser. – Osiris ist der Spender des Wassers. Für die Ägypter war der Nil im wahrsten Sinne des Wortes das Lebenselement, von dem ihr Leben und Überleben abhing. Für sie war der Nil eine Gabe des Osiris. „Die Ägypter nennen nicht nur den Nil, sondern ganz allgemein jedes Wasser den Ausfluß des Osiris" (Plutarch). Diese Vorstellung bildete für den Ägypter ein wichtiges Element der Mythen um Osiris. „Ihn erlebte er in den schwellenden Wassern, deren Steigen das Wiederaufleben des Gottes bezeugte. Gerade in Philae, der mythischen Ursprungsstätte des Stromes, war Osiris ganz mit dem Nil einsgeworden. Aus seinem Bein, der Reliquie Philaes, brechen die Nilquellen auf" [1]. Als Quelle des im Gebirge entspringenden Nils wurde er auch bildlich dargestellt. „Du bist der Nil ... Götter und Menschen leben von deinen Ausflüssen", heißt es von Osiris.

Vielfältig sind auch seine Beziehungen zu verschiedenen Seen und zu Inseln in einem See. Osiris fährt auf dem See zu *Sais* oder „auf dem großen See des Chons", des Mondgottes. Auf dem heiligen See von Sais, einem Kultort des Gottes, fanden nächtliche Osirisfeiern statt. Auf der Neschmet-Barke fährt Osiris bei seinen Festen von *Abydos* aus auf dem Nil, um als vom Tode Auferstandener wieder zurückzukehren. In Abydos, einem Hauptkultort des Gottes, lag auch das *Osireion*, ein kultisches Denkmal. Aus einer Wasserfläche erhob sich ein steinerner Stufenbau, auf dem die Mumie des Osiris lag. Der getötete Gott ruhte also auf dem Wasser und würde aus ihm auch wieder auferstehen. Auf dem Felseneiland *Bigge* westlich der Insel Philae befand sich ein dem Osiris geweihtes „heiliges Gefilde", das *Abaton* genannt wurde. Es war so heilig, daß es nur von Berufenen betreten werden durfte. Bei *Busiris*, dem Heimatort des Gottes, lag sein Grab auf einer Insel. „Kein Laie durfte die Insel betreten, kein Singen und Musizieren die Stille stören. Darum waren auch Jagd und Fischfang in der Umgebung des Osirisgrabes verboten" [1].

Den Ägyptern war bewußt, daß das Wasser alles Leben hervorbringt.

Diese unendlich wichtige Gabe des Gottes war die Grundlage ihrer Landwirtschaft. Osiris wurde deshalb auch mit der Vegetation in Verbindung gebracht. Es gehörte zu den kultischen Riten, die Gestalt des Osiris aus Erde zu formen und mit Getreidekörnern zu besäen. Die aus der Erde wachsenden Ähren waren ein Zeichen dafür, daß aus den Kräften des Gottes das pflanzliche Leben entsteht. Auch mit den Bäumen war Osiris eng verbunden. Neben seinem Sarg pflanzte man einen Baum. Auf einer Abbildung wächst aus dem Leib des toten Gottes ein Baum empor, und in der Osirislegende wuchs um den Sarg eine Zeder.

Osiris – Der Stier. – Eng ist die Beziehung des Osiris auch zu den Tieren, vor allem zu den Rindern und dem Stier. Die urtümlichen Herrschaftsinsignien, die er auf Abbildungen in den Händen hält und an denen er erkannt werden kann, sind der Krummstab und die Geißel. Der Krummstab ist der Hirtenstab, die Geißel die Peitsche für die Tiere. Osiris war also ursprünglich ein göttlicher *Hirte* und engstens mit der Tierwelt, vor allem mit den Rinderherden, verbunden. Deshalb war *Milch* eine wichtige Opfergabe in seinem Kult.

Mit dem seit frühester Zeit kultisch verehrten Stier *Apis* ist Osiris regelecht verschmolzen und unter dem Namen Apis-Osiris gleichgesetzt worden. Man dachte sich das Verhältnis auch so, daß die Seele des sterbenden Osiris in den Apisstier einging. In dem Gott *Sarapis*, der in der Spätzeit eine überragende Rolle spielte, sind beide dem Namen und dem Wesen nach vereint. Die 42 Serapeen Ägyptens waren Kultstätten des Osiris; dort wurden unzählige mumifizierte Stiere bestattet. Auch andere kultisch verehrte Stiere wurden mit Osiris verschmolzen. Der Stier war bei den alten Völkern das Symbol der Zeugungskraft und Fruchtbarkeit, die durch diese Verbindung auch Osiris zugeschrieben wurden.

Osiris – Der Phallus. – Die Zeugungskraft wurde bei den alten Völkern durch den *Phallus* symbolisiert. Auch dieses Symbol gehört zu Osiris. „Bei den Festen, die man ihm feierte, spielte aber auch in der offiziellen Religion das aufgerichtet Glied eine Rolle“ [1]. Es gab deshalb ithyphallische Abbildungen von Osiris, die ihn mit erigiertem Glied zeigten, und anhand dieses Symbols kann er auf Darstellungen identifiziert werden. Die ägyptischen Frauen feierten zu seinen Ehren ein Fest, die sogenannten Pamylien, bei dem Bilder des Gottes mit beweglichem Glied mitgeführt wurden. Plutarch hat es mit den griechischen Phallephorien zu Ehren des Dionysos verglichen. Auch der Gott *Min*, der zu den wichtigen Göttern Ägyptens gehörte, wurde mit erigiertem Glied dargestellt. Wie Osiris war er ein Gott der Fruchtbarkeit und mit dem Stier und dem Mond verbunden.

Osiris – Der Mond. – Alle hier genannten Elemente und Naturvorgänge – Wasser, Tierwelt, Stier, Zeugung, Fruchtbarkeit, Wachstum – wurden von den alten Völkern als Wirkungen der *Mondenkräfte* aufgefaßt, wofür es zahlreiche mythologische Zeugnisse gibt. Besonders der Stier mit seiner gewaltigen Zeugungskraft wurde als lebendes Symbol des Mondes betrachtet. Und so ist auch Osiris mit dem Mond verbunden. Schon jedes einzelne der hier geschilderten Symbole zeigt eine Beziehung zum Mond an. Auch das Verschwinden und Wiedererscheinen des Mondes am Himmel wurde in Parallele zum Tod und der Auferstehung des Gottes gesetzt. Eine Inschrift auf einer Stele Ramses' IV. bekräftigte die Gleichsetzung von Mond und Osiris: „Du bist der Mond am Himmel, du verjüngst dich nach deinem Wunsche und alterst, wann du willst“ [2]. Osiris ist auch Herr der Seelenwelt, des Reiches der Verstorbenen, das von den alten Völkern mit der Mondensphäre gleichgesetzt wurde.

Eine höchst wichtige Beziehung zum Mond stellt auch das „Mondauge“ oder „Horusauge“ her, das als das Dritte Auge der übersinnlichen Wahrnehmung eine zentrale Rolle in den Mythen um Osiris, seinen Sohn *Horus* und ihren Widersacher *Seth* spielt, wie noch zu schildern sein wird. Schließlich verweist auch die Zahlensymbolik um Osiris auf den Mond. Als irdischer König der Vorzeit regierte er 28 Jahre lang. Seine Leiche wurde von Seth bei Mondlicht in 14 Teile zerstückelt. Diese beiden Zahlen sind abgeleitet von dem rund 28tägigen Mondlauf. Zudem ist auch *Isis*, die Schwester und Gattin des Osiris, eng mit dem Mond verbunden.

Osiris – Der Herrscher der Seelenwelt. – Der seelisch-geistige Aspekt des Osiris wird sichtbar in seiner Rolle als Herrscher im Reich der Verstorbenen, der Seelenwelt. Dadurch nahm er im Leben der Ägypter einen zentralen Platz in ihren Gedanken und Hoffnungen ein. In dieser Funktion war er in ihrem Leben sozusagen allgegenwärtig, und es existieren dafür unzählige Zeugnisse. In seinem Reich, der Welt der entkörperten Seelen, findet auch das Jenseitsgericht statt, bei dem Osiris von einem Kollegium von 42 göttlichen Richtern umgeben ist. Die Totenliturgien rufen den Gestorbenen als einen „Osiris" an, was bedeutet, daß er in der Seelenwelt nun ein Teil des Gottes wird. In der Funktion als Totengott ist er mit mehreren anderen Totengöttern verschmolzen. So ist der alte Totengott von Abydos, *Chontamenti*, in Osiris aufgegangen, ebenso wie *Sokaris*, der Totengott von Memphis. Auch *Sarapis (Serapis)*, der Unterweltsgott der Spätzeit, wurde mit Osiris identifiziert. Isis wurde als seine Gattin angesehen, so wie sie auch die des Osiris ist.

Osiris – Die Weltseele. – Die Sphäre der Verstorbenen, das heißt der entkörperten Seelen, und die Seelenwelt als solche sind Teilaspekte der Weltseele. Die „Seele des Alls", wie Platon sie nennt, umfaßt auch die Planetensphären und die Sternenwelt. Nach dem Absterben des Leibes steigen die entkörperten Seelen auf in die spirituellen Sphären der Planeten und der Sternenwelt, was noch zu schildern sein wird. Jede Einzelseele ist ein unabtrennbarer Teil der Allseele, die von Osiris repräsentiert wird. Nach dem Tode erkennt sich die Seele deshalb als Teil des Osiris, das heißt der Weltseele. Von den Priestern, die ihr Weisungen für das nachtodliche Leben erteilen, wird sie mit ihrem irdischen Namen und dem Zusatz „Osiris" angesprochen, zum Beispiel als „Osiris Ahmose". In der Seelenwelt trifft die Seele auf Osiris, der dort ein Richteramt ausübt, aber die Seelen auch gütig in sein Reich aufnimmt.

Nur wenn wir aufsteigen zur Erkenntnis des Osiris als Repräsentant der Weltseele können wir den Vorgang seiner Zerstückelung verstehen: Durch das Herabsteigen in die Materie und die Umkleidung mit physischen Leibern wird die Große Weltseele aufgeteilt und aufgesplittert in unzählige Einzelseelen. Dieser Vorgang liegt weit zurück in der Vergangenheit und gehört zum ersten Teil der Mysterienlehren. Der Tod des Osiris, die Zersplitterung der Weltseele also, bildete im alten Ägypten für die gesamte Bevölkerung einen zentralen Teil des spirituellen Lebens und prägte entscheidend ihr Bewußtsein. Die Grundlehren der Mysterien, insofern sie erzählt und im Kultgeschehen nachgeahmt wurden, waren den Ägyptern öffentlich zugänglich und ein überaus wichtiger Teil ihres religiösen Denkens. Um den Verlust und die Wiedergewinnung der Weltseele rankten sich zahlreiche mythische Erzählungen, deren Sinn wir im folgenden herauszuarbeiten haben. – Die Zerstückelung des Osiris hat ihr Gegenstück in derjenigen des Dionysos-Zagreus, was Thema der im zweiten Band geschilderten griechischen Mysterien war. Zwischen Osiris und Dionysos besteht im Ganzen und in zahlreichen Einzelzügen vollkommene Identität, worauf wir noch zurückkommen.

Seth und die Zerstückelung des Osiris

Das Weltbild der Ägypter war dualistisch geprägt. Zwar durchdrang der Sonnengott die Welt mit Lebenskraft und hielt im großen und ganzen die Weltordnung aufrecht. Hinter den Kulissen tobten jedoch ständig unerbittliche Kämpfe zwischen Spirituellen Wesen, die sich auch auf das Leben der Menschen auswirkten. Der Hauptgegner der guten Götter und der Feind der Menschen war der Gott *Seth (Set, Sutekh)*. Wie auch Osiris und Isis stammte er in gerader Linie vom Schöpfergott *Atum* ab. Er gehörte zu den ältesten Göttern der Ägypter und nahm lange Zeit eine gleichberechtigte Stellung neben den anderen ein; zu gewissen Zeiten rückte er sogar in die Stellung eines Staatsgottes auf. Im Verlauf von zwei Jahrtausenden wurde den Ägyptern aber immer mehr seine Rolle als Störer und Zerstörer der himmlischen und irdischen Ordnung bewußt. Im ersten vorchristlichen Jahrtausend verspürten die Menschen angesichts des Seth immer mehr Furcht und Grauen; sie wandten sich von ihm ab und löschten seinen Namen aus. Seth ist ein unabtrennbarer Teil der aus Licht und Finsternis bestehenden Weltordnung. Ohne ein Verständnis seiner Gestalt blieben auch die Mysterien unverständlich, weshalb er hier mit einer gewissen Ausführlichkeit dargestellt werden muß.

Was den Menschen Respekt vor Seth abnötigte, waren seine Kraft und Macht. „Groß an Kraft“ wurde er genannt, und die Könige führten ihre eigene kriegerische Stärke auf ihn zurück. Sie verglichen ihre Rücksichtslosigkeit mit derjenigen des Seth, „wenn er wütet“ – was damit gemeint ist, kennen wir zur Genüge. Und da Seth ein Spirituelles Wesen ist, bewunderte man auch seine „Zauberkraft“. Magier, die Böses im Schilde führten, wandten sich um Unterstützung ihrer finsteren Pläne an ihn.

Seth war der Gott der Wüste. Von seinen speziellen Kultorten zweigten Karawanenstraßen ab, und auch in Oasen wurde er verehrt. Versengende Glut, Dürre, Öde, Unfruchtbarkeit prägen die Wüstengegenden, und aus diesen Regionen brachen auch immer wieder die räuberischen Wüstenstämme nach Ägypten ein. „Seth ist auch Herr der dunklen Gewalten, die verheerend aus der Wüste hervorbrechen. Da sind vor allem die Stürme. Sie und mit ihnen alle Unwetter kommen von Seth. In dem Tosen der entfesselten Elemente erlebt man sein Wüten und Brüllen als Herr des Gewittersturms“ [1].

Gern im Bunde mit einem Gott, der irdische Macht verleiht, waren natürlich die Könige. Auch im Alten Ägypten ging es um das Gewinnen, das Ausüben und Behalten der Macht. Und so sahen sich die Könige von Seth und dem Himmelsgott Horus zugleich beschützt und mit Macht ausgestattet. Der König „ist Horus und Seth“, so hieß es. Die Macht des Staates wurde gleichsam aufgeteilt in einen „Anteil des Horus“ und einen „Anteil des Seth“. Diese irdischen Zustände spiegeln eine Weltordnung wider, in welche die Macht der Finsternis integriert ist.

Besonders eng war die Verbindung zwischen Seth und den Königen während der 19. und 20. Dynastie. Könige wie *Sethos I.* und *Sethnacht* nannten sich nach ihm. In diesen Dynastien erreichte die irdische

Machtentfaltung und der militärische Imperialismus einen bis dahin nicht gekannten Höhepunkt. Zur Machtbesessenheit steigerten sich diese Tendenzen bei *Ramses II.* Er ließ die *Ramsesstadt* im östlichen Deltagebiet errichten, von wo aus er seine militärische und politische Macht in den Vorderen Orient ausdehnte. Durch zahlreiche Kriegszüge suchte er seinen Einfluß immer mehr zu erweitern. Er war der Sohn von Sethos I., der sich nach dem machtvollen Gott benannt hatte. In der Ramsesstadt errichtete er Seth einen eigenen Tempel, und eines der vier dort stationierten Armeekorps wurde nach Seth benannt.

Unterstrichen wurde der Machtwahn des Ramses von seiner sexuellen Gier und Besessenheit, die sich in wüsten Orgien am Königshof austobten. Auch dem Seth schrieb man solche animalisch-sexuellen Triebe zu. Der Machtwahn steigerte sich bei Ramses zum Größenwahn. Mit gigantischen Statuen seiner Person, die jedes menschliche Maß sprengten, ließ er sich als Gott verherrlichen. Die innere Verbindung zwischen Ramses II. und Seth wirft ein Licht auf den Machtaspekt, der untrennbar mit diesem Gott verbunden ist. Die Macht wird um ihrer selbst willen erstrebt und möglichst ins Grenzenlose erweitert. In einem solchen Staate sind Menschen nur noch willfährige Marionetten in der Hand eines besessenen Machthabers, hinter dessen Gestalt sich finster und drohend der Dunkle Herrscher erhebt.

Eine ausführliche und tiefsinnige Darstellung des Seth hat uns der antike Eingeweihte und Philosoph *Plutarch* (ca. 45–125) in seinem Buch „Über Isis und Osiris“ [3] gegeben. Es gehört zu den wichtigsten Quellen der altägyptischen Mysterien. Plutarch hat seine Erkenntnisse aus Gesprächen mit ägyptischen Priestern erhalten und sie systematisch zu einem Ganzen zusammengefügt. Er setzt Seth mit dem griechischen *Typhon* gleich und benennt ihn auch so. Das ist völlig berechtigt, denn die beiden dämonischen Mächte gleichen sich nicht nur im Allgemeinen und in vielen Einzelheiten, sondern auch in Hinblick auf die Zerstückelung des Osiris und Dionysos. Die im folgenden in Anführung gesetzten Zitate entstammen dem genannten Werk Plutarchs. An den Stellen bei Plutarch, wo er von „Typhon“ spricht, setzen wir hier „Seth-Typhon“.

Seth – Der Feind der Weltordnung. – In der Vorstellung der alten Völker sowie in der modernen wissenschaftlichen Kosmopsychologie ist es die Aufgabe der Sonne, die Weltordnung aufrechtzuerhalten. Ihre ordnende Macht setzt allen Kräften und Bestrebungen im Kosmos ein Maß, sie begrenzt die Einzelimpulse, die immer über das Ziel hinauszuschießen bestrebt sind. Sie koordiniert und harmonisiert die vielfältigen, oft widerstreitenden Kräfte. Ohne sie würde im Kosmos sofort das Chaos ausbrechen.

Dieser Ordnungsmacht steht die Chaos und Unordnung schaffende Macht Seth-Typhons gegenüber. Er bringt Unordnung in die Ordnung, Störungen in die Regelmäßigkeit der kosmischen und irdischen Verhältnisse, Verwirrung in die geregelten Abläufe. Störungen treten auf, „wenn die Herrschaft der ungeordneten und unbegrenzten Kraft gegen die Regeln verstößt". Dann werden alle Verhältnisse „von der Macht der Unordnung und Störung erfaßt, die aus den Regionen in der Höhe zu der unsrigen verbannt ist". So ist Seth-Typhon beispielsweise auch für die „Verwirrung der Jahreszeiten" und die „fehlende Ausgeglichenheit des Klimas" verantwortlich [3]. Die klimatischen Verhältnisse bilden den regelmäßigen Gang der Sonne im Jahreslauf ab. Dieser Ablauf wird von Seth-Typhon gestört. Für den Zeitgenossen am Beginn des dritten Jahrtausends, der sich „fehlender Ausgeglichenheit des Klimas" und einer drohenden weltweiten Klimakatastrophe gegenübersieht, sind das nachdenkenswerte Aussagen. Solche Verwirrung der klimatischen Verhältnisse hat sowohl „Verdorren" der lebenswichtigen Pflanzenwelt als auch Überschwemmungen zur Folge. In Hinblick auf das Pflanzenleben ist Seth-Typhon „die Macht der Dürre", eine Macht, welche „sengt und brennt" [3]. Alles, was die Ordnung der Natur durchbricht, geht auf sein Wirken zurück. Seine Macht wird „zur Urheberin von unheilvollen Ereignissen; in der Erde von Stößen und Beben, in der Atmosphäre von Dürre und gewaltigen Stürmen, dann wieder von Wirbelwinden und Gewittern. Sie vergiftet mit Krankheitsstoffen Gewässer und Winde" [3].

Im menschlichen Organismus macht sich Unordnung als Krankheit bemerkbar. Alles was Schaden bringt, wo auch immer es sein mag, geht auf Seth-Typhons Wirken zurück. Eine Steigerung des Schädlichen ist das in jeder Hinsicht Zerstörende. Seth-Typhon bringt Unordnung, Verwirrung, Störung, Zerstörung und letzten Endes Tod in die Welt, in die Natur und die Menschheit. „Zu Seth-Typhon paßt nichts Strahlendes, nichts Heilbringendes, keine Ordnung, kein Werden und keine maßvolle und sinnvolle Bewegung, sondern das Gegenteil davon" [3]. Heil und Heilbringendes gehen hervor aus dem Maß, der Begrenzung, der gegenseitigen Beziehung aufeinander und der Abstimmung untereinander. Dem Heil steht das Unheil, dem Heilbringenden das Unheilbringende gegenüber, das von Seth-Typhon stammt. Ihm sind das rechte Maß und die Begrenzung unbekannt. Der für gesundes Werden notwendigen Stetigkeit steht das Sprunghafte, die Unterbrechung kontinuierlichen Wachstums gegenüber. Nichts bei Seth-Typhon ist maßvoll, alles übertrieben oder untertrieben, alles ohne das rechte Maß. So muß man „alles, was in diesen Naturerscheinungen maßlos und ungeordnet ist, sei es im Zuviel, sei es im Zuwenig, Seth-Typhon zuschreiben, hingegen die Ordnung ... als Abbild, Nachahmung und Logos des Osiris verehren" [3]. (Hier müßte richtiger von der universalen Ordnung des Sonnengottes die Rede sein, doch wollte Plutarch in seinem Werk vor allem den Gegensatz von Seth-Typhon und Osiris herausarbeiten, der ebenfalls besteht, aber auf der Ebene des *Bewußtseins*).

Aus allen diesen genannten Mängeln kann in dieser Sphäre niemals ein *Sinn* entstehen. Alle Aktivitäten dieser Macht führen ins Sinnlose, in den Unsinn. Ein *Organismus* und *organisches Werden* bedürfen der inneren Ordnung, der Regelmäßigkeit, der Stetigkeit, des Maßes. Ein solches Organisches ist Seth-Typhon fremd, niemals könnte er einen Organismus erschaffen, in dem alle Teile harmonisch zusammenwirken. Deshalb stellt er ein Zerrbild des Lebens dar. Allein schon aus diesem Grunde ist er für das Leben eine Gefahr. Für alle organische, sinnvolle, zielgerichtete Entwicklung bedeutet die von ihm ausgehende Wirkung „Hemmnis und Hinderung", „insofern die Macht Seth-Typhons dem ordentlichen Gang der Dinge in den Weg tritt, wenn sie dem richtigen

Ziel zustreben“ [3]. Seth-Typhon ist der Herr der Hindernisse.

Die Welt bedarf der Ordnung und deshalb auch einer Ordnungsmacht, beides repräsentiert durch die spirituelle Kraft der Sonne. In Ägypten wurde die Ordnung der Welt durch den Sonnengott *Re* repräsentiert. Er ist fundamental und untrennbar mit der Weltordnung verbunden, welche die Ägypter als die Göttin *Maat* benannten. Die ordnende Macht der Sonne besteht nicht in Zwang und Unterdrückung, sondern in der weisen Koordinierung und Harmonisierung der widerstreitenden Kräfte, in der Setzung und Aufrechterhaltung von Maß und Grenze, von Wahrheit und Gerechtigkeit. Eine solche Ausübung von Macht ist Seth-Typhon unbekannt. Er praktiziert Macht als „das Unterdrückende und gewaltsam Zwingende“ [3]. Hier geht es um „Herrschaft, welche Seth-Typhon immer wieder mit Gewalt zu erringen strebt“. Durch ein solches Herrschaftsstreben wird jede organische Ordnung einer Gesellschaft bedroht, und Tyrannei, sozialer Zerfall, Aufruhr und Chaos werden das Ergebnis sein.

Auch in der menschlichen Seele existieren sowohl Ordnung als auch Unordnung. Ihrer höheren Abstammung gemäß ist die Seele gesund, wenn die verschiedenen Seelenregungen, Triebe, Willensregungen, Bestrebungen, Emotionen, Gefühle und Gedanken nicht allzu sehr untereinander im Widerstreit stehen. Auch für ein gesundes Seelenleben ist Koordinierung und Harmonisierung wichtig. Gewinnen aber einzelne Impulse die Oberhand über die anderen, beginnt die Einheit der Seele zu zerfallen, innerer Zwiespalt breitet sich aus, die Seele erkrankt an inneren Widersprüchen. Damit öffnet sie sich dem Einfluß von Seth. Er verstärkt jeden Widerspruch, jede Spaltung, jede Erkrankung. Die Seele verliert das rechte Maß, das lebenswichtig für ihre Gesundheit ist. Unter Seths Einfluß nehmen die Seelenregungen die Richtung auf das Böse. Die Seele beginnt sich von den anderen Seelen und der Weltseele abzutrennen und wird zu einem egoistischen Einzelwesen, dem nur noch die Befriedigung der eigenen Triebe wichtig ist. Auch die bösen Regungen der Seele sind das Werk von Seth-Typhon, sagt uns Plutarch. Ägyptische Texte sprechen regelrecht von „Seth-Menschen“, die wahrnehmbar für ihre Umwelt eine unheilvolle Ausstrahlung besitzen. In der menschlichen Seele wirken viele verschiedene, auch von Natur aus im Widerstreit stehende Regungen. Manche Bestrebungen ziehen die Seele „nach oben", zum Beispiel hin zu religiöser Schwärmerei, andere „nach unten" in sinnenhafte und triebhafte Verstrickungen. Seth verstärkt die animalischen Triebe im Menschen, ja das in der gesamten Tierwelt wirkende Triebhaft-Unbewußte und die dort vorherrschende Dumpfheit sind sein Werk. Eines der Symboltiere Seths war das Nilpferd, aufgrund der gewaltigen Körpermasse ein Bild für die niederziehende Tendenz und für animalische Dumpfheit. Das Krokodil, ebenfalls ein Tiersymbol für Seth, bezeichnete mehr die tierische Grausamkeit und Gefräßigkeit. In diesen Bereichen herrscht die Finsternis unterbewußter Dumpfheit, die nie vom Licht des Höheren Bewußtseins erhellt wird. Nicht nur die Seele, sondern die ganze Welt wird durch Seths Einfluß verfinstert.

In allen hier geschilderten Zügen bildet Seth den Gegensatz zur Sonne und ihren Wirkungen. Ihrer lebenschaffenden Tätigkeit steht die Leben zerstörende Wirkung gegenüber, der Ordnung die Unordnung, dem Maß die Maßlosigkeit, der Regelmäßigkeit die Regellosigkeit, der Herrschaft der Ordnung und des Rechts die Tyrannei, dem Licht die Finsternis. Das gesunde sonnenhafte Selbstbewußtsein ersetzt Seth durch Anmaßung, Frechheit und Rebellion. In den Totenliturgien ist immer wieder von den „Rebellen" die Rede, vor denen die Seele sich im nachtodlichen Dasein in acht nehmen muß. Plutarch berichtet, daß die Sternkundigen unter den ägyptischen Priestern Seth als ein negatives Sonnenprinzip ansahen. Das kann nach diesen Überlegungen nur bestätigt werden. Seth ist der Dämon der Sonne. All sein Wirken geht darauf aus, die bestehende, auf der Tätigkeit der Sonne beruhende Weltordnung zu zerstören und seine eigenen dunklen Prinzipien an ihre Stelle zu setzen.

Seth will jedoch auch alles Höhere im Menschen beseitigen. Die Verwirklichung der spirituellen Anlagen in der menschlichen Seele und ihr Aufstieg in die höheren Sphären des Weltgeistes würden Seths Macht auf Erden ein Ende bereiten. Das ist der eigentliche Grund, warum er *Horus*, den Sohn von Isis und Osiris, als seinen Todfeind bekämpft. Denn Horus als die Personifizierung des erweiterten Bewußtseins und der Erleuchtung verhilft dem Menschen zu diesem Aufstieg.

Aus diesem Grunde sind Seth bereits klares Denken, gesunder Menschenverstand und die Vernunft verhaßt, denn diese Eigenschaften begrenzen seine Macht. Ihm ist daran gelegen, den Seelen das innere Licht zu rauben und sie ganz in der äußeren sinnenhaften Wahrnehmung aufgehen zu lassen. Dann nämlich können sie die Außenwelt nicht mehr als spirituelle Schöpfung, sondern nur noch als von allem Geist entblößte Materie wahrnehmen. Seth macht den Menschen zu einem Materialisten und Atheisten. Dadurch verfallen die Seelen den Erdenkräften in ihren negativen Aspekten.

Insofern verkörpert Seth auch das Prinzip der Materie und materieller Verdichtung und Verhärtung. Die Ägypter nannten deshalb ebenso wie die Griechen das Eisen in der Erde die Knochen Seth-Typhons, berichtet uns Plutarch. Er personifiziert auch den tiefsten Abgrund der Erde, den Tartaros, welcher von den Römern der Orcus genannt wurde. In dieser Hinsicht ist er identisch mit dem griechischen *Pluton* und dem römischen *Dis*, die im zweiten Band beschrieben sind. Horus hingegen befreit den Menschen von den niederziehenden Erdenkräften und verhilft der Seele zur Loslösung von der Materie.

Plutarch hat Seth ausdrücklich und in Einzelheiten mit Typhon identifiziert. Das ermöglicht uns, das Bild des Seth noch durch die Beschreibung Typhons in den griechischen Mythen zu ergänzen. In der Gestalt des Typhon sahen die Griechen die eigentliche dämonische Gegenmacht zum Göttlichen. Dieses Wesen, das als „Gott“ (theos) und „Herrscher“ (anax) bezeichnet wird, besitzt fast die gleiche Kraft und Macht wie der Himmelsherrscher *Zeus*, dessen ständiger Gegenspieler er ist und dessen Herrschaft er ernsthaft bedroht. Sein Streben ist darauf gerichtet, Zeus die Herrschaft über die Welt zu entreißen und sich selbst an seine Stelle zu setzen. Sein Aussehen und seine Macht sind so furchtbar, daß alle Götter vor ihm die Flucht ergreifen.

Seine Herkunft und sein Wesen sind stark durch die Erdenkräfte geprägt. Er ging symbolisch aus der Vereinigung der Erde *(Gaia, Ge)* mit dem tiefsten Abgrund *(Tartaros)* hervor, ist also die Personifizierung der Erdentiefe. Es gab noch eine andere Version der Herkunft. Danach hat die Göttin *Hera*, die „Gemahlin" des Zeus, ihn aus sich selbst hervorgebracht. Die enge Beziehung zu Hera läßt Typhon als den Sonnendämon erkennen, da Hera selbst in ihrer Herrschsucht und ihrer Opposition zu Zeus bereits negative Sonnenkräfte verkörpert. Die meisten anderen dämonischen Wesen in ihrer Mythologie führten die Griechen auf Typhon zurück. Aus seinem Blute entstanden die reißenden Tiere.

Schon der Anblick seiner Gestalt ist furchterregend; sie ist geflügelt und himmelhoch, sein menschenförmiger Kopf reicht bis zu den Sternen. Seine Augen sprühen Feuer. An seinen hundert Armen sitzen zischende Schlangenhäupter und statt in Beine und Füße geht der Rumpf in gewaltige schlangenartige Windungen über. Mit ungeheuren Kräften ausgestattet stürmt er gegen den Himmel an, um ihn in Besitz zu nehmen und sich die Weltherrschaft anzueignen. Aus seinem Rachen dringen Flammen und zischende Töne von Schlangen oder Stier- und Löwengebrüll, Hundegebell und schrilles Pfeifen, von dem die Berge widerhallen. Typhon ist schwarz von Aussehen, und deshalb werden ihm – wie auch dem römischen Unterweltsgott *Dis* – schwarze Lämmer geopfert. Aus diesen Beschreibungen geht – trotz aller Größe – sein untermenschliches Wesen hervor. Als die Götter seiner angesichtig wurden, verwandelte ihre Angst sie in Tiere – ein Gleichnis für die vertierende Macht des Dämons.

Zeus allein stellt sich ihm zum Kampfe und schleudert seine Blitze auf ihn. Diese „Blitze" bestehen aus dem Licht der übersinnlichen Erkenntnis, die alle materialistische Verblendung auflöst. Doch selbst Zeus gerät einmal in Typhons Gewalt. Dieser fesselt ihn mit Stricken und schneidet ihm die Sehnen heraus. Nur durch den listenreichen *Hermes* kann Zeus wieder befreit werden. Beim erneuten Kampf wirft dieser den Berg Ätna auf den Dämon und begräbt ihn darunter. Der ebenso wie die Götter unsterbliche Typhon ist jedoch keineswegs vernichtet; zwar liegt er nun in der Erdentiefe, aber von dort äußert sich sein Wüten in Erdbeben und Vulkanausbrüchen. Typhon ist auch der Urheber von Stürmen und Orkanen. Mit seinen Wirbelwinden vernichtet er Felder und Wälder, Tiere und Menschen, Häuser und Schiffe.

Eng ist Typhon mit der Erde, der Gesteinswelt und den Gebirgen verbunden. Wenn er gegen Zeus kämpft, schleudert er abgebrochene Felsblöcke und ganze Berge gegen ihn. Diese Kämpfe vollziehen sich oft in Gebirgen, zum Beispiel im Kaukasus, im syrischen Kasiongebirge oder im thrakischen Nysagebirge. Offensichtlich will Typhon sich von dort aus den Himmel erobern. Deckung vor den Blitzen des Zeus sucht er in der Erde, in die er sich in Schlangenform verkriecht. Bei einer ähnlichen Gelegenheit schneidet er eine tiefe Furche in die Erde, die daraufhin den Fluß Typhon – später Orontes genannt – aufnimmt.

Das irdische Gefängnis Typhons wurde vor allem nach Sizilien oder unter den Ätna verlegt. Typhon wird geradezu als der Geist der Erde aufgefaßt, dessen Leib die feste Erdkruste ist. So lastet zum Beispiel die ganze Felsenküste von Kyme auf ihm, so daß sein Leib von Kampanien bis Sizilien von Erde bedeckt ist. Nach anderen Vorstellungen liegt er unter dem Golf von Neapel mit den Phlegräischen Feldern und der Insel Ischia mit dem Vulkan Epomeo. Diese Gleichsetzung mit der Erde erklärt auch, warum Typhon als der Verursacher von Erdbeben betrachtet wird, die durch seinen gewaltigen Zorn auf die Götter erregt werden. Die Gleichsetzung mit der Gesteinswelt der Erde und ihren Erzen drückt sich darin aus, daß die in der Erde vorhandenen Eisenerzadern als die Knochen Typhons aufgefaßt werden.

Mit diesen Bildern macht der griechische Mythos Aussagen von größter Bedeutung. Da der geflügelte Typhon mit seinem Kopf bis an die Sterne reicht, ist er ursprünglich ein kosmisches Wesen. Dieser Gott wird vom Himmelsherrscher *in die Erde verbannt!* Diese radikale Form von Verbannung, die mit geradezu welterschütternden Kämpfen in der spirituellen Welt verbunden ist, muß als eines der wichtigsten Ereignisse in der Geschichte des Universums betrachtet werden. Die Verbannung betrifft ja nicht nur eine große Schar spiritueller Wesen, sondern auch die Menschheit selbst. Sie gerät ab diesem Zeitpunkt unter den Einfluß Typhons. Im Grunde beginnt mit diesem Vorgang bereits der Sturz der Weltseele und damit aller menschlichen Seelen in den Abgrund der Materie.

Daß – wie im zweiten Band geschildert – der Unterweltsgott *Pluton* die Weltseele in Gestalt der *Persephone* in die Erdentiefe entführen kann, setzt seine eigene vorherige Verbannung dorthin voraus. In der Gestalt des Pluton und des ihm entsprechenden römischen Unterweltsgottes *Dis* haben wir demnach Typhon-Seth vor uns. Sie alle sind unter wechselnden Namen vom Himmelsherrscher in die Tiefen der Materie verbannt worden. Von dort aus üben sie ihre niederziehenden und zerstörenden Kräfte auf alle Menschen aus. Über die völlige Zerrüttung der Menschheit oder ihre gänzliche Vernichtung erhoffen sie den Sieg über die Götter zu erringen und ihre Rachegefühle zu befriedigen. Würde ihnen dieser Sieg zufallen, wäre es in der Tat ein Triumph über die göttlichen Mächte mit unabsehbaren Folgen. Von Typhon wird gesagt, daß er mit einer weitausholenden Bewegung zahlreiche Sterne vom Himmel holte und sie gefangen in einem Netz hinter sich herschleppt. Mit diesen Sternen sind menschliche Seelen gemeint, die aus ihrer kosmischen Heimat stürzen und in die Gewalt der Erdenkräfte geraten. In diesem Vorgang werden die wahren Ziele des Dämons erkennbar. Wenn es nach ihm ginge, würde er alle Sterne vom Himmel holen und alle Seelen in seinem Reich gefangen setzen.

Die Verbannung in die Erdentiefe folgte – so müssen wir annehmen – einem göttlichen Plan. Mit welchem unabsehbaren Risiko er verbunden ist, zeigen bereits die mythischen Schilderungen der Kämpfe im kosmischen Bereich. In dieser Sicht wird die Bedeutung der Mysterien und der Einweihung umso deutlicher. Durch die Erlangung des erleuchteten Bewußtseins wird der Mensch ein wirksamer Mitkämpfer gegen die niederziehende Macht der Materie und des Materialismus, die den Geist regelrecht aufzusaugen bemüht sind.

Plutarch besaß eine umfassende, für damalige Verhältnisse fast global zu nennende Bildung und ein reges Interesse für die Religionen und Mysterien anderer Völker. Ihm ist die Identität Seths nicht nur mit dem griechischen Typhon, sondern auch mit dem persischen *Ahriman* aufgefallen, der in Griechenland *Areimanios* hieß. Er verweist ausdrücklich auf die Lehre des jüngeren Zarathustra, nach welcher der dunkle und böse Ahriman und der lichte und gute *Ahura Mazda* Zwillingssöhne des höchsten Gottes *Zervan* sind. Der ganze Weltprozeß bestand für die Perser aus dem Machtkampf dieser beiden Wesen, einem Kampf zwischen Licht und Finsternis, Wahrheit und Lüge, Gut und Böse, wobei sich die beiden Prinzipien in ihrer jeweiligen Vorherrschaft abwechseln. Wie die Perser selbst beschreibt Plutarch Ahriman als die Personifizierung der Unwissenheit und Dunkelheit, womit die geistige Verfinsterung durch den Materialismus gemeint ist. Er ist vor allem der Geist der Lüge. In Persien galt *drug* – dem im deutschen sprachlich der *Trug* entspricht – als die Macht der Lüge, die vor allem von Ahriman verkörpert wird. Auch verursacht er Krankheiten und Seuchen. Wie in Ägypten dem Seth unterstanden ihm auch bestimmte Pflanzen und Tiere. Zur Erklärung verweist Plutarch dabei auf die Konzeption der Weltseele bei *Platon*, die sowohl die guten als auch die bösen Kräfte enthalte. Wenn Seth-Typhon-Ahriman in ägyptischer Sicht der Sonnendämon ist, muß konsequenterweise Ahura Mazda der persische Sonnengott sein, wofür es auch noch andere Hinweise gibt.

Die Zerstückelung des Osiris. – Der ägyptische Mythos verlegt die Ermordung des Osiris auf die Erde, wo dieser seine weise Herrschaft ausübte und die Menschen durch Kunst und Religion veredelte. Mit teuflischer Schlauheit ersann Seth-Typhon einen hinterhältigen Plan, wie er Osiris täuschen und vernichten könne. Zur Durchführung bediente er sich 72 Mitverschworener, die er zusammen mit den anderen Göttern zu einem Gastmahl lud. Hören wir dazu Plutarchs Erzählung:

„Typhon maß insgeheim die Körpergröße des Osiris und ließ danach eine schöne, reich verzierte Truhe machen. Die brachte er zum Trinkgelage mit; und als man sich über ihren Anblick freute und staunte, habe er scherzhaft versprochen, wer sich hineinlege und genau dieselbe Größe habe, solle die

Truhe zum Geschenk erhalten. Da hätten es alle der Reihe nach versucht, und als niemand hineinpaßte, sei Osiris hineingestiegen und habe sich hingelegt. Da seien die Teilnehmer des Gelages herbeigestürzt, hätten den Deckel zugeklappt und mit Holzkeilen außen befestigt, dann über diese heißes Blei gegossen; so hätten sie die Truhe zum Fluß gebracht und durch die tanitische Mündung ins Meer treiben lassen" [3].

In dieser Geschichte tritt die *Täuschung*, die fundamental zu Seths Wesen gehört, deutlich zutage. Die Einzelheiten der mythischen Erzählung verweisen auf Seth als den Sonnendämon. Die 72 Helfer symbolisieren die 72 Jahre, innerhalb derer der Frühlingspunkt der Sonne um einen Grad am Himmel weiterrückt. Die Sonne ist zudem das *gestaltgebende Prinzip*, das auch die *Körpermaße* beherrscht. Mit der Erzählung wird also auch ausgesprochen, daß sich Seth die Eigenschaften des Sonnengottes anmaßt. Zudem wird auf den jährlichen Sonnenlauf angespielt, denn der Anschlag fand zu der Zeit statt, als die Sonne das Sternzeichen Skorpion durchlief. Mit der Ausschaltung der Weltseele (Osiris) und der Übernahme der Sonnenfunktionen strebt Seth also die Alleinherrschaft im Kosmos und auf Erden an. – Die Ermordung des Osiris soll der Erzählung zufolge im 28. Jahr seiner irdischen Regierung erfolgt sein. Diese Symbolzahl verweist auf die rund 28 Tage des Mondumlaufs und hat ebenfalls einen astronomischen Hintergrund. Später zerstückelte Seth den Leichnam bei Mondschein in 14 Teile. Damit wird Osiris als eine Mondengottheit charakterisiert.

Als *Isis*, die Gattin des Osiris, dessen Abwesenheit bemerkte, machte sie sich auf die Suche nach ihm. Als sie von dem Mordanschlag hörte, legte sie Trauerkleidung an. Die Erzählung berichtet dann ausführlich vom Herumirren der Göttin auf der Suche nach ihrem verschwundenen Gatten. An niemandem ging sie vorüber, ohne nach seinem Verbleib zu fragen. Von Kindern erfuhr sie schließlich, daß die Truhe mit Osiris auf das Meer hinausgetrieben worden sei. Weit entfernt, im Gebiet der orientalischen Stadt Byblos, war die Truhe von den Meereswogen an Land gespült worden. Sie hatte sich im Geäst eines Baumes verfangen, der in die Höhe wuchs und die Truhe umschloß und verbarg. Zusammen mit der in ihm enthaltenen Truhe wurde der große Baum zu einer Säule zurechtgehauen und zum Palastbau des dortigen Königs verwendet.

Die weitere Erzählung gleicht in allen Einzelheiten derjenigen von *Demeter* auf der Suche nach ihrer verschwundenen Tochter *Persephone*, der in die Erdentiefe gebannten Weltseele, was im zweiten Band beschrieben wird. Die Übereinstimmung beider Mysterienlegenden ist so weitgehend, daß man von einer vollständigen Identität sprechen kann. Die gleichlautenden Details werden in dem Kapitel über die weltweite Identität der Mysterien und ihrer Gottheiten ausführlicher dargestellt. Auf ihrer Suche kam Isis bis nach Byblos und entdeckte schließlich die dort in der Säule versteckte Truhe. Verzweifelt umarmte sie den Sarg und stieß dabei einen Schmerzensschrei aus, der so laut und heftig war, daß ein Kind des Königs tot umsank. Dann brachte sie den Sarg auf ein Schiff und fuhr mit ihm zurück nach Ägypten. An einem einsamen Ort öffnete sie die Truhe, schmiegte ihr Gesicht an das ihres toten Gatten und küßte es unter Tränen.

Nachdem Isis den Sarg an einer entlegenen Stelle versteckt hatte, begab sie sich zu ihrem Sohn Horus, der in Buto aufwuchs. Seth-Typhon aber entdeckte den Sarg mit dem toten Osiris, während er eines Nachts bei Mondschein auf der Jagd war. Daraufhin zerstückelte er die Leiche in vierzehn Teile und zerstreute sie überall. Nun blieb Isis nichts anderes mehr übrig, als die Teile des Leichnams zu suchen. Wieder irrte sie umher, auf einem Papyrusboot durch die Sümpfe fahrend. Wo immer sie einen Körperteil des zerstückelten Osiris fand, beerdigte sie ihn in einem gesonderten Grab. Deshalb beanspruchten viele Städte in Ägypten den Ruhm, ein Glied des Osiris zu besitzen.

Der Sinn der Mysterienlegende. – In dieser symbolischen Erzählung schilderten die ägyptischen Eingeweihten ihren Mitmenschen die große Katastrophe, welche die Menschheit getroffen hatte. Die Zerstückelung des Osiris betraf natürlich nicht den *Leib* des Gottes. Es war die Große Seele der Welt, welche in unzählige Teilseelen zersplittert worden war. Diese Zersplitterung war nur möglich durch die Macht der Materie, welche durch Seth personifiziert wird. Die Weltseele teilte sich auf in unzählige einzelne Seelen, die einen irdisch-materiellen Leib bewohnen. In dieser immer mehr verdichteten und verhärteten Leiblichkeit erlebt sich jede Seele nun *abgetrennt* von der Weltseele und allen anderen Seelen. Die ursprüngliche Einheit aller Seelen in der Weltseele und das Sich-Erleben in ihr ging damit verloren. Allmählich vergaßen die abgetrennten Einzelseelen ihre gemeinsame Abstammung, und im Laufe einiger Jahrtausende verschwand auch die Erinnerung an die Große Seele der Welt. Damit nähern wir uns einem Zustand, in dem ein Wissen und Bewußtsein von der Allseele nicht mehr vorhanden ist, was bereits für den größten Teil der Menschheit gilt.

Dieses Vergessen des höheren Ursprungs der Seele hat zahlreiche schwerwiegende Folgen. Mit dem Bewußtsein von der Weltseele schwand auch das Innere Seelenlicht dahin. Dadurch ging den Seelen der gesamte Bereich der außersinnlichen Wahrnehmung verloren. Das „Auge der Seele“ oder das „Himmlische Auge“ im Menschen verkümmerte und stellte seinen Dienst ein. Das wird in den Horus-Mythen geschildert, bei denen es sich um den Raub und die Wiedererlangung des „Horusauges“ handelt. Dadurch geht dem Menschen die unmittelbare Wahrnehmung des Göttlichen insgesamt verloren. Die Seelen sind nun auf die Sinneswahrnehmung als alleinige Quelle der Erfahrung angewiesen. Die Sinne bieten dem Menschen aber nur ein ungeistiges, rein materielles Bild der Welt. Der Verlust des Inneren Seelenlichtes und der außersinnlichen Wahrnehmung hat unweigerlich im Laufe der Zeit den Materialismus und Atheismus zur Folge.

Die Abtrennung von der Großen Seele bewirkt darüber hinaus auch eine Entfernung der Einzelseelen voneinander. Die Seelen isolieren sich immer mehr und verlieren den Zusammenhang mit anderen Seelen. Das hat tiefgreifende Folgen für sie selbst und die Gesellschaft. Denn mit der Isolierung und Selbstbezogenheit wachsen auch die Ansprüche des Egoismus. Diese Entwicklung endet deshalb in der *sozialen Zersplitterung*. Gesellschaften bestehen dann aus isolierten Einzelwesen, die sich untereinander fremd oder antipathisch sind. Ein Teil von ihnen frönt einem überbordenden Egoismus, ein anderer Teil verkümmert in dieser allgemeinen Kälte und Entfremdung und endet nicht selten in einsamer Verzweiflung. Dem Materialismus und Atheismus tritt der gesellschaftliche Zerfall zur Seite. In jeder nur denkbaren Beziehung endet der Verlust der Weltseele in der Zerrüttung.

Die Mysterien von Tod und Auferstehung

Den alten Ägyptern erschien der Tod des Osiris, das Verschwinden der Weltseele und des Höheren Bewußtseins aus ihrem Leben als eine unfaßbare Katastrophe. Dieser Zustand konnte unmöglich für immer andauern. Es mußte göttliche Kräfte geben, welche diesen Absturz aufhielten und das Böse in seine Schranken wiesen. Diese Kräfte stellten sich den Wissenden als zwei göttliche Mächte dar. In *Horus*, dem Sohn von Osiris und Isis, sahen sie die spirituelle Macht, die sich dem verderblichen Wirken Seths entgegenstellt und im dauernden Kampf mit ihm das verlorengegangene Höhere Bewußtsein wieder herstellt. Und *Isis*, die Inhaberin der Universellen Göttlichen Weisheit, würde das spirituelle Wissen bewahren und den Menschen weiterhin zur Verfügung stellen. In den Mysterien schließlich wurde Menschen eine Einweihung, die Erweiterung des Bewußtseins und der Aufstieg in die Seelenwelt ermöglicht.

Aber die Wissenden empfanden auch die dringende Notwendigkeit, der ganzen Bevölkerung, also *allen* Seelen, eine Zukunftshoffnung zu vermitteln. Dazu dienten zahlreiche Symbole und symbolische Erzählungen sowie Kultfeiern und Mysterienspiele. Dadurch sollte die Erinnerung an das tragische Geschehen lebendig erhalten werden, gleichzeitig aber auch ein Ausblick auf eine Auferstehung des getöteten Gottes und auf die Rückkehr der Weltseele und der paradiesischen Urzeit gegeben werden. Werfen wir im folgenden zunächst einige Blicke auf den öffentlichen Osiriskult und seine Symbolik! Die Wissenden wollten die Menschen mit dem Schicksal des Gottes konfrontieren.

Diese Sinnbilder sollten einfach und für jeden verständlich sein.

Das Osirisgrab als Höhle. – In Busiris und Memphis wurde Osiris sinnbildlich in einer *Höhle* bestattet [1]. In den alten Mythen bedeutete die Höhle immer den Himmelsraum. *Hekate*, die griechische Göttin der Seelenwelt, bewohnte eine Höhle und in einer solchen fanden auch ihre Mysterien statt, wie auch die Mithras-Mysterien und Kulthandlungen für Dionysos am Berg Parnassos. Das Höhlengrab des Osiris verkündete, daß Osiris in die Himmelswelt, in die Heimat aller Seelen zurückgekehrt sei.

Osiris als Weltenbaum. – Die Eingänge dieser Grabeshöhlen wurden jeweils von einem *Baum* beschattet, und zwar von dem Ischedbaum. Neben den Höhlen befand sich zudem ein Heiliger Hain, in dem Bäume wie Isched, Christusdorn und Akazie wuchsen [1]. Der Baum ist vor allem das Symbol für den Himmel; die Äste symbolisieren die Planetensphären, die Krone den Sternenhimmel. Den Weltenbaum kannten vor allem die Sumerer, die nordasiatischen Stämme und die Germanen. Besonders bei den sibirischen Völkern wurde die Identität des Weltenbaumes mit den geistigen Sphären der Himmelswelt oft und völlig eindeutig ausgesprochen. Ist das Höhlengrab der Himmelsraum als solcher, so füllt der Weltenbaum diesen Raum mit seinen verschiedenen Sphären aus. In der Einweihung und nach dem Ablegen des Körpers wirst du in die Spirituellen Sphären des Himmels aufsteigen und eins werden mit Osiris dem Himmelsherrscher – so sprach diese Symbolik zum Betrachter. Die Seele des Ägypters strebte nach dem Ablegen des Körpers „zu jener hohen Sykomore am östlichen Himmel, auf der die Götter sitzen“.

Auch an anderen Stellen, an denen nur der Sarg des Osiris vorhanden war, stand neben ihm ein Baum. Auf Abbildungen wächst aus dem Leib des aufgebahrten Osiris ein Baum in die Höhe. – Auch sonst wurde im alten Ägypten der Baum mit den Himmelsgottheiten verbunden. Die zur Himmelskönigin gewordene *Hathor* war in Memphis die „Herrin der südlichen Sykomore“. Baumgöttinnen, bei den Griechen Dryaden genannt, wurden Namen der Himmelsgöttinnen Hathor und

Nut beigelegt („Sykomore der Nut").

Diese Baumsymbolik läßt uns nun auch die oben erzählte Osirislegende genauer verstehen. Der Sarg des Gottes wächst mit einem Baum, einer Zeder des Libanon-Gebirges, empor und wird in diesen eingeschlossen. Dann wird aus diesem Baum eine tragende Säule in einem Königspalast. Damit wird unmißverständlich ausgesprochen, daß Osiris selbst der Baum bzw. der Pfeiler ist. Das ist der bekannte *Djed-Pfeiler*, der in der späteren Zeit ein Symbol des Osiris darstellte und mit seinen Insignien ausgestattet wurde. Der obere Teil des Pfeilers war in der Form von vier übereinander liegenden Ebenen gestaltet. Auf diesem Pfeiler ruhte das Himmelsdach; er war die Stütze des Himmels. Die Ebenen des Pfeilers symbolisierten die Planetensphären. Eine wichtige Kulthandlung bestand in der „Aufrichtung des Djed-Pfeilers", die der König selbst vornahm und die vor allem in der Heimatstadt des Osiris, in Busiris, rituell gefeiert wurde. Der Djedpfeiler spielte bereits in den Kulten älterer Jenseitsgottheiten eine Rolle, was ebenfalls auf die symbolische Darstellung des Himmels als Heimat aller Seelen hinweist. Später wurde er auch als das Rückgrat des Osiris bezeichnet. Damit wird dieser als der Große Kosmische Mensch, die Weltseele, gedeutet.

Kultische Festspiele. – Größten Anklang bei der Bevölkerung fanden die öffentlichen Festspiele, die das dramatische Geschehen um Osiris zur szenischen Darstellung brachten. Religiöse Festspiele hat es schon früh in Ägypten gegeben. In eine mythische Erzählung wurden zum Beispiel Göttergespräche eingestreut, die mit verteilten Rollen vorgetragen und mit Gesten begleitet wurden [1]. Andere Formen von Spielen gestalteten sich zu einer Folge bewegter Bilder. „Zu den Festspielen dieser Art zählen sonderlich die, die man dem Osiris in Abydos feierte. In bewegten Bildern ließen sie die Höhepunkte im Leben des Gottes an der Menge vorüberziehen, seine irdische Königsherrlichkeit, seinen jähen Tod, die große Totenklage, die Zurüstung der Leiche, den Kampf gegen seine Feinde, um das alles in dem Triumphzug des zu neuem Leben Erstandenen ausklingen zu lassen. Gewaltig war der Eindruck, den diese Festspiele namentlich im Mittleren Reich weckten" [1].

In diesen Bildern und Szenen im ägyptischen Altertum lag der Keim für die späteren Mysterienspiele in den griechischen Mysterien und die daran anschließende dramatische Bühnenkunst der Griechen. Auch inhaltlich herrschte Übereinstimmung zwischen den ägyptischen und griechischen Mysterienspielen, da es in beiden um den Verlust der Weltseele und des Höheren Bewußtseins und ihre Wiedergewinnung ging. Bereits für die Spiele im alten Ägypten traf das Wort des *Aristoteles* zu, daß es in der dramatischen Kunst um die Erzeugung von „Furcht und Mitleid" in den Seelen der Zuschauer gehe.

Die Festspiele von Abydos wurden mit großem Aufwand gefeiert. Tiefen Eindruck auf die Zuschauer machte auch die Neschmet-Barke, die Prozessionsbarke des Osiris. Mit ihr verließ er zu Beginn der Spiele Abydos, womit sein Verschwinden ausgedrückt werden sollte. Zum Abschluß der Feiern kehrte er unter dem Jubel der Anwesenden auf der Barke zurück in seinen Tempel. Diese Episode weckte in den Zuschauern das Verlangen, als Verstorbener an dieser Fahrt teilzunehmen und an Osiris' Seite zu neuem Leben auferweckt zu werden [1].

Die Mysterienfeier der Auferstehung. – Die vielfältigen Erinnerungen an den Tod des Gottes forderten eine Ergänzung durch die Hoffnung auf seine Auferstehung und Wiederkehr. Diese Auferstehung wurde mit ausgedehnten Mysterienhandlungen gefeiert. Dabei wurde die Wiederkehr des Lebens mit sinnenfälligen, für alle verständlichen Bildern aus der Natur ausgedrückt. Solche Auferstehungsfeiern wurden in Philae und Dendera gefeiert. Eine hölzerne Form, welche die Gestalt des Osiris darstellte, wurde mit einer Masse aus Sand und Saatkörnern gefüllt. Jeden Tag wurde sie mit Wasser begossen, das man mit silbernen Schalen aus dem Nil oder dem heiligen See schöpfte. Nachdem die Masse fest zusammengebacken war, entnahm man sie der Form und hatte nun eine von sprießendem pflanzlichen Leben erfüllte Gestalt des Gottes vor sich. In einer feierlichen nächtlichen Wasserfahrt wurde sie dann zu dem Osirisgrab überführt. Insgesamt 34 Barken, auf denen 365 Lampen brannten, trugen den Gott und seine Gefolgschaft über das Wasser. Für die Teilnehmer war diese Fahrt ein unvergleichliches, tief beeindruckendes Erlebnis. Mitten in der Dunkelheit ging wieder das Licht auf, und neues Leben ergoß sich über Mensch, Natur und Götterwelt.

Diese Mysterienfeier war offenbar mit gewissen Einweihungserlebnissen verbunden. Die Ritualtexte, welche diese Vorgänge schildern, betonen ausdrücklich, daß diese Mysterienfeier geheim sei. Dabei sprechen sie von „Geheimnissen, die niemand kennt“ und „die man nicht sieht und hört“ [1]. Offenbar wurden den Teilnehmern tiefe Mysteriengeheimnisse anvertraut. Vielleicht wurden sie auch einer Bewußtseinserweiterung teilhaftig, die unterstützt wurde durch die Heiligkeit und Erhabenheit dieser Vorgänge und die damit verbundenen starken Gefühle. Das Licht, das in der Nacht aufleuchtet, war jedenfalls bei den Mysterien des Dionysos und in Eleusis die Einleitung zur spirituellen Erleuchtung der Mysten.

Mit Sicherheit hat es einen engeren Kreis von Osirispriestern gegeben, die eingeweiht waren. Das galt für die Priesterschaft aller Götter. Und eben so sicher wurde dieser Kreis im Laufe der Zeit durch die Aufnahme neuer Eingeweihter erhalten. Über die näheren Umstände der Einweihung wurde strengstes Stillschweigen bewahrt. Einige verstreute Hinweise auf Einweihungen werden wir noch kennenlernen. Man kann aber davon ausgehen, daß es neben den geschilderten Feierlichkeiten auch verschwiegene Zusammenkünfte im kleinen Kreis gegeben hat, in dem Mysterienwissen mündlich oder auf dem Wege der Bewußtseinserweiterung weitergegeben wurde. „In diese öffentlichen Aufführungen waren die *Mysterien* verflochten, die das Geheimnis des Neuerstehens darstellten und wirkten. Sie wurden von einem auserwählten Kreis in der Stille heiliger Räume im Anschluß an den Tod des Gottes begangen“ [1]. Und so folgte auf die Auferstehung des Gottes diejenige der menschlichen Seelen, die sich durch die Feiern und Mysterien ihrer Unsterblichkeit bewußt wurden.

Horus und sein Kampf mit Seth

Für Seth war die Zerstückelung des Osiris, das heißt der Weltseele, nur der erste Akt im Verlauf des großen Weltendramas, dem weitere Akte zu folgen hatten. Die menschlichen Seelen waren nun isoliert, ohne Zusammenhang mit der Weltseele, und gerieten immer mehr in seinen Einflußbereich. Nun mußte verhindert werden, daß sie jemals wieder Anschluß an die Weltseele, die Spirituelle Welt und das Göttliche fanden. Das Höhere Bewußtsein mußte den Menschen für immer genommen werden. Deshalb war es für Seth notwendig, auch denjenigen Gott zu bekämpfen und zu vernichten, der den Menschen zu einem erweiterten Bewußtsein verhilft. Dieser Gott war *Horus*. In einem sehr wörtlichen Sinne war er der Nachfolger seines Vaters Osiris, und sein ganzes Streben ging dahin, den seinem Vater und der Menschheit zugefügten Schaden wieder gutzumachen. Seth mußte, um seine Herrschaft über die Menschheit zu sichern, nach dem Vater auch den Sohn vernichten. In dieser Grundkonstellation spielen sich die Beziehung und das Verhalten der beiden Götter durch die gesamte Evolution hindurch ab.

Horus – Der Himmelsgott. – Bereits in der Frühzeit Ägyptens, noch vor dem Alten Reich, ist der Gott unter dem Namen „Horus des Himmels" verehrt worden. Insofern gehört er zu den ältesten Göttern Ägyptens überhaupt. Sein Name bedeutet wohl der „Hohe" oder „Ferne". Seine Gesamtgestalt ist sehr vielseitig und aufgefächert in verschiedene Aspekte. Auch sind einige lokale Falkengötter in seiner Gestalt aufgegangen. So gab es einen „Älteren Horus" *(Horsemsu)*, die ursprüngliche Form des Gottes. Er wurde als „Herr des Himmels" bezeichnet, der unter den Sternen weilt. In diesem Aspekt war er der Sohn der Himmelsgöttinnen *Hathor* oder *Nut*, letztere eine Personifizierung des gestirnten Himmels. In dieser ältesten Gestalt war er als Sohn der Himmelsgöttin Nut auch der Bruder von Osiris und Seth. Als „Sohn" der Nut, die den Himmel mit allen seinen Sternen verkörperte, war Horus selbst der Sternenhimmel. Schon die frühen Pyramidentexte nannten den Sternenhimmel deshalb das „Haus des Horus", was eine Bezeichnung von weittragender Bedeutung darstellt. In dieser Funktion waren Sonne und Mond die „Augen“ des Himmelsgottes. Horus besaß somit einen Tages- und einen Nachtaspekt, war jedoch vor allem mit dem Mond und damit auch mit dem nächtlichen Sternenhimmel verbunden. Seine Beziehung zum Tageslicht war gebunden an seine Funktion als Gott der Horizonte, worauf wir an anderer Stelle zurückkommen.

Der Falkengott Horus – Die Weltseele. – Der Sternenhimmel ist zugleich die Weltseele. Als astraler Raum von kosmischer Dimension wird sie durchpulst von unzähligen seelischen Triebkräften, die aus der Sternenwelt stammen. Alle existierenden Seelen sind zugleich Teile der Weltseele. Den Seelen der Menschen und Götter steht deshalb auch die unbegrenzte Ausdehnung innerhalb der Weltseele frei. Die Ägypter zeichneten die Seele *(Ba)* des Menschen als einen *Vogel* mit menschlichem Antlitz. Das war der sinnenfällige Ausdruck für die Fähigkeit der Seele, sich im astralen Raum nach Belieben bewegen und ausdehnen zu können. Im Kapitel über das nachtodliche Leben wird diese Beweglichkeit näher geschildert. In der symbolischen Gestalt einer Schwalbe, eines Reihers oder eines *Falken* überquert sie im Fluge die Gestade des Seelenlandes und begibt sich dorthin, wohin es ihr Verlangen zieht.

Es ist deshalb nicht verwunderlich, daß die Ägypter den Repräsentanten der Weltseele mit dem Haupte eines *Falken* abgebildet haben. Daran ist er auf allen Abbildungen zu erkennen. Im Vergleich zu anderen Vögeln, etwa zur Schwalbe oder zum Reiher, wird mit dem Falken zugleich eine besonders schnelle Fortbewegung und Dynamik angedeutet. Für den antiken Eingeweihten und Philosophen *Platon*, der zum erstenmal das Prinzip der Weltseele behandelt hat, ist sie die Ursache aller Bewegung im Weltall, das eigentliche dynamische Prinzip der Welt. Diese Dynamik kommt in der Gestalt des Falken treffend zum Ausdruck. – Der Falke stand symbolisch noch für einen anderen Zug des Gottes. Er ist ja ein Raubvogel, der andere Vögel erjagt – man denke nur an die im Mittelalter so beliebte Falkenjagd! Aus diesem Grunde konnte er auch für den *Jäger* Horus stehen, den wir noch behandeln werden.

Das Horusauge – Organ übersinnlicher Wahrnehmung. – In der Seelenwelt besitzen die Seelen keine physischen Augen und deshalb auch keine Wahrnehmung durch das physische Licht. Sie können aber mit dem „Auge der Seele" wahrnehmen, wie Platon es nannte, während *Gotamo Buddha* vom „Himmlischen Auge" sprach. Die Ägypter bezeichneten es als das „Horusauge". Dieses „Auge der Seele", mit welchem in der Seelenwelt wahrgenommen wird, ist untrennbar mit Horus verbunden und weist ihn auch damit als einen Gott der Seelenwelt aus. Alle Menschen – und selbstverständlich auch der Leser – haben schon unzählige Male mit diesem „Auge der Seele" wahrgenommen, nämlich zwischen dem Tod und einer neuen Geburt, wenn der Mensch als Seele in der Seelenwelt weilt, deren Bilder und Gestalten sich seinem „Himmlischen Auge" darbieten. Dieses seelische Wahrnehmungsorgan wird dem Verstorbenen, so sahen es die Ägypter, von Horus verliehen. Horus ist also nicht nur ein Aspekt der Seelenwelt, sondern durch ihn können Seelen in dieser Welt auch ein Bewußtsein haben. Er ist deshalb ein Bestandteil des innersten Wesens des Menschen.

Horus, der später zum Sohn des Osiris erklärt wurde, hat mit diesem viele Gemeinsamkeiten. Auch Osiris ist ja der Repräsentant der Weltseele. Sein Name, der im Ägyptischen *Usire* war, wurde hieroglyphisch als ein *Auge* zusammen mit einem Thron dargestellt, weshalb sein Name als „Sitz des Auges" zu übersetzen ist. Da Osiris zu dem äußeren Licht der Sonne keinerlei Beziehungen hat, konnte auch bei ihm nur das „Auge der Seele" gemeint sein. Dieses durch das Wirken Seths verlorengegangene Auge wird dem getöteten Gott von seinem Sohn Horus zurückerstattet, was im alten Ägypten als das Zeichen der Heilung und neuen Lebens verstanden wurde.

Horusauge, Stirnauge und Uräusschlange. – Für die Inder, Griechen und Ägypter war das „Himmlische Auge" das verborgene astrale Organ in der Stirnregion zwischen den beiden physischen Augen, kurz gesagt das Stirnauge als „Drittes Auge" (siehe die Abbildung Seite 143). Auf allen Abbildungen trägt es Gotamo Buddha an der Stirn, meistens auch der indische Einweihungsgott *Shiva*. In Griechenland waren es die Kyklopen („Rundaugen") genannten Urmenschen, die es an der Stirn trugen. Ein namentlich genannter Kyklop war der symbolisch in einer Höhle – dem Sternenhimmel – lebende *Polyphem*, dessen Drittes Auge ihm von *Odysseus* zerstört wurde, was im ersten Band beschrieben wird.

In Ägypten wurde das Dritte Auge, das Horusauge also, symbolisch durch die Stirnschlange, die sogenannte *Uräusschlange* repräsentiert. Sie schmückt als goldenes Diadem die Stirn der Pharaonen und der Götter. Wer dieses Schlangendiadem trägt, ist damit als ein Eingeweihter gekennzeichnet, der übersinnliche Wahrnehmung besitzt. Das galt für viele ägyptische Könige. Für die Ägypter war es nicht denkbar, daß ein König ohne spirituelle Erfahrung und ohne Kontakt zur Welt der Götter ihr Land regieren könnte. Und da die Götter sich immer im Zustand erleuchteten Schauens befinden, sind sie auch immer im Besitze dieser „Schlangenkraft". Ohne dieses astrale Organ könnten auch die entkörperten Seelen in der Seelenwelt nicht wahrnehmen. Deshalb werden sie im nachtodlichen Zustand symbolisch mit dem goldenen Uräus-Diadem gekrönt. In den ägyptischen Texten wird die Uräusschlange ausdrücklich mit dem Horusauge identifiziert und auch so benannt.

In einer Erzählung wurde es auf sehr anschauliche Weise von den zwei physischen Augen unterschieden. Ein Gott kann – so wird symbolisch gesagt – eines seiner Augen „aussenden", was bedeutet, daß seine Sicht dann nicht mehr räumlich begrenzt ist, sondern in weiteste Fernen reicht. Der Urgott *Atum* hatte eines seiner Augen „ausgesandt". Als es zu ihm zurückkehrte, so die Erzählung, war an seiner ursprünglichen Stelle ein neues Auge gewachsen. Deshalb erhöhte Atum das ausgesandte Auge als Uräusschlange an seine Stirn [2]. In dieser Legende wird die Uräusschlange damit ausdrücklich als ein *drittes Auge* charakterisiert. Andererseits wurde es aber auch als „Einauge" bezeichnet, um es von den beiden physischen Augen zu unterscheiden.

In der Gestalt der Uräusschlange, einer aufgerichteten Kobra, wurde die Göttin *Uto* verehrt und auch so abgebildet. Sie repräsentierte also die Fähigkeit zu übersinnlicher Wahrnehmung. Eng war sie mit Horus verbunden, den sie in seiner Kindheit als Sohn der Isis im Papyrusdickicht von Chemmis behütet hatte. Auch in dieser Verbindung erscheint Horus als der Repräsentant der außersinnlichen Wahrnehmung. Als Stirnschlange ist Uto aber auch das „Auge des Re", des Sonnengottes. Verallgemeinert formuliert verleiht sie *allen* Göttern und Menschen die Fähigkeit spiritueller Schau, deren *Prinzip* sie verkörpert.

Das Medium dieser rein seelischen Wahrnehmung ist nicht das äußere Sonnenlicht, sondern *Seelenlicht*. Mit der Uräusschlange verband sich deshalb bei den Ägyptern auch die Vorstellung von *Licht und Feuer*. Man sprach aus diesem Grunde vom „feurigen Horusauge". Schlangen, die oft in der Funktion von Beschützern der Verstorbenen auftreten, besitzen deshalb eine feurige Energie, die ihren Feinden gefährlich werden kann. Die Götter können mit dem Dritten Auge auch ihre Feinde vernichten. Das Licht des Höheren Bewußtseins vertreibt – das wollen diese Mythen sagen – die von den Dämonen erzeugte Dunkelheit. Das „Himmlische Auge" durchschaut jede Unwahrheit und Lüge. Mit der Bezeichnung für Uto als die „Zauberreiche" wird ausgesagt, daß das Dritte Auge auch magisch-spirituelle Macht verleiht. Alle diese Aussagen gipfeln in der Bezeichnung der Uräusschlange als „Allherrin", womit die Allmacht des höheren spirituellen Bewußtseins angedeutet wird [2].

Seths Angriff auf das Höhere Bewußtsein der Menschheit. – Seths Kampf gegen Horus bildet einen eigenen, wichtigen Komplex innerhalb der ägyptischen Mythen. Es ist von größter Bedeutung zu verstehen, was dieser Kampf *in Wirklichkeit* bedeutet. Seth will seinen Gegenspieler des „Horusauges" berauben – nur darum geht es ihm bei diesem nie endenden Streit. Mit anderen Worten: Seth will der übersinnlichen Wahrnehmung, dem spirituellen Bewußtsein ein Ende bereiten. Seinem Gegenspieler Horus, der ein Gott ist und deshalb für immer ein spirituelles Bewußtsein besitzt, kann er die übersinnliche Wahrnehmung nicht rauben. Wem aber dann? Der Menschheit! Sie erhält die spirituelle Erkenntnis durch die Verbindung mit dem Höheren

Bewußtsein, das ihr durch Horus vermittelt wird. Würde diese Verbindung unterbrochen, so wäre das menschliche Bewußtsein auf die bloße Wahrnehmung durch die äußeren Sinne reduziert. Es käme dadurch auf längere Sicht für immer unter die Herrschaft des Seth. Dessen Attacken richten sich nur vordergründig gegen Horus, in Wirklichkeit aber gegen die Menschheit.

Wir werden nun in mancherlei Erzählungen Zeugen des Kampfes zwischen Seth und Horus. Es gelingt Seth, diesem das Dritte Auge, das Horusauge also, auszureißen. Nach verschiedenen, zum Teil drastischen Versionen beschädigt Seth daraufhin das Horusauge, er zerstückelt oder verschlingt es. Zerstückelt wurde auch Osiris selbst, was auf einen identischen Vorgang hinweist, denn auch er hatte dadurch sein Auge verloren. Indem Seth das Horusauge verschlingt, wird das Seelenlicht von der Finsternis aufgesogen; die übersinnliche Wahrnehmung wird durch die sinnenhafte Verblendung vollständig ausgelöscht.

Horus war nun durch diese Beraubung *erblindet*. Der blinde Horus wurde zu einer zweiten Gestalt des Gottes, zu dem blinden *Horus Chenti-irti*. Da er ohne Augen war, wurde er auch ohne Gesicht dargestellt. Er wurde zum Gott der Blinden, die sich von ihm Heilung erhofften. Da die Harfner in Ägypten meist blind waren, richteten auch sie ihre Hoffnung auf ihn. Das Symboltier des blinden Horus Chenti-irti war die *Spitzmaus*, die blind geboren wird und unterirdisch lebt. Dem sehenden Horus wurde das *Ichneumon* zugeordnet, das sich durch besonders große und ausdrucksvolle Augen auszeichnet. Bronzen beider Tiere waren deshalb verbreitet, was beweist, wie tief die Ägypter sich von dieser göttlichen Katastrophe betroffen fühlten. In Wirklichkeit war allerdings nicht der Gott, sondern die *Menschheit* von der spirituellen Blindheit betroffen. Der Verlust des Dritten Auges verwehrte es den Menschen von nun an, ihre Blicke in die Höheren Welten zu richten. Abgeschnitten von der Spirituellen Welt und vom Göttlichen würden sie auf längere Sicht vollständig der Verblendung verfallen.

Es ist verständlich, daß die Ägypter sich mit einer solchen Katastrophe nicht endgültig zufrieden geben wollten. In verschiedenen Erzählungen spürten sie den Möglichkeiten nach, wie Horus sein Auge wiedergewinnen könnte. Zunächst war es ja verschwunden, es mußte also gesucht und wiedergefunden werden. Sodann war es schwer beschädigt worden und mußte geheilt und an Horus zurückerstattet werden. Bei diesen Vorgängen spielte der Mondgott *Thot* eine Rolle, denn das Horusauge war ja gleichzeitig auch das „Mondauge". Im Vollwerden des Mondes nach seinem völligen Verschwinden am Himmel sahen die Ägypter ein *Gleichnis* für das Schwinden und wieder Ganzwerden des göttlichen Auges. Schließlich gelangte das Dritte Auge – wie auch immer – wieder an seinen Besitzer Horus zurück. Es war nun das *geheilte* Auge, das sogenannte *Udjat-Auge*. Dieses geheilte und erneuerte Auge brachte Horus nun seinem Vater Osiris dar, was beweist, daß auch dieser es durch Seths Wirken verloren hatte. Die Wiedererlangung des Dritten Auges war für die Ägypter das entscheidende Heilsgeschehen, die Wiederherstellung des Spirituellen Bewußtseins.

Horus – Jäger und Kämpfer gegen die Macht der Finsternis. – Auch nachdem Horus sein Auge wiedererlangt hatte, ging die Auseinandersetzung mit Seth weiter. Dieser bestritt geradezu die Legitimität der Herrschaft seines Gegenspielers. Er brachte den Fall vor das Gericht der Götter, die sich allerdings für Horus aussprachen. Doch Seth gab nicht klein bei. Dieser Kampf um die Vorherrschaft würde die ganze weitere Evolution bestimmen. Natürlich war auch die Wiedererlangung des Horusauges und seine Heilung nur ein symbolischer Zwischenakt, um die Hoffnung nicht ganz aufgeben zu müssen. In Wirklichkeit verdunkelte sich die übersinnliche Wahrnehmung in den vergangenen fünftausend Jahren von Jahrhundert zu Jahrhundert immer mehr. Horus mußte also zwangsläufig immer weiter gegen Seths Einfluß kämpfen, um das verlorene Gleichgewicht auch nur einigermaßen aufrechtzuerhalten. In diesem Kampfe gegen seinen Widersacher erscheint Horus vor allem als der *Jäger*, der mit seinem Gefolge Jagd auf die Tiergestalten des Seth, die Nilpferde und Krokodile, macht. Dabei ist er ausgestattet mit dem Horusspeer, einer harpunenartigen Lanze mit zwei Spitzen. Zum Gedenken an diese Kämpfe gab es ein eigenes Fest, bei dem Priester mit Harpunen ein Nilpferd erlegten. Unterstützung erhielt Horus dabei von dem göttlichen Jäger *Onuris*, der die den Göttern feindlichen Tiere mit einer Schlinge einfängt und mit seinem Speer tötet. Er war es auch, der dem Seth das geraubte Mondauge abjagte und es seinem rechtmäßigen Besitzer wieder übergab. Als Kampfgott hatte er enge Beziehungen zu Horus und wurde regelrecht „Horus mit dem starken Arm" genannt.

Horus als Jäger leitet über zu seiner Gestalt als *Kämpfer*. Dieser Wesenszug wurde auch durch die Falkengestalt ausgedrückt. Bei dem nie endenden Kampf zwischen Horus und Seth geht es um die Existenz des Höheren Bewußtseins und damit um die Zukunft der Menschheit. Zwischen ihnen tobt ein ungeheures weltgeschichtliches Ringen, der Kampf zwischen Licht und Finsternis. Wird das von der Finsternis verschlungene Licht eines Tages wieder scheinen? Wird das „Auge der Seele", das „Himmlische Auge" im Menschen wieder hergestellt werden? Wird das verkümmerte menschliche Bewußtsein sich jemals wieder in die Regionen des Seelenlichtes erheben können? Indem die ägyptischen Eingeweihten die hier beschriebenen Mythen formulierten, haben sie zugleich diese weltgeschichtlichen Fragen aufgeworfen. Die Antworten auf diese Fragen aber lagen und liegen auch weiterhin in der Existenz der Mysterien und der Einweihung. Denn durch die Einweihung überwindet der Mensch die spirituelle Blindheit und erneuert die Lichtkraft des Dritten Auges. Er wird neu geboren. Dieses neugeborene Lichtkind wird symbolisiert durch *Horus als Kind*.

Horus – Das göttliche Kind und die Wiedergeburt im Geiste. – Als Isis sich in ihrem Schmerz über den Leib ihres wiedergefundenen toten Gatten warf, empfing sie von diesem noch einen Sohn. Bereits der Vorgang als solcher zeigt deutlich, daß Osiris in seinem Sohne Horus wieder aufersteht. Beide sind eines Wesens, nämlich Personifizierungen der Weltseele und dadurch Gottheiten der Einweihung. Osiris, die Weltseele, ist durch Seths Wirken zerstückelt worden. In seinem Sohne Horus erwacht die Weltseele zu neuem Leben. Horus ist der Auferstandene. Er entfacht das Licht in den Seelen der Menschen aufs neue, so daß sie bewußt in die Seelenwelt aufsteigen und sich mit ihr und allen anderen Seelen wieder vereinigen können.

Ein identisches Verhältnis herrschte in den griechischen Mysterien. Dort war das Kind *Iakchos* der auferstandene *Dionysos*, der ebenso wie Osiris von Dämonen zerstückelt worden war, was im zweiten Band beschrieben wird. Und ebenso wie Iakchos ist Horus der Lichtbringer, der durch die Wiederherstellung des Dritten Auges den Seelen das Innere Licht erschließt. Das geheilte Horusauge oder Mondauge bringt er seinem Vater Osiris dar. Durch diesen Vorgang wird dessen Auferstehung und die Heilung der Weltseele und des Höheren Bewußtseins ausgedrückt. Indem Horus seinem Vater Osiris das geheilte Dritte Auge zurückerstattet, bringt er der ganzen Menschheit das verlorene Innere Licht zurück.

Als Sohn der Isis trägt Horus den Namen *Harsiesis*. Die Göttin gebar ihn in *Chemmis* im Deltagebiet, wo der Knabe verborgen im Papyrusdickicht der Sümpfe aufwuchs. Viele Gefahren umlauerten dort das göttliche Kind. Schlangen, Skorpione und Krokodile gefährdeten sein Leben und seine Gesundheit, und manchmal plagten den Kleinen auch Kopfweh und Bauchweh. Ohne die Hilfe seiner Mutter Isis, der alle Arzneien und Heilsprüche bekannt waren, hätte er nicht überlebt. Und natürlich stellte auch Seth dem Knaben nach, weshalb Isis ihn sorgfältig verbarg und ihren Aufenthaltsort in den schwer zugänglichen Sümpfen des Deltas immer wieder wechselte. Mit diesen Gleichnissen wird gesagt, daß der Weg zur inneren Neugeburt, zur Erleuchtung also, von Prüfungen, Leiden und Gefahren begleitet ist. Und immer lauert die Macht der Finsternis darauf, den nach Erleuchtung Strebenden Hindernisse in den Weg zu legen.

Als kleines Kind wurde Horus von seiner Mutter Isis gestillt, was Gegenstand unzähliger Kleinskulpturen ist, die in jedem Ägyptischen Museum bewundert werden können. Das Lichtkind wurde dabei natürlich nicht mit Milch ernährt, sondern mit der göttlichen *Weisheit* seiner Mutter. So ist es auch mit dem ernsthaft nach Erleuchtung Strebenden. Von seinen ersten Schritten an wacht die Höhere Weisheit über ihn und bahnt ihm, wenn er beharrlich ist, die Wege. Neben seiner Mutter wachte auch die Schlangengöttin Uto über den Knaben. Sie repräsentiert ja als Uräusschlange das Dritte Auge und das erleuchtete Bewußtsein. Von ihr ausgestattet mit Allwissenheit und magischer Macht konnte der heranwachsende Horus allen Gefahren trotzen. Auf diesem Wege wurde er der Nachfolger seines Vaters. Indem er allen Seelen das Innere Licht vermittelt, wird er *auf der Ebene des Bewußtseins* – und nur dort – zum Erlöser der Menschheit.

Harsiesis ist das neugeborene Lichtkind auf der *göttlichen* Ebene. Hierbei handelt es sich jedoch nur um ein Gleichnis. In Wirklichkeit und auf der irdischen Ebene betrachtet ist *die noch kleine menschliche Seele* gemeint, die beschienen vom Höheren Licht und behütet von der Weisheit langsam heranwächst. In jedem Menschen soll die Lichtkraft des Horus geboren werden. Jeder Mensch trägt ein solches „Lichtkind" in sich. Es wächst durch Verständnis, Weisheit und viele Tugenden. Wenn es gesund herangereift ist, öffnet sich die Blüte dem Lichte, und die erleuchtete Seele steigt auf in die Sphären der Seelenwelt, wo sie von Isis, Osiris und Horus empfangen wird.

Isis – Göttin der Weisheit

Isis war die Große Göttin der Ägypter. Im Verlauf von zwei Jahrtausenden und durch ihre Verbindung mit Osiris und Horus wuchs ihre Bedeutung immer mehr, bis sie in der Spätzeit eine alle anderen überragende Stellung als Allgöttin einnahm. Über Jahrtausende hatte sie sich die Herzen der Menschen und vor allem der Frauen erobert. Die Verehrung der Hilfreichen Mutter folgte zu allen Zeiten echten individuellen Herzensbedürfnissen, und das war auch – im Gegensatz zum staatlichen Kult des Sonnengottes – der Grund, warum sie so lange überlebte. Niemals und nirgendwo in der Alten Welt ist einem Gott oder einer Göttin so viel liebevolle Verehrung zugeflossen wie ihr. In der griechischen und römischen Zeit breitete sich ihr Kult in der gesamten Mittelmeerwelt und im Römischen Imperium aus. Unzählige Städte beherbergten ein Isisheiligtum, und noch mehr Menschen wandten der Göttlichen Mutter, der Helferin, Heilerin und Beschützerin ihre Herzen zu.

Ihre Eigenschaften und Funktionen sind vielfältig, breit gefächert und beziehen sich auf verschiedene Ebenen. Auf der physischen Ebene vollzieht sich ihr Wirken in der Pflanzenwelt. Auf der vitalen Ebene ist Isis die göttliche Heilerin, auf der seelischen Ebene die gnädige, hilfreiche Beschützerin der Lebenden und Verstorbenen, auf der geistigen Ebene die Inhaberin der Universellen Weisheit. Auf der spirituellen Ebene vermittelte sie in der Spätzeit durch ihre Mysterien die Einweihung. Und auf der kosmischen Ebene hat sie sowohl zum Mond als auch zur Morgen- und Abenddämmerung eine Beziehung. Zusammengefaßt werden diese vielfältigen Eigenschaften im Bild der Großen Mutter, die physisches und geistiges Leben schafft und bewahrt.

Isis – Das Pflanzenwachstum. – In ägyptischen Texten wird Isis beschrieben als „die Schöpferin der grünen Saat, die allen Menschen das Leben spendet". Sie wird deshalb „die Grüne" genannt, deren Farbe der begrünten Erde gleicht. Sie „schafft die grünen Kräuter" [4]. Oft wird sie mit *Ähren* abgebildet oder auch mit Mohnköpfen. Sie ist also die Gottheit, die das Getreide wachsen läßt. In allen diesen Funktionen und Attributen gleicht sie völlig der griechischen *Demeter*, mit der die Griechen sie auch identifiziert haben und die ausführlich im zweiten Band beschrieben wird. Pflanzenwachstum ist ohne Wasser nicht möglich. Demeter war deshalb im Kult eng mit Poseidon, dem Gott der Gewässer verbunden. Gleiches gilt für Isis. Sie bewirkte die für Ägypten lebenswichtige Nilüberschwemmung, die für den Anbau der Pflanzen unentbehrlich war.

Isis – Die Heilkunde. – Auf der vitalen Ebene ist Isis die große göttliche Ärztin und Heilkundige. Der griechische Schriftsteller *Diodor* hat berichtet, was die Ägypter über die göttliche Heilerin dachten. Isis habe viele Heilmittel erfunden und besitze große Erfahrung in der Arzneikunde, weshalb sie auch die Unsterblichkeit erlangt habe; sie freue sich am meisten über die Heilungen der Menschen und gäbe im Schlafe denen, die darum bäten, Heilmittel an; deshalb verehre sie auch der ganze Erdkreis. Viele, die von den Ärzten wegen der Schwere der Krankheit aufgegeben würden, erlangten von ihr Rettung, wie sie denn häufig den Menschen die Sehkraft zurückgegeben habe. Sie habe das Heilmittel *Athanasia* („Unsterblichkeit") erfunden und damit ihrem Sohn Horus das Leben wiedergegeben, ja die Unsterblichkeit verschafft; auch habe sie ihn die Heilkunde gelehrt [4].

Besonders bei ihrem kleinen Sohn Horus mußte Isis oft auf ihre Heilkünste zurückgreifen und tödliche Skorpionstiche und Schlangenbisse heilen. Als Heilgöttin führte sie den griechischen Beinamen *Soteira*, was sie als „heilbringende Retterin" ausweist. Beim oft im Altertum praktizierten Tempelschlaf erwarteten Patienten von Isis Wahrträume, die zur Heilung führten. Solches war noch häufiger bei ihrem späteren Gatten *Serapis* der Fall, der als Heilgott größtes Ansehen genoß. Auch der *Mohn*, mit dem Isis öfters abgebildet wurde, diente im Altertum zu Heilzwecken. Die aus ihm gewonnenen Opiate dienten zur Schmerzlinderung und waren wirksam gegen Husten und Frauenleiden. – Auch als Heilgöttin zeigt Isis Übereinstimmung mit Demeter. Diese zog den kleinen *Demophon* groß und bewahrte ihn vor Krankheiten, da sie alle Heilsprüche kannte. Auch sie wurde mit Mohnkapseln abgebildet.

Isis – Die Seelenwelt. – Über dem physischen und vitalen Bereich entfaltet Isis ihr Wirken auch in der Seelenwelt. Im Jenseitigen Reich der Seelen begleitet sie dessen Herrscher Osiris. Zusammen mit ihrer Schwester *Nephthys* erscheint sie dort nicht selten geflügelt. Flügel symbolisieren die freie Beweglichkeit der Seele innerhalb der Seelenwelt. Wenn die Flügel aber um einen Verstorbenen gebreitet werden, besitzen sie eine schützende Funktion. So wie Isis ihren toten Gatten schützte, so erwarteten die Menschen von Isis Schutz im nachtodlichen Dasein. Häufig ist sie zusammen mit *Anubis* zu sehen. Er war der im Totenkult allgegenwärtige Gott der Verstorbenen. Abgebildet wurde er meist als liegender, schwarzer Hund oder Schakal, woran er immer zu erkennen ist. Er war zuständig für alle im Rahmen des Totenkultes stattfindenden Vorgänge, für die Einbalsamierung, das Totenritual und die Stundenwachen. Anubis begleitete den Verstorbenen sozusagen vom Diesseits ins Jenseits, und so war auch die Verbindung der Isis mit ihm gedacht. Einbezogen in den Osiriskreis wurde Anubis durch eine Erzählung, nach der Osiris ihn mit Nephthys, der Schwester der Isis, gezeugt habe. Im jenseitigen Leben spendet Isis den Seelen Hilfe und Linderung, zum Beispiel kühlendes Wasser. Auf ihren Schenkeln, so wird symbolisch gesagt, hebt sie den Verstorbenen hinauf in die Sternenwelten. Mit diesem Bilde wird sie als Göttin der Seelenwelt charakterisiert. In dieser Funktion erscheint sie auch als Gattin des *Serapis*, des Herrschers im Reich der Verstorbenen, der eine späte und modifizierte Form des Osiris darstellt.

Auch in diesen Funktionen trifft sie sich mit Demeter. Deren „Tochter“ Persephone ist die Herrscherin in der Seelenwelt, der Welt der Verstorbenen, und zugleich Gattin des *Hades*, des Königs der „Unterwelt“. In dieser Funktion stellt Persephone nur einen Aspekt oder eine spezielle Funktion ihrer Mutter Demeter dar. Und so wurde denn Isis von den Griechen auch als Persephone oder die ihr wesensgleiche *Hekate* angesehen [4].

Isis – Inhaberin der Universellen Weisheit. – Über der Seelenwelt liegt, so schildert es schon der antike Weise Platon, die *Welt des Geistes*. Sie ist aller seelischen Subjektivität entkleidet, in ihr herrscht die ungetrübte Objektivität spiritueller Erkenntnis. Sie besteht aus den weltschaffenden göttlichen Gedanken, den Urideen, nach denen die Welt geschaffen wurde. Wer Zugang zu dieser Sphäre hat, dem erschließen sich alle Ursachen und Zusammenhänge des Universums. Das ist das Reich der Universellen Weisheit. In der Gestalt der Isis ist diese Welt der weisheitsvollen Erkenntnis verkörpert. Sie ist die Trägerin der Allwissenheit und der sich aus ihr ergebenden Weisheit.

Diesen Weisheitsaspekt der Isis haben die Ägypter klar erkannt und in ungewöhnlicher Deutlichkeit formuliert. Isis ist „klüger als die Götter“. Mit folgenden Worten stellt sie sich selbst vor: „Ich bin Isis, die göttlich ist durch die Formeln meines Mundes und durch die Weisheit meines Herzens.“ In einem Text wird sie so charakterisiert: „Isis war eine weise Frau. Ihr Herz war listiger als das von Millionen Menschen. Sie überragte Millionen Götter und hatte tiefere Einsicht als Millionen Geister“ [2]. Nichts im Universum war ihr unbekannt. Nur der *geheime Name* des Sonnengottes war ihr noch verschlossen, und außer jenem gab es nichts im Himmel und auf Erden, was sie nicht gewußt hätte. Damit gab sich Isis jedoch nicht zufrieden, denn zur Allwissenheit gehört schließlich die Kenntnis überhaupt *aller* Dinge. Also beschloß sie, sich auch in den Besitz dieses allerletzten Geheimnisses zu setzen.

Dabei machte sie sich den Umstand zunutze, daß der Sonnengott *Re* alt geworden war. Speichel tropfte aus seinem Munde, und er war bereits so kurzsichtig und zerstreut, daß er eine Schlange auf seinem Wege nicht beachtete. Von ihr gebissen erlitt er durch ihr Gift schreckliche Schmerzen. Nur die göttliche Heilerin Isis konnte ihn von seiner Erkrankung befreien. Sie versagte ihm jedoch so lange ihre Hilfe, bis er ihr seinen geheimen Namen preisgab. So hatte Re das, was ihn unbesiegbar machte, an Isis übergeben. Sie war nun die einzige unter den Göttern, die den geheimen Namen des Sonnengottes, das heißt sein wahres Wesen, kannte [5].

Bereits den Ägyptern war klar, daß die göttlichen Kräfte, die in die geschaffene Welt fließen, nicht unbegrenzt sind. Die Schöpfung und mit ihr die göttlichen Kräfte können sich verbrauchen und bedürfen dann der Erneuerung. Das ist gemeint mit dem Altern des Sonnengottes. Würde kein neuer Impuls seine Schöpfung beleben, würde ihr Verfall eintreten. Die Germanen haben diesen Niedergang der Schöpfer und ihrer Schöpfung mit dem Begriff der „Götterdämmerung“ beschrieben. Diese Alterung der Schöpfung und ihres Schöpfers rückt umso näher, je mehr Seth Macht über sie gewinnt. Unser Text zieht daraus die Konsequenzen. Nur die allumfassende Weisheit und spirituelle Erkenntnis, die durch Isis repräsentiert werden, können eine Erneuerung der Welt bewirken. Damit ist vor allem der Teil der Weisheit gemeint, der *im Geist des Menschen wirksam wird*. Alle Prinzipien, die in den Mythen von Gottheiten personifiziert werden, sind immer auf den Menschen zu beziehen. Das große Weltendrama spielt sich in den

Seelen der Menschen ab, und sie allein sind es, die über seinen Ausgang entscheiden. Eine Erneuerung der bestehenden Schöpfung muß deshalb *von der Erde und der Menschheit* ausgehen!

Isis – Der Mond. – Ihr Wesen, ihre Funktionen und die ihr zugeschriebenen Attribute lassen Isis als eine Mondengottheit erkennen. Das gilt unabhängig davon, daß für die Ägypter der Mondgott männlich war. Diese männliche Seite des Mondes wird von ihrem Bruder und Gatten Osiris und ihrem Sohne Horus repräsentiert. Dieser letztere wurde vor allem in seiner Kindgestalt mit dem phallischen Fruchtbarkeitsgott *Min* gleichgesetzt, dem Zeugung und Pflanzenwachstum unterstanden und der eindeutig einen Mondcharakter aufwies [1].

Das Pflanzenwachstum und die Nilüberschwemmung kennzeichnen bei Isis die physische Seite der Mondenwirkung, die Bezüge zur Seelenwelt den geistigen Bezug. Denn in die Mondensphäre kehren anfänglich die Seelen der Verstorbenen nach Ablegen ihres Körpers zurück, was noch zu schildern sein wird. Schließlich äußern sich die geistigen Mondenkräfte in einem Bilderbewußtsein, wie es heute noch in den Träumen rudimentär vorhanden ist. In diesen Symbolbildern drückt sich die *Weisheit* der Mythen aus. Aus allen diesen Gründen ist Isis vor allem in der griechisch-römischen Zeit als Mondgöttin aufgefaßt und oft mit der Mondsichel an den Schultern abgebildet worden. Die Griechen haben sie mit ihrer Mondgöttin *Selene* identifiziert. Dieser Beziehung zum Mond entsprach es auch, daß man Isis mit Eheschließung, Geburt und Aufzucht der Kinder in Zusammenhang sah, denn dem Monde unterstand bei vielen alten Völkern die Fortpflanzung. Auch in diesen Funktionen ist sie der Demeter gleich.

Die Identität der ägyptischen und griechischen Mysterien

Im Überblick über die bisher behandelten Prinzipien, Götter und Symbole erschließt sich uns die vollständige Übereinstimmung der ägyptischen mit den griechischen Mysterien. In Griechenland bestanden, wie im zweiten Band geschildert, zwei Mysterienströmungen, diejenige des *Dionysos* und die der *Demeter*, wobei letztere die Dionysos-Mysterien durch die Aufnahme des *Iakchos* integriert hatte. Alle in den Mysterien handelnden Götter, Göttinnen und Dämonen in Ägypten und Griechenland sind gleichen Wesens. Die Aussagen über den Sturz der Weltseele in die Materie sind gleich, ebenso wie auch ihre Neugeburt durch das Göttliche Kind. Die Erzählungen von der Trauer und dem Suchen der Isis und der Demeter sind in vielen Einzelheiten identisch. Und schließlich führte auch die Einweihung als solche in beiden Mysterien zu den gleichen Erfahrungen. Im übrigen sind die ägyptischen Mysteriengottheiten bereits im Altertum von führenden griechischen Weisen wie *Plutarch* und *Herodot* identifiziert worden: Seth als Typhon, Osiris als Dionysos, Isis als Demeter. Dafür wurden damals keine Gründe angegeben; hier werden sie nun vielfältig ausgebreitet. Die Gemeinsamkeiten seien noch einmal in gedrängter Form zusammengefaßt!

Die Identität von Osiris und Dionysos. – (1) Zu beiden Gottheiten gehört der *Stier* als Symboltier, und sie können auch in dessen Gestalt erscheinen. (2) Beide Gottheiten werden durch den *Phallus* symbolisiert, und bei beiden wurde die Zeugungskraft durch phallische Feste verherrlicht. (3) Beide Gottheiten haben nicht nur einen Bezug zur tierischen, sondern auch zur pflanzlichen Fruchtbarkeit. (4) Osiris war mit Isis verbunden, welche die Pflanzen wachsen läßt, Dionysos war in diesem Sinne oft der Kultgenosse der Demeter. (5) Beide Gottheiten haben einen speziellen Bezug zu *Bäumen*. Bei Dionysos war dies nicht nur der Feigenbaum, sondern als *Dendrites* hatte er einen Bezug zu den Bäumen im allgemeinen. (6) Zu beiden Gottheiten gehört das Element

Wasser. Der Nil und überhaupt alle Gewässer flossen aus Osiris' Leib, und er ist auch mit Seen verbunden. Mit Dionysos wurde der Regen verbunden, und das Meer und ein See kommen in seinen Sagen vor. Die Pflegerin des zweiten, irdischen Dionysos als Kind war *Ino*, die später als *Leukothea* eine Meeresgöttin und Retterin der Schiffbrüchigen wurde. (7) Sowohl Osiris als auch Dionysos-Zagreus repräsentieren die Weltseele. Beide sind Herrscher in der Welt der Verstorbenen.

Die Zerstückelung von Osiris und Dionysos. – (1) Beide Gottheiten werden zerstückelt. (2) Beide besitzen bei diesem Vorgang Stiergestalt (was von Osiris in einer der Totenliturgien ausgesagt wird). (3) In beiden Fällen sind die Täter Dämonen der Erdentiefe. (4) Diese Wesen, welche die Verdichtung und Verhärtung der Materie symbolisieren, stammen aus der Sphäre des Seth und des Typhon, den ihrem Wesen nach identischen Feinden der Weltordnung. Typhon ist auch identisch mit *Pluton*, der *Persephone* in die Erdentiefe entführt.

Die Identität von Isis und Demeter. – Beide Gottheiten wurden von den Griechen gleichgesetzt. (1) Beide lassen die Pflanzen und das Getreide wachsen und werden mit Ähren in den Händen abgebildet. Beide Gottheiten sind in bezug auf die Fruchtbarkeit der Felder mit dem Gott des Wassers verbunden, Isis mit Osiris, Demeter in Kultgenossenschaft mit Poseidon. (2) Beide sind auch zuständig für Eheschließung, Zeugung und Aufzucht von Kindern. Bei beiden steht der mütterliche Aspekt im Vordergrund. (3) Beide sind Heilgöttinnen, kennen alle Heilpflanzen und magischen Formeln zur Wiederherstellung der Gesundheit. Isis wacht über die Gesundheit des kleinen Horus, Demeter über die des jungen Demophon. (4) Beide haben einen Bezug zur Seelenwelt, Isis über ihren Bruder und Gatten Osiris, Demeter über ihre „Tochter" Persephone. Deren „Sohn" wiederum ist Dionysos-Zagreus, wie Osiris Herrscher in der Welt der abgeschiedenen Seelen.

(5) Beide Göttinnen werden von einer schrecklichen Katastrophe betroffen. Isis verliert ihren Gatten Osiris, Demeter ihre Tochter Persephone. Es handelt sich dem Wesen nach um den gleichen Verlust. Denn auch Persephones Sohn Dionysos-Zagreus wird zerstückelt wie

Osiris. Die Mythen von Osiris und Persephone schildern den gleichen Vorgang, nur werden verschiedene Bilder gebraucht. Osiris und Persephone geraten beide unter den Einfluß der Erdentiefe, der Materie. Dort aufgeteilt auf unzählige materielle Leiber wird die Weltseele „zerstückelt“, während Persephone ihr Schicksal vor allem als bedrückende Gefangenschaft in den dunklen Erdentiefen erlebt. (6) Auch die dabei tätigen dämonischen Mächte, Seth und Pluton, sind eines Wesens und verkörpern die niederziehende Macht der Materie. Pluton unterstehen unter anderem die Erze der Erde, deren Nutzung Reichtum verleiht. Die Eisenerzadern in der Erde wiederum stellen nach ägyptischer Ansicht die Knochen Seths dar.

Dem beiderseitigen Verlust folgen nun in praktisch identischen Erzählungen die Trauer, die Suche, die Zwischenstationen auf dieser Suche und schließlich das Wiederfinden. Die Geschichte von Isis wird von Plutarch, der sie von ägyptischen Priestern erfahren hatte, in seinem Werk „Über Isis und Osiris“ [3] berichtet, diejenige von Demeter im „Demeter-Hymnus“, der Bestandteil der „Homerischen Hymnen“ [6] ist. (7) Beide Göttinnen werden vor Schmerz über den Verlust fast wahnsinnig. Angesichts des toten Gatten stößt Isis einen Verzweiflungsschrei aus, der so laut und heftig ist, daß ein Kind des Königs entseelt zu Boden sinkt [3]. Demeter hört den Verzweiflungsschrei der entführten Tochter: „Scharf wie ein Stachel traf sie das Leid ins Herz; ihre lieben Hände zerfetzten den Schleier auf ihren ambrosischen Haaren“ [6]. (8) Beide Göttinnen irren nun auf der Suche nach den Verschwundenen umher und fragen überall nach ihnen. Isis geht an niemandem vorbei, ohne nach ihrem verschwundenen Gatten zu fragen. Demeter fragt zunächst Hekate in ihrer Höhle und dann den alles sehenden Sonnengott Helios. (9) Beide Göttinnen erhalten schließlich eine Antwort. Isis erfährt von Kindern, daß die gesuchte Truhe aufs Meer hinausgetrieben wurde. Demeter erfährt von Helios, daß Pluton ihre Tochter in die Unterwelt entführt habe. In beiden Fällen wird auf eine Art Entführung und den identischen Widersacher hingewiesen. (10) Auf ihrer weiteren Suche kommen die Göttinnen auch in die Menschenwelt. Isis irrt suchend unter anderem in der Stadt Byblos umher, und ebenso geht Demeter „in die Städte der Menschen". (11) Beide Göttinnen lassen sich in tiefer Trauer am Brunnen einer Stadt nieder. Isis, so berichtet uns Plutarch, „sei nach Byblos gekommen und habe sich an einem Brunnen niedergesetzt, demütig und tränenüberströmt". Ebenso setzt sich Demeter in Eleusis an einen Brunnen: „Nahe am Wege, am Parthenosbrunnen ließ sie sich nieder; traurig war ihr zumute." (12) Beide Göttinnen sprechen mit den Dienerinnen bzw. mit den Töchtern der ortsansässigen Königin. Isis „habe mit niemandem gesprochen, nur mit den Dienerinnen der Königin habe sie Bekanntschaft geschlossen". Demeter spricht mit den vier Töchtern des Königs Keleos, denen sie erzählt, daß sie von Räubern über das Meer verschleppt worden sei. (13) Beide Königinnen lassen auf den Bericht der Mädchen hin Isis bzw. Demeter in ihren Palast holen. Königin *Astarte* von Byblos läßt Isis kommen, Königin *Metaneira* von Eleusis lädt Demeter ein. (14) Beide Königinnen nehmen die Göttin als Amme für ihren kleinen Sohn auf. „Genährt habe Isis den Säugling, indem sie ihm statt der Brust ihren Finger in den Mund steckte." Auch Metaneiras Sohn Demophon wurde nicht gestillt: Demeter „schmiegte ihn sich an die Brust und blies ihm süß ins Gesichtchen". (15) Beide Göttinnen verwenden köstlich duftende Ambrosia-Salbe. Isis salbt damit die Haut der Dienerinnen, Demeter den Leib Demophons. (16) Beide Göttinnen halten ihren Knaben symbolisch ins Feuer. Isis „habe nachts das Sterbliche aus seinem Körper weggebrannt". Demeter steckt den kleinen Demophon jede Nacht „als wärs ein Holzscheit mitten in kräftiges Feuer", um ihn unsterblich zu machen. (17) Beide Mütter schreien bei diesem Anblick vor Angst um ihren Sohn laut auf. Sowohl Astarte als auch Metaneira machen dadurch die Vergöttlichung ihres Sohnes unmöglich. (18) Schließlich finden beide Göttinnen den Verlorenen bzw. die Verlorene wieder. Isis findet den Sarg mit dem toten Osiris und bringt ihn auf dem Schiff nach Ägypten zurück. Demeter erhält ihre Tochter Persephone von Pluton zurück. Beide Gottheiten verbleiben jedoch in der jenseitigen Welt, denn auch Persephone muß einen Teil ihres künftigen

Lebens in der Unterwelt verbringen. (19) Daraufhin geben sich beide Göttinnen den Menschen zu erkennen. Isis „habe ihre wahre Gestalt angenommen ...", ebenso Demeter: „Schönheit wehte und wallte um sie herum." (20) Beide Göttinnen übergeben den Menschen die Mysterien. Seth hatte Osiris, das Heilige Wort, zerfetzt, „während die Göttin es wieder einsammelt und zusammensetzt und den Menschen in der Mysterienweihe übergibt" [3]. Ebenso beschreibt Demeter den führenden Männern von Eleusis „die erhabenen Weihen ... Keiner darf sie je verletzen, erforschen, verkünden".

In beiden Berichten herrscht völlige Übereinstimmung in den Schilderungen, den verschiedenen Stadien der Erzählung, den Situationen, den Handlungen, den Symbolen. In beiden Mysterien wurde zudem kultisch eine „Heilige Kiste" verwendet. In Ägypten enthielt sie die Glieder des zerstückelten Osiris, zu denen auch der Phallus gehörte, in Griechenland den Phallus des Dionysos. Isis und Demeter gleichen sich auch in ihren Abbildungen, auf denen sie Ähren oder Mohnköpfe in Händen halten. Und beiden wurde die Schlange als Symbol beigegeben.

Der erblindete Gott – Horus und Orion. – Auch für das Motiv der *Erblindung* gibt es eine Parallele in der griechischen Mythologie. Dem Osiris wurde am Himmel von den Ägyptern das Sternbild *Orion* zugeordnet [1]. Nach Plutarch sahen sie den Orion aber auch mit Horus verbunden, was nicht weiter verwunderlich ist, da zwischen Osiris und Horus Wesenseinheit besteht. Die Griechen erblickten in diesem Sternbild den großen Jäger Orion. Er gehörte zu den „Riesen" der Urvergangenheit. Diese besaßen noch das Dritte Auge, das ihnen eine unbegrenzte Schau in die jenseitigen Welten verlieh, und darauf beruhte in Wahrheit ihre „Größe", die spiritueller Natur war. Orion war so groß, daß er mühelos das Meer durchwaten konnte. Aufgrund der unbegrenzten Reichweite seiner spirituellen Wahrnehmung besaß er ungeheure Kräfte, stammte er doch von nicht weniger als drei Göttern zugleich ab, von *Poseidon*, *Zeus* und *Hermes*. *Kerenyi* vergleicht ihn zu Recht mit dem großen Jäger Dionysos-Zagreus [8].

Aus einem Motiv der Rache – so die griechische Erzählung – wurde Orion von *Oineus* oder *Oinopion* seines Augenlichtes beraubt. Orion trifft somit das gleiche Schicksal wie Horus, beide verlieren das Dritte Auge und erblinden spirituell. Bekräftigt wurde diese Katastrophe durch eine parallele Erzählung. Orions Gattin *Side* wurde nämlich von *Hera* aus Eifersucht in die Unterwelt verbannt. Side heißt der „Granatapfel". Sie erleidet also das gleiche Schicksal wie Persephone, die von Pluton einen Granatapfel erhielt und nach seinem Verzehr auch weiterhin an die Erdentiefe gebunden blieb. Hier erscheint wieder Hera, die auch für die Zerstückelung des Dionysos-Zagreus verantwortlich war. – Die Namen *Oineus* und *Oinopion* leiten sich vom griechischen Wort für *Wein* ab. Orions Blendung beruhte also auf der Wirkung des Alkohols genau wie bei Polyphem, der von Odysseus betrunken gemacht wurde.

Nur das Morgenlicht der Sonne, so wurde Orion geweissagt, könne ihn wieder sehend machen. Er brauchte nun für seine Wanderung nach Osten einen Führer. Er setzte den Schmied *Kedalion*, den Lehrmeister des Schmiedegottes *Hephaistos*, auf seine Schulter und durchquerte unter dessen Führung das Meer in Richtung des Sonnenaufgangs [8]. Als seine Augen vom Morgenlicht der Sonne berührt wurden, erlangte er seine Sehkraft wieder. Das *Morgenlicht* der Sonne steht hier für das Innere Licht, die Kraft der Erleuchtung, durch die wie bei Horus die Funktion des Dritten Auges wieder hergestellt wird. Aus diesem Grunde wurde Orion auch als Liebhaber der *Eos*, der Göttin der Morgenröte, angesehen. Diese bevorzugte entsprechend ihrer eigenen Schönheit immer die schönsten unter allen Männern, und Orion war nicht nur unermeßlich stark, sondern auch über alle Maßen schön.

Der Wegweiser zur Erleuchtung ist hier der *Schmied*. Er taucht in den Mythen vieler Völker auf als Inbegriff der Kunstfertigkeit und der mit ihr verbundenen Intelligenz. Er ist es, der das Schwert schmiedet, mit dem allein der Drache – Seth, Typhon, Ahriman – überwunden werden kann. Bei den Germanen schmiedet *Siegfried* dieses Schwert. Es steht für das spirituelle Denken, das sich mit dem Scharfsinn verbindet und nur so das auf seine Weise ebenso scharfsinnige materialistische Denken besiegen kann. Bei den Persern wird der Drachentöter *Thraëtona (Freton, Faridun)* von dem Schmied *Kavah* begleitet und unterstützt [16]. Offenbar haben wir es mit einer uralten, den indogermanischen Völkern gemeinsamen Vorstellung zu tun.

Eng mit dem Sternbild Orion verbunden sind die sieben benachbarten Sterne der *Pleiaden*. Sie wurden jahrelang von Orion verfolgt, der in Liebe zu diesen himmlischen Nymphen entbrannte. Zu ihnen gehörte *Elektra*, die „Strahlende", die zur Stammutter des zweiten, irdischen Dionysos wurde. Mit ihr bewegen wir uns im Bereich der Mysterien von *Samothrake* und der *Kabiren*, worauf hier nicht näher eingegangen werden kann. Vater der Pleiaden war *Atlas*, auf dessen Schultern das Himmelsgewölbe ruht. – Der Morgenröte Eos, Orion und Atlas werden wir in den Mithras-Mysterien wieder begegnen, wo weitere einzigartige Zusammenhänge der weltweiten Mysterien zutage treten werden.

Die Gottheiten des Morgen- und Abendlichts

An dieser Stelle muß noch ein Abschnitt eingefügt werden, der nicht unmittelbar die Einweihung betrifft, aber höchst wichtige Aussagen über die Mysteriengottheiten Osiris, Isis und Horus macht. Diese Erkenntnisse enthüllen zudem die weltweite Identität der Mysteriengottheiten auch auf der kosmischen Ebene und tiefe Zusammenhänge zwischen den indischen, persischen, ägyptischen und griechischen Mythologien und den Hintergründen des Mithras. Es handelt sich um einen umfassenden Komplex innerhalb des astronomischen Weltbildes der Ägypter, der seine genauen Entsprechungen bei den anderen genannten Völkern hatte. Diese astronomische Konzeption faßt zahlreiche ägyptische Gottheiten, ihre Funktionen und ihre Symbole zusammen und enthüllt ihre wahre Bedeutung. Diese Vorstellungen werden in ihren weltweiten

Zusammenhängen hier zum erstenmal zusammengeführt und ihre zugrunde liegende Einheit enthüllt.

Der Himmelsträger. – Die alten Ägypter machten sich über vielerlei Dinge Gedanken, die für den modernen Menschen nicht mehr nachdenkenswert erscheinen. Für sie war beispielsweise die Zweiteilung der Welt in eine Erde und einen Himmel ein erstrangiges Phänomen. Diesem Problem wandten sie viel Aufmerksamkeit zu. In der stockdunklen Nacht ohne Sternenschein bietet sich die Welt als eine Einheit dar, es existiert kein „Oben" und „Unten". Die Zweiheit von Himmel und Erde wird vor allem durch das Licht der Sonne erlebbar. Daran schloß sich für sie die Frage an, wie die Sonne überhaupt an den Himmel gelangt, an dem sie des Nachts nicht zu sehen ist. Die ägyptischen Eingeweihten verfolgten dieses Problem bis in die Urzeit der Schöpfung. Sie gelangten in ihrer spirituellen Schau zurück zu einem Zustand der Erde, in der diese noch mit der Sonne vereint war. Zu einem bestimmten Zeitpunkt wurden Erde und Sonne jedoch getrennt, und das war der Beginn der bis jetzt bestehenden zweigeteilten Welt.

Bei dieser Trennung von Erde und Sonne sahen die Ägypter eine kosmische Kraft wirksam, die sie als den Gott *Schu* benannten. Der Schöpfergott *Atum* hatte ihn aus sich hervorgebracht. Durch Schu entstanden die beiden getrennten Welten von Himmel *(Nut)* und Erde *(Geb)*. Symbolisch wurde diese Trennung so ausgedrückt, daß er den Himmel, die Göttin Nut, mit beiden Armen emporhebt. Schu ist der *Himmelsträger*. In dieser Haltung ist er auf zahlreichen Abbildungen zu sehen. Indem Schu den Himmel erhebt, ermöglicht er der Sonne, dem Sonnengott Re-Atum, die tägliche Fahrt auf der Sonnenbarke: Es ist „Schu, der seinem Vater den Himmel trägt, damit er alle Tage an ihm erstrahle". Gleichzeitig mit Schu entstand seine Schwester *Tefnut*, der ebenfalls ein Anteil an der Emporhebung der Sonne zugeschrieben wurde.

Das Denken der alten Ägypter beschäftigte sich stark mit den konkreten Phänomenen der Welt. Zwischen Erde und Himmel liegt der *Luftraum*. Dieser schien den Himmel ebenso zu stützen wie der Gott

Schu. Deshalb wurde er auch als die Personifizierung des Luftraums angesehen. Schu „erhebt den Himmel mit dem Hauch seines Mundes". Infolgedessen ist er auch Herr über die vier Winde und sonstige Erscheinungen der Atmosphäre wie Wolken und Nebel.

Die fundamentale Teilung von Himmel und Erde wird aber vor allem durch das *Licht* wahrnehmbar und erlebbar. Deshalb ist Schu ein *Lichtgott*. Sein Name leitet sich ab von dem Wort für Licht [1]. Er ist der „Strahlenschein". Von ihm wird gesagt, daß er „der Finsternis Licht bringe" [1]. Schu und Tefnut sind die *Augen des Himmelsherrschers*, Schu das Sonnenauge, Tefnut das Mondauge, womit aber keinesfalls gesagt wird, daß Schu und die Sonne identisch seien. Er und seine Schwester repräsentieren nur *das Licht als solches*. Da Schu den Himmel als ganzen erhebt, gelangt auch der Mond an seinen himmlischen Ort.

Das himmlische Doppelwesen Schu-Tefnut. – Schu und seine Schwester Tefnut treten immer gemeinsam auf, sie sind ein himmlisches *Doppelwesen* mit polaren Eigenschaften. Zu Schu gehört das Licht der Sonne, zu Tefnut das Licht des Mondes, zu Schu die Tagesbarke der Sonne, zu Tefnut die Nachtbarke, zu Schu der Osten und der Sonnenaufgang, zu Tefnut der Westen und der Sonnenuntergang. *Das Doppelwesen Schu-Tefnut repräsentiert die in sich polare Einheit von Tag und Nacht, genauer gesagt die übergreifende Einheit von Morgenlicht und Abendlicht, von Sonnenaufgang und Sonnenuntergang.*

Dieses unzertrennliche Doppelwesen wurde auch als ein *Löwenpaar* vorgestellt, das mit einem anderen, *Ruti* genannten Löwenpaar verschmolz. Das goldgelbe Fell des Löwen erinnert an das Sonnenlicht, und der Löwe steht in den Mythen symbolisch auch aufgrund seiner „feurigen" Natur für die Sonne. Im Löwenpaar Schu-Tefnut kommt deshalb ihre Lichtnatur zum Ausdruck. Auf der anderen Seite hatten beide auch Bezüge zum Mond. Tefnut repräsentierte das *Mondauge* und in dieser Beziehung auch die Stirnschlange am Haupt aller Götter. Schu wiederum verschmolz mit dem Mondgott *Chons*. Dieser Chons-Schu erscheint vorwiegend als Luftgott und Himmelsträger [1].

Diese Vorstellung vom Himmelsträger wurde noch weiter präzisiert. Aus dem mythischen Bild des Himmelsträgers, der den Himmel mit seinen zwei Armen stützt, wurde das astronomisch fundierte Bild von vier bzw. acht stützenden Gottheiten. Diese vier bzw. acht Himmelsträger wurden als die Emanationen von Schu aufgefaßt und als die *Heh-Götter* benannt [2]. Entsprechend den vier bzw. acht Himmelsrichtungen stehen sie an den Eckpunkten der Erde, wo sie gemeinsam den Himmel stützen. Die Himmelsrichtungen wiederum werden im wesentlichen vom täglichen Gang der Sonne bestimmt, welche die grundlegende Ost-West-Achse durch Sonnenaufgang und Sonnenuntergang vorgibt, die durch Schu und Tefnut repräsentiert wird.

Die Himmelskuh als Trägerin des Himmels. – Die vier oder acht Heh-Götter können abstrahiert als vier oder acht *Säulen* aufgefaßt werden, die den Himmel tragen. Damit sind wir bei einer Vorstellung der Ägypter angelangt, die noch ein weiteres, sehr urtümliches Bild für das Tragen des Himmels verwendet haben, das Symbol der auf vier Beinen stehenden *Himmelskuh*, das wahrscheinlich aus den ältesten Zeiten stammt. Sie wird auf ihren vier Beinen stehend abgebildet, und ihr Bauch ist bedeckt mit Sternen [1]. Schu und die acht Heh-Götter erheben sie, wobei jeweils zwei Heh-Götter eines ihrer vier Beine stützen, womit die vier bzw. acht Himmelsrichtungen angedeutet werden. Auf der Ebene der Sterne fährt Gott Re auf der Sonnenbarke. Im ganzen haben wir es mit einer sehr eingängigen und plastischen Darstellung zu tun, welche die geniale Symbolkraft der Ägypter zur Geltung bringt, die sich an den einfachsten Phänomenen ihrer natürlichen Umwelt entzündete.

Die Himmelskuh trug verschiedene Namen. *Mehet-weret (Methyer)* war eine Personifizierung des *Nun*, des „Urgewässers", welches, dem *Okeanos* der Griechen entsprechend, der das ganze Weltall ausfüllende Äther ist. Aus diesem Lichtäther taucht die Sonne jeden Morgen im Osten empor, sie wird also gleichsam von der Himmelskuh geboren, die in dieser astronomischen Symbolik als Mutter des Re gilt. Auf Abbildungen sitzt das Sonnenkind zwischen ihren Hörnern. Bekannter ist die Göttin *Hathor* in ihrer Funktion als Himmelskuh. Sowohl in ihrer menschlichen als auch in ihrer tierischen Gestalt trägt sie die Sonnenscheibe zwischen ihren Hörnern. Dasselbe ist bei *Isis* der Fall, die der Gestalt der Hathor angenähert wurde.

Auch bei den Indern werden wir der Himmelskuh begegnen, und zwar unter dem Namen der *Aditi*, welche die Mutter des *Mitra* ist. *Mithras* wiederum wurde mit dem griechischen Himmelsträger *Atlas* gleichgesetzt, der die „Säulen des Himmels" aufrichtet und diesen trägt.

Die Horizonte und ihre Symbole. – Mit dem Sonnenaufgang und Sonnenuntergang geraten auch die *Horizonte* ins Blickfeld des Betrachters. Diese Schnittstellen zwischen Erde und Himmel hatten für die Ägypter eine für uns kaum nachvollziehbare Bedeutung. Sie wurden regelrecht als Einflußsphären bestimmter Gottheiten betrachtet. So wurden die *Erdhorizonte* von dem Gott *Aker* repräsentiert. Dargestellt wurde er als ein länglicher, schmaler Erdwall, der auf beiden Seiten in einen *Löwenkopf* endete [1]. Mit den Löwen ist hier wieder auf das Licht angespielt. Aker als löwengestaltiger Horizontgott ist identisch mit den Löwenpaaren Schu-Tefnut und Ruti, mit denen er auch dargestellt wurde. Abgebildet wurde er auch zusammen mit dem Himmel und den Himmelsstützen. Auf einer anderen Abbildung tragen zwei Löwen den Horizont mit der Sonnenscheibe in ihrer Mitte [1].

Die Löwen hatten noch eine andere Bedeutung. Die Horizontorte im Osten und Westen waren für die Ägypter gleichsam *Tore*, durch welche die Sonne den Himmel betritt bzw. wieder verläßt. Es war deshalb von den „Türen des Aker" die Rede. Die Löwen waren also die *Wächter* der Horizonttore; diese Rolle konnte auch von *Sphingen* eingenommen werden, deren menschliches Gesicht auf einem Löwenleib ruht. Von den beiden Löwen des Aker wird gesagt, daß sie *das Heute und das Gestern* bedeuten [1]. Diese Doppelgestalt des Aker drückt also *die Bewegung von einem Tag zum anderen* aus! Dieser Bewegungsaspekt ist von größter Wichtigkeit und findet sich auch beim indischen *Mitra* und dem römischen *Mithras*.

Der Horizont hieß im Ägyptischen *Achet*. Im Schriftbild wurde er dargestellt als ein zweigipfeliger Berg mit der Sonnenscheibe dazwischen, was auch als Tor aufgefaßt werden kann. Über einem Berg am Osthorizont geht auf Abbildungen auch der römische *Mithras* als Lichtkind auf. Das Wort *Achet* leitet sich ab von dem Wort für „Licht, leuchten". Die beiden Horizonte in Ost und West wurden als *Tore* aufgefaßt. Diese Horizonttore erhielten in Ägypten eine spezielle architektonische Ausgestaltung. Die Eingänge der großen Tempel wurden nämlich von zwei Pylonen, hohen Tortürmen, flankiert. Sie waren das architektonische Symbol für die Horizonttore. Durch sie hindurch betrat man das „Lichtland" des Horizontbereiches, das nach ägyptischer Vorstellung den Menschen auch im Inneren des Tempels erwartete. Die Ägypter setzten also das Morgenlicht symbolisch mit dem „Lichtland" gleich. Dessen spirituelle Lichtkräfte durchdringen sowohl den Tempel als auch die Jenseitige Welt der entkörperten Seelen, die sich im dortigen „Lichtland" aufhalten.

Horus – Der Horizontgott. – Mit dem Horizont sind wir – auf der astronomischen Ebene – wieder bei der Gestalt des *Horus* angelangt. Als Himmelsgott wurde Horus nämlich unter dem Namen *Harachte* verehrt. Dieses Wort ist eine Zusammensetzung aus Horus und Achet und bedeutet wörtlich „Horus der Horizontische". Wort und Begriff Harachte war allen Ägyptern geläufig und hatte für sie eine überragende Bedeutung, denn es stand im Zusammenhang mit dem täglichen Sonnenlauf. In diesem Begriff waren der „östliche Horus" und der westliche Horus, der „Horus des Westgebirges", vereint. Beide wurden in dem Begriff „Horus der beiden Horizonte" oder „Herrscher der beiden Horizonte" zusammengefaßt. Der „Horus des Westgebirges Manu" war zugleich *Horus Chenti-irti*, der erblindete Gott, der dem sehenden Horus gegenübergestellt wurde [1].

Auch Horus ist also ein Doppelwesen. *Der Begriff Harachte umfaßt die übergeordnete, in sich polare Einheit von Ost- und Westhorizont, von Morgenlicht und Abendlicht.* In dieser Beziehung ist er von den Doppelwesen Schu-Tefnut und von Aker nicht zu trennen. Durch die

Wesensgleichheit mit diesen beiden Löwenpaaren wurde auch Horus auf der astronomischen Ebene als Löwe dargestellt. Der Löwe als Wächter konnte auch durch eine Sphinx ersetzt werden. Die bekannte große Sphinx von Gizeh mit Löwenleib und menschlichem Antlitz hieß *Harmachis* und stellte den „Horus im Horizont“ dar. Wie die Löwen wurden auch Sphingen in ihrer Funktion als Wächter oft *paarweise* aufgestellt.

In der Polarität von Morgen und Abend ist auch diejenige von *Sonne und Mond* enthalten. Der „östliche Horus“ hat eine Beziehung zum Sonnenlicht, der „westliche Horus“ zum Mond und zum Sternenhimmel, die sich nach Sonnenuntergang zeigen. Hier schließt sich der mythologische Kreis wieder und zeigt Horus in seiner Verwandtschaft zum Mond, zum Sternenhimmel und damit zur Weltseele. Die oben beschriebene Rolle als Repräsentant der Weltseele zeigt also nur *eine* Seite seines Wirkens, die andere Seite besteht in seiner Eigenschaft als *Träger des Lichtes*. Die Beziehung zum Mond ist, wie wir sahen, auch bei Schu und Tefnut vorhanden. Schu bildet eine Einheit mit dem Mondgott *Chons*. Tefnut ist das „Mondauge“, das identisch mit dem Horusauge ist, und zugleich die Stirnschlange, die Repräsentantin des Dritten Auges. Insofern ist sie auch identisch mit der Göttin *Uto*, einem anderen Namen für die Repräsentantin der Stirnschlange, die den Horusknaben behütet hat.

Der Lichtgott und Himmelsträger Haroëris. – Zu den wichtigsten Erscheinungsformen des Horus gehört seine Gestalt als *Haroëris*. Dieser Name bedeutet der „große Horus“ oder auch der „ältere Horus“, ja er wurde durch ein Beiwort sogar als „der älteste“ benannt. Damit wurde hingedeutet auf den uralten, vom Osiriskreis unabhängigen Himmelsgott, welcher Sohn der Himmelsgöttin Nut war. Dieser Horus ist ein Licht- und Himmelsgott. „Daneben ist er durch eine besondere Beziehung zum Nachthimmel zum Sternenherrscher geworden“ [1]. Die Augen dieses Himmelsherrschers sind Sonne und Mond. Er ist es, „der das Land mit seinen beiden Lichtaugen erhellt“ [1]. In seiner Gestalt sind also Schu und Tefnut, die Augen von Sonne und Mond, zusammengefaßt. Wie Tefnut leuchtet auch er als Mond. Diese Lichtverwandtschaft „begünstigte seine Angleichung an Schu, die er mit fast allen Falkengöttern der Spätzeit teilt" [1]. Haroëris hat die gleiche Funktion wie Schu inne, „er ist derjenige, der bei der Weltschöpfung Himmel und Erde trennte und als Himmelsträger in ihrer Lage hält" [2]. Haroëris hat zur Gemahlin *Hathor*, die in ihrer symbolischen Gestalt als Himmelskuh bei Morgenanbruch die Sonne auf ihrem Haupte aus dem Dunkel emporträgt.

Wie Schu und Tefnut wurde Haroëris in Bild und Schrift häufig als Löwe dargestellt. „Dieser Haroëris-Schu trägt vorwiegend die Züge eines kampffrohen Helden" [1]. Er ist es, der unentwegt seinen ewigen Gegenspieler Seth bekämpft. Dabei verliert er zeitweilig sein Augenlicht, und in dieser Gestalt wird er zum blinden Chenti-irti. Da er sein Augenlicht wiedererlangt, wird er auf diesem Wege zum göttlichen Arzt und Helfer der Augenkranken. Auf die Wiedergewinnung des Dritten Auges weist die heilige Schlange hin, die in seinem Tempel in *Kom Ombo* verehrt wurde.

Der große Jäger Onuris. – Zu den wesensgleichen Gestalten von Schu, Horus und Haroëris gesellt sich noch der große Jäger und Kämpfer *Onuris*. Wie Haroëris ist auch er ein kraftvoller Held. „Im Kampf gegen Seth und seine Genossen steht er dem Horus bei. Späte Bilder zeigen ihn darum gern bei der Erlegung gottfeindlicher Tiere und Menschen. Als Waffe dient ihm dabei ein Spieß; zu ihm gesellt sich ein Strick, mit dem er seine Opfer einfängt" [1]. Onuris ist es auch, der das geraubte Mondauge dem Seth abjagt und zu Horus zurückbringt. Diese Vorgänge verbinden ihn mit Tefnut, der Repräsentantin des Mondauges, und ihrem Bruder Schu. „Onuris-Schu wird er darum seit dem Neuen Reich gern genannt; ja man redet von ihm als Schu schlechthin. Man läßt ihn gelegentlich auch in die Funktion des letzteren als Himmelsträger eingehen ..." [1]. Noch ältere und engere Beziehungen verbinden ihn mit Horus, weshalb er den Beinamen „Horus mit dem starken Arm" erhielt. „Weiter hat Onuris in Ombos Eingang gefunden, dessen Gott Haroëris ebenfalls ein Kämpfer war und dem Schu gleichgesetzt wurde. So konnte man ihn denn als eine Form des Onuris empfinden" [1]. Schließlich wurde Onuris zusammen mit einer Löwin namens *Mehit* verehrt, wobei er selbst als deren löwengestaltiger Partner zu denken ist.

Aus diesen kurzen, charakterisierenden Zusammenfassungen ergibt sich eine weitgehende Wesenseinheit zwischen den Göttern Schu, Harachte, Haroëris und Onuris. Sie alle sind mehr oder weniger deutlich als *Doppelwesen* gekennzeichnet. Schu und Onuris ist jeweils eine Partnerin in Löwengestalt beigesellt, Haroëris und Harachte (Harmachis) besitzen wie Schu selbst Löwengestalt. Dieses löwenartige Doppelwesen wird ergänzt durch Aker als Doppellöwe. Schu, Haroëris und Onuris erscheinen in der gleichen Funktion als Himmelsträger, und Harachte repräsentiert die Trennlinie zwischen Himmel und Erde. Alle vier Gestalten haben engste Beziehungen zum „Mondauge" und dessen Verschwinden und Wiederfinden. Sowohl Schu als auch Haroëris und Onuris sind Kämpfer gegen das Böse. Diese drei Götter wurden aus allen genannten Gründen bereits von den Ägyptern gleichgesetzt und verschmolzen.

Hathor – Der Morgen- und Abendstern. – Alle hier ausgebreiteten Tatsachen und Gottheiten führen uns zu einer weiteren göttlichen Gestalt, der Göttin *Hathor*. Von den Griechen wurde sie mit *Aphrodite* gleichgesetzt, die der römischen *Venus* entspricht. Damit nähern wir uns gleichzeitig einem weiteren wichtigen Element der Astronomie, dem Venusplaneten oder dem Morgen- und Abendstern. Eine symbolische Erscheinungsform der Hathor ist die Himmelskuh, die identisch mit der oben beschriebenen Mehet-Weret ist. In Gestalt einer Kuh trägt Hathor die Sonnenscheibe zwischen ihren Hörnern. Man sprach von der Sonnenscheibe, „die auf dem Gehörn der Hathor ist". Für die Ägypter war sie die Göttin, die das junge Sonnenkind zwischen ihren Hörnern zum Himmel erhebt [1]. Dieser Sachverhalt wurde auch so ausgedrückt, daß die Sonne im Schoß der Hathor heranreife. Alle diese Bilder stehen für den *Aufgang* der Sonne über dem östlichen Horizont. Der Sonnenaufgang wird dabei als ein dynamischer Vorgang angesehen: Die Sonne wird über den Osthorizont *emporgehoben!*

Allein aufgrund dieses astronomischen Sachverhalts rückt Hathor in die unmittelbare Nähe des Osthorizontes und damit in eine kosmische Verwandtschaft zu Harachte, dem „horizontischen Horus". Der Name „Hathor" bedeutet „Haus des Horus", und sein Schriftzeichen zeigt den Horusfalken in seinem Haus [1]. Hathor und Horus waren auf das engste miteinander verbunden. „Schon im Alten Reich gilt jedenfalls Dendera als ihr Hauptkultort. Auch hier steht sie in enger Verbindung mit Horus, und zwar dem Horus zu Edfu. Wie dieser in Dendera ein Heiligtum hatte, in dem er Wohnung nahm, wenn er bei Hathor zu Gast war, so fährt Hathor alljährlich am 1. Epiphi nach Edfu, wo sie 14 Tage verweilt. Der Tag der Ankunft wurde als das ‚Fest der schönen Umarmung' gefeiert; denn Horus galt hier als der Gatte der Hathor, dem sie neben Ihi ... den Harsomptus gebar" [1]. Dieser *Harsomptus (Somptus)* glich dem Horus zum Verwechseln, er wurde mit Falkenkopf dargestellt, und auf einem menschlichen Kopf trug er die Sonnenscheibe, ein Bild für das Emporheben der Sonne wie bei Hathor selbst.

An dieser Stelle erinnern wir uns an Isis auf der Suche nach dem getöteten Osiris. Sie findet seinen Sarg im Palast der Königin *Aštarte* von Byblos. In dieser Stadt Byblos, mit der sie eng verbunden war, ist Hathor Ortsgöttin gewesen. Der Name Aštarte, gleichbedeutend mit der babylonischen *Ištar*, deutet hin auf deren Stern, den Venusplaneten. Isis hat Osiris also in wörtlichem Sinne im Hause der Aštarte-Ištar gefunden, die gleichen Wesens mit Hathor ist. Das deutet auf einen Zusammenhang auch zwischen Hathor und Osiris hin, und in der Tat wurde sie bereits in den alten Pyramidentexten als Genossin des Osiris genannt.

Der Phönix und der Morgen- und Abendstern. – Über Hathor und Osiris gelangen wir noch zu einem weiteren Symbol für Sonnenauf- und -untergang, den Vogel *Phönix* in Gestalt eines Reihers. Dieser Name leitet sich lautlich vom ägyptischen *Benu* her, was auf den Wortstamm für „aufgehen" zurückgeht. Auch er trägt, wie die anderen hier aufgeführten Götter, die Sonnenscheibe auf dem Haupt, was bedeutet, daß er sie, wie schon sein Name andeutet, am Morgen über den Osthorizont *emporhebt*. Abgebildet wurde er auch neben dem auf einem Lotos sitzenden Sonnenkind, was aussagt, daß er die noch junge Sonne am Morgen emporführt. Auch der Phönix ist ein den *Horizonten* verbundenes Wesen. Er wurde aus diesem Grund verallgemeinert zu einem Symbol der *Verjüngung, Auferstehung und Neuschöpfung*. Der bekannte Flammentod des Phönix bezieht sich auf die Abendröte, in der er symbolisch verbrennt, um im folgenden Morgenrot verjüngt wieder aufzuerstehen. Er repräsentiert deshalb die Fähigkeit zur *Verwandlung*. Der Phönix symbolisiert „den ewigen Wechsel der Tageszeiten" und insofern auch den Wechsel von Tag und Nacht [2]. Verallgemeinert steht er für *Periodizität* innerhalb der Zeit. Da er ein Symbol der Morgen- und Abendröte ist, wurde er von den Ägyptern mit dem Morgen- und Abendstern identifiziert. „Nach dem Phönix wird der Morgenstern genannt, der selbst als die nächtliche himmlische Form des Benu galt" [2]. „Der Planet wurde häufig als Benu abgebildet ... und manchmal Benu genannt." Hathor steigt als Phönix auf zum Himmel. Damit wird bekräftigt, daß zu ihr, wie auch zu Aštarte und Ištar, der Venusplanet als Morgen- und Abendstern gehört.

Aber auch mit Osiris wurde der Phönix verbunden, wohl wegen dessen Tod und folgender Auferstehung. Er war die „Seele des Osiris", der „aus dem Herzen des Osiris hervorging" [1]. Als dieser starb, verwandelte er sich in einen Phönix und stieg als solcher auf zum Himmel. Und ebenso wie der Phönix wurde der Morgen- und Abendstern manchmal auch „Osiris" genannt.

In Heliopolis, der „Sonnenstadt", wurde der Phönix besonders verehrt. Im dortigen „Haus des Phönix" stand der sogenannte *Benben-Stein*, dessen Name sprachlich ebenso wie der des Benu auf das Verbum „aufgehen, glänzen" zurückgeht [1]. Dieser Stein symbolisierte auch die Spitze der Obelisken und der Pyramiden. Die Pyramidenspitzen wurden vergoldet und sandten ihren Strahlenglanz weit in das Umland hinaus. Das Sich-Erheben der Sonne am Osthorizont wurde von den Ägyptern also durch den Obelisken symbolisiert. Vor den Tempeln des Sonnengottes stand deshalb ein Obeliskenpaar. Diese „Pfeiler des

Himmels", wie man sie nennen kann, symbolisierten die Erhebung des Himmels durch den Himmelsträger, das heißt durch das *Licht* und den *Lichtgott*. Durch die Zweiheit der Obelisken wurden die beiden Horizonte sowie Sonne und Mond, Tages- und Nachthimmel verkörpert.

Das Schwesternpaar Isis und Nephthys als Horizontgottheiten. – Schließlich wurden auch *Isis* und ihre Schwester *Nephthys* in Beziehung zu den beiden Horizonten gesetzt. Auch sie bilden ein unzertrennliches *Paar*, ebenso wie Schu und Tefnut und die anderen löwengestaltigen Paare. Isis wurde dabei der Osten, Nephthys der Westen zugeordnet, Isis die Morgenbarke des Sonnengottes, Nephthys die Nachtbarke. „Noch fester wurzelt die Vorstellung, daß die beiden Schwestern im Osten stehend die aufgehende Sonne anbetend empfangen und auf ihren Armen hochheben" [1].

Das Schwesternpaar wurde auch den beiden Pylonen am Eingang der Tempel zugeordnet. Wegen der Ausrichtung der Tempelanlagen nach der Ost-West-Achse fiel das Licht der aufgehenden Sonne zwischen den beiden Tortürmen hindurch in den Vorhof der Tempel. Durch diese Symbolik wurde vor allem Isis an Hathor angeglichen und in der Spätzeit mit dem Venusstern verbunden. Darin kommt allerdings nur ihre enge Verbundenheit mit Horus zum Ausdruck. Isis ist die *Weisheitsgöttin*, der die *Erkenntnis* untersteht, und Erkenntnis hat mit den realen Venuskräften überhaupt nichts zu tun, sondern steht oft genug im Gegensatz zu ihnen.

Sirius und Orion – Die Morgenröte. – Der eigentliche Stern der Isis war der *Sirius*, der hellste Stern des Himmels, der von den Ägyptern *Sothis* genannt wurde und in ihrem astronomischen Weltbild eine überragende Stellung einnahm. Symbolisch wurde er als „Hundsstern" bezeichnet. Dieser „Hund" folgt am Himmel dem großen Jäger *Orion* als Begleiter nach. Noch stärker betont wird diese Beziehung durch die Gestalt des *Großen Jägers*, die ebenso eindeutig durch Haroëris und Onuris verkörpert wird. Die „wilden Tiere", die Orion jagt, sind entsprechend Verkörperungen feindlicher dämonischer Mächte. Schließlich „erblindet" Orion ebenso wie Horus und gewinnt sein Augenlicht, das Dritte Auge, wieder. Die astronomische Form des Sternbilds deutet einen „Riesen" mit gespreizten Beinen und breiten Schultern an, dessen Taille die drei Gürtelsterne bilden.

So wie Horus der „Gatte" der Hathor ist, die im Morgenrot die Sonne am Osthorizont emporhebt, ist Orion der Liebling der griechischen *Eos*, der Göttin der Morgenröte, und im Morgenlicht der Sonne wird auch seine Blindheit geheilt. Wir werden hier einer vollkommenen Einheit von Horus und Orion ansichtig. Beide werden wir wiederfinden als den indischen *Mitra*, untrennbar verbunden mit der Morgenröte *Ushas (= Eos)*, sowie als den römischen *Mithras*, begleitet von den Genien des Morgen- und Abendlichts.

Der Lichtraum als „Himmelsträger". – Zum tieferen Verständnis der Horusgestalt sind nun noch zwei letzte Gedankenschritte nötig. Zuerst müssen wir uns gedanklich von der *Statik der Himmelspfeiler* losmachen. Das, was den Himmel in Wirklichkeit „erhebt", ist *der durch das Morgenlicht entstehende Lichtraum*. Das Licht „trägt" den Himmel. Das Wesen, welches das Licht verkörpert, ist der Lichtträger und *nur dadurch* auch der „Himmelsträger". Die schrittweise Ausbreitung des Lichts am Morgenhimmel ist nicht ein statischer, sondern ein *dynamischer* Prozeß. Das trifft auch auf das langsame Verschwinden des Lichtes am Abend zu. Im Verschwinden des Lichtes und seinem neuen Erscheinen am nächsten Morgen offenbart sich eine übergreifende Dynamik, die Aufeinanderfolge von Tag, Nacht und neuem Tag. Astronomisch gesprochen geht diese Dynamik aus der täglichen *Drehung* der Erde um ihre Achse hervor. Die gesamte Kultur der alten Ägypter war eine statische, auch bedingt durch die ungeheure Bedeutung der Bau- und Bildhauerkunst. Dennoch haben die Ägypter diese Dynamik angedeutet in der Doppelgestalt des Aker, der die Aufeinanderfolge von Gestern und Heute ausdrückte. Noch stärker wurde die Dynamik aufeinander folgender Zeitperioden durch den Phönix dargestellt. – In der Gestalt des Horus muß deshalb erstens der *Lichtaspekt* und zweitens der *Bewegungsaspekt* erkannt werden. Diese Aspekte sind beim indischen Mitra und beim römischen Mithras noch wesentlich stärker ausgebildet.

Licht und Schönheit. – Zu diesen Wesenszügen tritt der Aspekt der *Schönheit* hinzu. Orion war der schönste aller Männer, und deshalb erkor ihn die Göttin der Morgenröte, die sich nur mit schönen Männern befaßte, zu ihrem Geliebten. Die Morgenröte selbst ist ja bereits ein Inbegriff der Schönheit, was in fast noch höherem Maße für ihre Schwester, die Abendröte, gilt. In den alten indischen Veden entzündete sich die Poesie der Schönheit, wie wir noch sehen werden, am Anblick der Morgenröte. In dieser – und in der Abendröte – erstrahlt auch der Venusplanet als in bezaubernder Schönheit erglänzender Morgen- und Abendstern. Er wurde der Göttin Venus-Aphrodite zugeordnet, dem Inbegriff höchster, göttlicher Schönheit.

Wie Eos bevorzugte auch die griechische Aphrodite nur die schönsten aller Männer. Ihr entsprach in Ägypten die Göttin Hathor, deren himmlischer Gemahl Horus war! Er erscheint dadurch selbst umgeben von einer Lichtaura göttlicher Schönheit. In den ägyptischen Jenseitstexten wird der verstorbene Lichtgeist „schön wie Hathor" genannt. Beim „Fest der schönen Umarmung" versank das göttliche Liebespaar in den Wonnen schönheitstrunkenen Entzückens. Auch in dieser Verbindung mit der göttlichen Schönheit gleichen sich Horus und Orion. – Entsprechend wurde der römische Mithras immer als ein von edler Schönheit geprägter junger Mann dargestellt. Sein indischer Vorgänger Mitra war der Sohn der Göttin Aditi, deren „Antlitz" die so überaus schöne Morgenröte war.

In der Gestalt des Horus und seinen Entsprechungen in den anderen Mysterienreligionen verbinden sich deshalb *Licht und Schönheit* zu einer Einheit. Hinzu tritt der Bewegungsaspekt, der wesentlich mit dem Prozeß des auf- und untergehenden Lichtes zusammenhängt. Offensichtlich haben sich diese Aspekte mit dem Verlust und der Wiedergewinnung des Augenlichts bei Horus verbunden. Zwischen dem Verschwinden und Wiederauftauchen des Lichtes und dem Erblinden und dem neuen Sehen des Göttlichen Auges besteht also eine symbolische Parallele. – Das Verschwinden des *Mondes* und sein Wiedererscheinen am Nachthimmel versinnbildlichen die gleiche Symbolik.

Eine Einweihung in die Isismysterien

Der Einweihungsroman des Apuleius

Wir sind seit langem im Besitz eines unschätzbaren Dokuments, das uns die Existenz der ägyptischen Mysterien schildert. Es handelt sich um den im zweiten nachchristlichen Jahrhundert verfaßten Einweihungsroman des antiken Schriftstellers *Apuleius*, der zunächst den Titel „Metamorphosen", das heißt „Verwandlungen", trug und später „Der goldene Esel" hieß [24]. In ihm wird Mysterienwissen aus erster Hand durch einen Eingeweihten vermittelt, soweit das im Altertum möglich war. Apuleius wurde um 125 nach Chr. in Algerien geboren, das zum großen Römischen Reich gehörte. In dieser globalisierten Welt studierte er sowohl in Karthago als auch in Athen, machte von dort aus Reisen nach Asien und wirkte später als Rhetor und Anwalt in Rom, von wo aus er nach Afrika zurückkehrte. Auf seinen Reisen ließ er sich in verschiedene Mysterien einweihen. Apuleius hat auch mystisch-philosophische Schriften verfaßt, vor allem zur Philosophie *Platons*. In der Schrift „De deo Socratis" behandelte er das Thema des Genius oder Schutzgeistes, der jedem Menschen zugeteilt ist.

Der „Goldene Esel" ist der einzige Roman der antiken Literatur, der vollständig auf uns gekommen ist. Apuleius, der weder ein blasser Ästhet noch ein blutleerer Esoteriker, sondern ein feuriger Redner war, greift hinein ins volle Menschenleben und entfaltet ein turbulentes Bild antiker Sitten und Verhaltensweisen. Da geht es derb und deftig her, und auch an mancherlei erotischen Affären ist kein Mangel. Die hochgradig verfeinerte Sprache des Autors ist jedoch auch den kühnsten erotischen Situationen gewachsen und kommentiert sie mit Zartgefühl und Eleganz. In dieser Hinsicht kann der „Goldene Esel" mit einem jener Abenteuerromane aus dem europäischen Barock verglichen werden. Alle diese Abenteuer sind aber nur die Kulisse für das eigentliche Ziel des Autors, den Leser mit der Existenz der Mysterien bekannt zu machen.

Dem Roman liegt eine bewußte Absicht zugrunde. Er soll den Lesern den langen Weg aus den Leiden und Prüfungen des Lebens zur

Einweihung und Erlösung verdeutlichen. Dies geschieht gleich zweimal, und zwar auf verschiedenen Ebenen. Auf der irdischen Ebene muß *Lucius* immer neues Unglück und Qualen erleiden. Auf einer überirdischen Ebene wird diese Thematik verallgemeinert. Dort ist es *Psyche*, die Seele als solche und insofern die Seele jedes Menschen, die zahlreiche Hindernisse zu überwinden hat, bis sie sich mit der himmlischen Liebe vereinigen kann.

Lucius, der in Geschäften in Griechenland unterwegs ist, wohnt im Hause eines Gastfreundes. Die dort tätige Magd Photis, mit der er sich nachts vergnügt, macht ihn auf eine Zauberin aufmerksam, zu der sie Zutritt hat. Diese unternimmt auch Seelenreisen. Dazu reibt sie sich den Körper mit einer bestimmten Salbe ein, was zu einer kataleptischen Starre und dem Austritt der Seele führt. Solchen Astralwanderungen ist auch Lucius nicht abgeneigt. Unglücklicherweise verwechselt Photis in Abwesenheit der Zauberin die Salben, und Lucius wird statt in einen „Vogel" in einen Esel verwandelt. Die bestürzte Photis versichert ihm jedoch, er könne sich jederzeit wieder in seine menschliche Gestalt zurückverwandeln, wenn er als Gegenmittel Rosen verspeise. Die Eselsgestalt ist hier natürlich nur symbolisch gemeint. Sie verkörpert die tierische Triebnatur und Dumpfheit, die in jedem Menschen wohnen. In Ägypten symbolisierte der Esel Seth-Typhon, der die Seele des Lichtes beraubt und in das Dunkel und die Dumpfheit der unterbewußten Tiefen herabzieht.

Lucius, der sein menschliches Bewußtsein behalten hat, muß nun in Eselsgestalt unzählige Leiden, Ängste und Qualen erleben. Damit will der Autor ausdrücken, daß es das tierische Erbteil im Menschen ist, was ihn leiden läßt und immer wieder ins Unglück führt. Erst wenn der Mensch die unterbewußten und animalischen Anteile in sich ablegt, kann das wahre Menschliche in ihm erwachen und sich mit dem Göttlichen vereinen. Zu diesem tierischen Erbteil gehören alle niederen, zerstörerischen und selbstzerstörerischen Neigungen im Menschen. Sie sind das jeweils auslösende Moment in der nun folgenden Romanhandlung. Der Autor breitet ein ganzes Spektrum verzehrender Leidenschaften vor uns aus. Gier nach Besitz und sexuellen Erlebnissen, verbunden mit Rücksichtslosigkeit, Bosheit, Rachsucht und Grausamkeit sind die eigentlichen Triebfedern menschlichen Verhaltens.

Die Diagnose des Autors über den Zustand der Menschheit ist eine zutiefst pessimistische. Die Menschen machen sich das Leben untereinander zur Hölle, ganz zu schweigen von den Grausamkeiten gegenüber den Tieren. Der arme Lucius in seiner Eselsgestalt wird fast zu Tode geprügelt und muß immer wieder schuldlos um sein Leben bangen. Und genauso geht es in der Menschenwelt zu. Dort herrschen Treulosigkeit, Ungerechtigkeit, Verrat und Ehebruch. Ihre unheilvollen Bestrebungen treiben die Menschen zu Verbrechen und schließlich in die Verzweiflung. Falschheit, Heuchelei und Scheinheiligkeit errichten eine Fassade, hinter der sich Frevel und schlimme Leidenschaften verbergen. Nicht ein Fünkchen Maß, Vernunft oder Erkenntnis ist in den Menschen zu finden, von Mitleid ganz zu schweigen. *Voltaires* Romansatire „Candide oder die beste aller Welten", mit der er die Schlechtigkeit der Welt demonstrieren wollte, kann mit Apuleius' Roman nur mit Mühe konkurrieren. Kaum geht es dem armen Lucius bei einem neuen Herrn etwas besser, stellt ihm das Schicksal weitere unerwartete Hindernisse in den Weg. Um der Schande einer neuen Demütigung zu entgehen, ergreift Lucius als Esel schließlich die Flucht. In tiefer Betrübnis ruht er an einem Meeresgestade aus. Doch er hat genug gelitten, das Schicksal gibt ihn frei. Nach Vollendung seiner Prüfungen kann der Mensch die Früchte seiner vielen Leiden pflücken. In der Nacht erwachte Lucius aus dem Schlafe, und was er nun erblickte, konnte er nur als ein gütiges Zeichen des Himmels deuten.

„Eben stieg in vollem Glanz der Mond aus den Meeresfluten herauf. Die Majestät des hehren Wesens erfüllte mich mit tiefster Ehrfurcht, und überzeugt, daß alle menschlichen Dinge durch seine Allmacht regiert werden, überzeugt, daß nicht nur alle Gattungen zahmer und wilder Tiere, sondern auch die leblosen Geschöpfe durch den unbegreiflichen Einfluß seines Lichtes fortdauern, ja daß selbst alle Körper auf Erden, im Himmel und im Meere in vollkommenster Übereinstimmung mit diesem ab- und zunehmen, so bediente ich mich der feierlichen Stille der Nacht, mein Gebet an das holdselige Bild dieser hilfreichen Gottheit zu verrichten" [Apuleius].

Der Autor erweist sich als profunder Kenner der griechischen Mythologie. Er läßt Lucius den Mond als universale Göttin in ihren verschiedenen Gestalten anrufen. Sie ist die fruchtbringende *Ceres* (Demeter), auch die Fortpflanzung bewirkende Liebesgöttin und die dreigestaltige *Proserpina* (Persephone, Hekate) als Herrin in der Welt der Seelen und Geister. In einem ergreifenden Gebet, das die tiefe Religiosität des Dichters erweist, flehte Lucius sie um Erlösung aus seiner Tiergestalt an.

In einem auf dieses Gebet folgenden Traumgesicht erschien Lucius nun die Göttin selbst. Unter Aufbietung seiner blendenden Wortkunst verherrlicht der Dichter ihre Erscheinung. Die Stirn der Göttin schmückte ein Halbmond, um den sich zwei Schlangen wanden. Ihr Kleid schimmerte bald weiß, bald safrangelb oder rosenrot. Auf ihrem dunklen Mantel glänzten zahllose Sterne und der Vollmond in seiner ganzen Pracht. In ihrer Linken hielt sie ein goldenes Gefäß, um deren Griff sich eine Schlange wand. Der Leib der Göttin duftete nach Ambrosia und allen Wohlgerüchen Arabiens. Es war *Isis*, die sich nun dem Lucius mit ihren eigenen Worten zu erkennen gab. Sie gebietet „über des Himmels lichte Gewölbe, die heilsamen Lüfte des Meeres“ und die Seelenwelt. Sie ist die von vielen Völkern unter verschiedenen Namen verehrte Allmutter. Nun verhieß sie Lucius Gnade und Erbarmen und die baldige Befreiung aus seiner unglücklichen Lage. Dann verwies sie ihn auf den morgigen Tag und eine Zeremonie ihrer Priester zur Einweihung eines Schiffes. Dort würde er der Rosen habhaft werden, die er zu seiner Erlösung brauchte.

Nun brach für Lucius der neue Morgen seines Lebens an. Die ganze Natur schien das Kommen der Allmutter zu begrüßen. Noch nie hatte Lucius eine solche Fülle des Lichtes und der Freude erlebt. Voller Hoffnung näherte er sich der Prozession der Isis-Priester und ihres Gefolges. Aus eigener Anschauung hat uns Apuleius einen solchen Götterumzug aus dem zweiten nachchristlichen Jahrhundert in Griechenland geschildert.

„Frauen in blendendweißen Gewändern, bekränzt mit jungen Blüten des Frühlings, trugen voller Freude mancherlei Dinge. Den Schoß mit Blumen ausgefüllt, bestreuten die einen den Weg, welchen der heilige Zug nahm; andere führten auf dem Rücken schimmernde Spiegel, in denen der Göttin zahlreiches Gefolge als ihr entgegenkommend erschien. Einige hatten elfenbeinerne Kämme in den Händen und taten mit Gebärden und Bewegung ihrer Arme und Finger, als schmückten sie das königliche Haar der Isis. Noch andere besprengten die Gassen mit allerlei wohlriechenden tropfenden Salben und mit köstlichem Balsam. Darauf folgte eine große Menge beiderlei Geschlechts mit Lampen, Fackeln, Wachskerzen und Arten künstlicher Lichter zu Ehren der Mutter der Gestirne" [Apuleius].

Es folgten ein Chor von Sängern und Pfeifern und zum Schluß die Eingeweihten, „männlichen und weiblichen Geschlechts, jeglichen Standes, jeglichen Alters". „Alle trugen linnene Kleider von blendender Weiße; die Frauen hatten das gesalbte Haupt in durchsichtigen Flor gehüllt." Die auf sie folgenden Oberpriester trugen die aus Gold gefertigten heiligen Symbole der Isismysterien, unter ihnen eine Skulptur des hundeköpfigen Anubis, der als Wächter die Verstorbenen in der Seelenwelt empfängt. Andere trugen die mystische Truhe mit den Symbolen der Einweihung.

Diese Schilderung läßt verstehen, warum die Isis-Mysterien auf europäischem Boden besonders bei Frauen sehr beliebt waren. Wurden sie doch hier zur Einweihung und den Zeremonien zugelassen und konnten ihre spezifischen Vorlieben und Fähigkeiten zur Geltung bringen! (Gleiches gilt für das zu dieser Zeit bereits existierende Christentum, das ohne überwiegende Beteiligung der Frauen in der kämpferisch gesinnten Antike wohl nicht zur römischen Staatsreligion geworden wäre).

Am Schluß des Zuges nahte nun der Oberpriester mit einem Kranz von Rosen in der Hand und damit für Lucius die Erlösung aus seiner Tiergestalt. Kaum hatte der Esel von den Rosen gekostet, verwandelte sich seine tierische Gestalt zurück in die des Menschen Lucius. Auch dem Hohenpriester war diese wunderbare Verwandlung in einer Vision angekündigt worden. Wir verstehen, was uns der Autor sagen will:

Durch die Mysterien und die in ihnen erworbene spirituelle Erkenntnis kann der Mensch sein tierisches Erbteil überwinden und zu einer höheren Form des Menschseins aufsteigen.

Doch nicht nur die Natur entläßt den Menschen in eine höhere Seinsform, sondern auch das Schicksal. Die Fesseln der Vergangenheit fallen langsam ab. Das bekräftigte der Eingeweihte gegenüber dem Novizen Lucius: „Wer wie du von unserer erhabenen Göttin zum Dienst erkoren, der steht außerhalb des feindlichen Zufalls. Mag es dir noch so sehr durch Räuber, durch wilde Tiere, durch Sklaverei, durch mühselige Märsche, durch tägliche Todesgefahr mitgespielt haben: der Tyrannei des blinden Wesens ist nun ein Ende. Du bist in den Schutz einer sehenden Gottheit aufgenommen, die auch die übrigen Götter durch den Schein ihres Lichtes erleuchtet."

Diese aufmunternden Worte bestärkten Lucius in der Absicht, sich dem Dienst der Isis zuzuwenden. Doch mußte jeder weitere Schritt wohl bedacht werden. „Ich hatte beobachtet, daß diese Religion schwer zu erfüllende Pflichten auferlege, zu vielerlei Enthaltsamkeit fordere und das Leben, das leider der Mühen schon genug hat, durch gar zu strenge Selbstverleugnung noch mehr erschwere. Je mehr ich das bedachte, desto mehr eilte ich mit Weile." Das war ein sehr freimütiges Bekenntnis, dessen Ehrlichkeit auch dem Autor zur Ehre gereicht. Es beweist zudem, daß die ägyptischen Mysterien auf europäischem Boden selbst im zweiten nachchristlichen Jahrhundert noch strenge Selbstdisziplin einforderten. Mit der Zeit wurde Lucius' Wunsch, sich einer Einweihung zu unterziehen, immer stärker. Doch der Hohepriester ermahnte ihn, Geduld zu üben. „Die Göttin", sagte er, „bestimme durch unmittelbare Eingebung allemal zuvor den Tag der Weihe als auch den Priester, welcher diese zu verrichten habe." Die ganze ausführliche, hier nicht wiedergegebene Ermahnung des Priesters beweist die intime Kenntnis des Autors und das tiefe Verständnis der Vorgänge und Voraussetzungen innerhalb der Mysterien.

Schließlich verkündete die Göttin Lucius in einem nächtlichen Gesicht, daß der Zeitpunkt der Einweihung nun gekommen sei, und zeigte ihm auch den Priester, der sie vollziehen sollte. Auch dieser hatte im Wahrtraum eine gleichlautende Aufforderung erhalten, und beide erkannten sich am folgenden Tage wieder. Lucius wurde einer gründlichen Reinigung unterzogen. Dann gebot ihm der Priester, „zehn Tage mich im Essen einzuschränken, weder Fleischspeisen zu essen noch Wein zu trinken“. Am Abend des Einweihungstages wurde Lucius, bekleidet mit einem linnenen Gewand, in das innerste Heiligtum des Tempels geführt, wo der eigentliche Akt der Einweihung stattfand. Wie auch immer dort mit dem Mysten verfahren wurde – vielleicht durch Herbeiführung einer kataleptischen Starre des Körpers –, wesentlich war, wie auch bei allen anderen Formen der Einweihung, daß sich die Seele des Mysten partiell vom physischen Gehirn löste und dadurch eine leibfreie Wahrnehmung ermöglicht wurde.

Alle Mysten waren bei strengster Strafe dazu verpflichtet, über den Vorgang und die Erlebnisse bei der Einweihung Stillschweigen zu bewahren. Apuleius, von eigenen Erfahrungen berichtend, hat dieses Schweigegebot etwas gelockert und einige Andeutungen gemacht, die er hier Lucius in den Mund legt: „Ich ging bis zur Grenzscheide zwischen Leben und Tod. Ich betrat Proserpinas Schwelle, und nachdem ich durch alle Elemente gefahren, kehrte ich wieder zurück. Zu der Zeit der tiefsten Mitternacht sah ich die Sonne in ihrem hellsten Licht leuchten; ich schaute die unteren und oberen Götter von Angesicht zu Angesicht und betete sie in der Nähe an.“ Im zweiten Band sind diese Erlebnisse näher erläutert worden. Apuleius hatte bei seiner Einweihung die Sphären des Ätherlichtes, die Welt der unverkörperten Seelen (Proserpinas Reich) und die Ebenen der Götter betreten. Die spirituellen Sphären, welche die entkörperten Seelen bewohnen, werden im nächsten Kapitel ausführlich geschildert.

Erst gegen Morgen war Lucius' Einweihung beendet. Mit einem prächtigen Gewand bekleidet, das ihn nun als Eingeweihten auswies, trat er vor das Bild der Göttin. „Ich trug eine brennende Fackel in der rechten Hand und war mit einem Kranz von Palmblättern geziert, die so angeordnet waren, daß sie um mein Haupt gleich Strahlen herumstanden. So als Bild der Sonne geschmückt, stand ich gleich einer Bildsäule da. Ein Vorhang öffnete sich und zeigte mich den neugierigen Blicken des Volkes." Die Fackel in seiner Hand war wie bei allen anderen Mysterien das Symbol der Erleuchtung. Der Kranz aus Palmblättern war äußerer Ausdruck der Lichtaura, die jetzt sein Haupt umstrahlte.

Einen beträchtlichen Teil des Romans nimmt die symbolische Erzählung von *Amor* und *Psyche* ein. Bis ins neunzehnte Jahrhundert hat sie die Phantasie der Künstler beschäftigt. Ihre wesentlichen Elemente und ihr tieferer Sinn sollen hier kurz herausgearbeitet werden. *Psyche* ist das griechische Wort für *Seele* und hat sich in dieser Bedeutung bis heute erhalten. Im Roman ist es der Name einer Königstochter. Die menschliche Seele ist also hoher, königlicher Abstammung, sagt uns der Dichter. In ihrer ursprünglichen, reinen und himmlischen Form ist sie so edel, daß neben ihrer Schönheit selbst Venus verblaßt. Um den Leidensgang der Psyche zu motivieren, läßt der Dichter die Göttin der Schönheit auf Psyche eifersüchtig werden.

Aber die arme Psyche ist noch von anderer Seite bedroht. Ein Ungeheuer will sie besitzen, „verrucht, grausam wie Otterngezücht, hoch erhebt sich's auf Schwingen, noch über den Äther; allmächtig waltet's mit Feuer und Stahl über die zitternde Welt." Selbst der Himmelsherrscher Jupiter scheut diese dämonische Macht, welche die Griechen Typhon nannten, der alle Götter in Furcht und Schrecken versetzt und im Kampf mit ihnen liegt. Selbst den Himmelsherrscher hatte er einst fast besiegt. Die menschliche Seele, so sagt uns der eingeweihte Dichter, ist in Gefahr, dieser dämonischen Macht zu verfallen. Dies würde geschehen, wenn Psyche in den tiefen Schlaf der Materie verfiele, was auf ihrer langen Wanderung tatsächlich einmal geschieht. Nur einer rettet die arme Psyche vor dem Ungeheuer – Amor, die Macht der himmlischen Liebe. Der junge Gott ist der Venus Sohn, vermählt sich aber trotz ihres Verbotes mit Psyche. Er entführt die Seele in sein himmlisches Paradies. Überaus anschaulich schildert uns der Dichter Psyches Aufenthalt in der Himmelswelt und gibt so dem Leser einen literarischsymbolischen Vorgeschmack auf die Herrlichkeiten der Lichtwelten, in die der Eingeweihte aufsteigt.

„Sie befindet sich in einem anmutigen Lustwald, wo unzählige Geschlechter der herrlichsten Bäume ihren Schatten ausbreiten. Eine Quelle, glänzender als Kristall, windet in mannigfaltigen Windungen sich mitten hindurch, und da, wo sie sanft rauschend hinabstürzt und über sich leichten Silbernebel bildet, steigt auf grünem Ufer ein Palast empor, nicht durch Menschenhand und Kunst erbaut. Gleich beim ersten Eintritt erkennt man ihn für Gottes Lustwohnung. Die Decke ist künstlich gewölbt, mit Elfenbein und Zitronenholz eingelegt und von goldenen Säulen unterstützt. Getriebene Arbeit von Silber überdeckt alle Wände ... Der Fußboden prangt mit den köstlichsten Steinen ... Gleicher unaussprechlicher Reichtum herrscht in allen anderen Teilen dieses weitläufigen Gebäudes. Die Mauern sind mit gediegenem Golde über und über bekleidet; von allem Glanze werden die Augen geblendet."

In dieser herrlichen Himmelswohnung vereinigt sich Psyche jede Nacht mit ihrem göttlichen Geliebten, darf ihn jedoch nicht bei Licht sehen und erkennen. Diese Vorsicht ist wohlbegründet, denn die göttliche Weisheit sieht das Unheil bereits nahen. Es nimmt Gestalt an in den beiden menschlichen Schwestern der Psyche. Als diese vom himmlischen Glück ihrer Schwester erfahren, erwachen in ihnen Neid und Mißgunst. Wie kann sich ihre Schwester unterfangen, in den Himmel aufzusteigen! Sie will wohl selbst eine Göttin werden! Trotz aller Warnungen ihres himmlischen Geliebten wird Psyche das Opfer der Intrigen ihrer boshaften Schwestern und verspielt dadurch ihr himmlisches Leben. Die beiden Schwestern, die sich in ihrer Selbstüberschätzung bereits im Besitze höherer Kräfte wähnen, stürzen sich zu Tode. Der Dichter spricht hiermit eine Warnung aus, die in allen Mysterien den Novizen mit auf den Weg gegeben wurde: Schweigt gegenüber der uneingeweihten Außenwelt über eure Erlebnisse, andernfalls werdet ihr die Bosheit der Welt kennenlernen.

Nach diesem unersetzlichen Verlust wird das Leben der verlassenen Psyche noch härter. Nun bekommt sie auch noch die Eifersucht der Venus zu spüren. Sie gerät in die Gewalt der Göttin und muß zur Strafe mehrere schwierige, für einen Menschen eigentlich unlösbare

Aufgaben bewältigen. Hiermit weist der Dichter auf die Prüfungen im Lebensgang der Mysten hin. Immer wieder erfährt Psyche jedoch unerwartete Hilfe. Zuletzt muß sie in die Unterwelt hinabsteigen, womit der Dichter in diesem Fall die gefährlichen, unterbewußten Tiefen der Seele meint. Nachdem sie diese unheimliche Wanderung beendet hat, ist sie würdig geworden, sich erneut mit Amor, der himmlischen Liebe, zu vereinigen. Alle Götter sind bei dieser himmlischen Hochzeit anwesend und feiern den Aufstieg einer neuen Seele in das Reich des Lichtes.

Der Aufstieg der Seele in die Himmelssphären

Die Einweihung im Alten Ägypten war durch undurchdringliche Mauern des Schweigens von der Neugier der Außenwelt abgeschirmt. Nur in wenigen kurzen Andeutungen in den alten Texten wird auf Vorgänge der Einweihung hingewiesen. Charakteristisch für solche Andeutungen sind Schlüsselworte und Begriffe wie „Eintritt", „Einführung", „Erhebung zum Himmel" und „Schauen". Nicht selten begegnen uns auch Vorgänge wie das „Öffnen" von Fenstern oder Toren. Manchmal kommt eine Einweihung durch einen Titel zum Ausdruck; so hieß der Hohepriester von Heliopolis „Größter der Schauenden". Mit dem „Schauen" ist dabei immer das Sehen mit dem Dritten Auge, dem Horusauge, gemeint. Ein weiterer Priestertitel lautete „der die Geheimnisse des Lichtlandes schaut" [9]. Mit den öfters erwähnten „Geheimnissen" sind alle diejenigen Erkenntnisse gemeint, die nur mit dem geöffneten Dritten Auge, dem Horusauge, wahrgenommen werden können. Zugleich drücken die „Geheimnisse" aus, was mit dem griechischen Wort „Mysterien" gemeint war.

Die Einweihung ist mit einem Aufstieg in die Spirituellen Sphären verbunden, die in den Texten meist als „Himmel" bezeichnet werden. Die Himmelswelten gewähren den Seelen nicht nur Licht und Wärme, sondern enthalten auch eine unendliche Fülle von Einzelheiten, von

Vorgängen und Wesen, die Gegenstand der übersinnlichen Erkenntnis sind. „Mögest du dich zum Himmel erheben, mögest du schauen, was in ihm ist", heißt es deshalb [9]. „Du sollst die Fenster öffnen vor der Neunheit [der ursprünglichen Götter], damit du das Geheimnis dessen siehst, was in ihr ist." *Nut* war die Göttin des gestirnten Himmels: „Mögest du Nut erreichen und die Geheimnisse schauen." Die Götter selbst laden den Menschen ein, ihre Sphären zu betreten. Der Sonnengott fordert die Seele auf: „Tritt ein zum Gott!" Ein Myste bekennt, daß er „auf geheimen Wegen" in den Himmel aufgestiegen sei.

„Bei der Priesterweihe geht es um die Einführung in das Allerheiligste, das durchweg als ‚Himmel' oder ‚Horizont' verstanden wird, um den im Kultbild gegenwärtigen Gott zu schauen" [9]. Hin und wieder berichten Texte von solchen Einweihungserlebnissen: „Ich erhielt Zutritt zum Gott als trefflicher Jüngling. Ich wurde eingeführt zum Horizont des Himmels ... Nachdem ich das Schlechte mit der Reinheit vertauscht hatte ... trat ich vor den heiligen Ort, wobei ich mich sehr fürchtete wegen seiner Erhabenheit. Ich erhielt Zutritt zum Gott, damit ich jene heilige geheime Gestalt des Schöpfers der Götter sehe. Zum Horizont des Himmels stieg ich empor ... Ich sah Amun in seinem Horizont in der vollkommenen Säulenhalle" [9]. Mit dem Wort „Horizont" ist in diesen Texten jeweils das „Lichtland" oder die „Lichtsphäre" eines Gottes gemeint.

Von König *Thutmosis III.* besitzen wir ein hochinteressantes Selbstzeugnis über ein spontanes Erleuchtungserlebnis, das ihm noch vor seiner eigentlichen Einweihung zuteil wurde: „Ich stand in der nördlichen Säulenhalle, (als Amun heraustrat) aus der Heiligkeit seines Horizonts. Er machte Himmel und Erde festlich mit seiner Schönheit ...(er tat) mir (auf) die Pforten des Himmels, er öffnete mir die Tore seines Horizonts. Ich flog zum Himmel als ein göttlicher Falke und schaute sein geheimes Bild im Himmel" [9].

Anhand dieser Zeugnisse erhalten wir eine gewisse Ahnung von dem, was bei den Einweihungen vorgegangen war. Das gesamte altägyptische Geistesleben, aber auch die Königsherrschaft fußten auf solchen Erlebnissen. Wenn über die Vorgänge bei der Einweihung nicht gesprochen wurde, besitzen wir doch unzählige indirekte Zeugnisse in den Erkenntnissen, die im erleuchteten Zustand gewonnen wurden. Sie bilden die Gesamtheit des Spirituellen Wissens der alten Ägypter: Erkenntnisse über die Götter und ihre Funktionen, über die Weltentstehung, den Kosmos, das Leben nach dem Tode und vieles mehr.

Neben dem Roman des Apuleius besitzen wir deshalb noch eine weitere unschätzbare Originalquelle, in der das Wissen der ägyptischen Eingeweihten über die Seelen- und Geisteswelt und die himmlischen Sphären niedergelegt ist – die Jenseitstexte oder Totenliturgien. Erinnern wir uns an den Satz des Apuleius, der in der Gestalt des Lucius seine eigenen Einweihungserlebnisse schilderte: „Ich ging bis zur Grenzscheide zwischen Leben und Tod. Ich betrat Proserpinas Schwelle!" Wie im zweiten Band geschildert hatten auch Herakles, Odysseus und Äneas das Reich der Persephone (Proserpina) betreten und dort zahlreiche verstorbene Seelen getroffen. Das Wissen der ägyptischen Eingeweihten über die Regionen der Seele und des Geistes reichte noch weiter und höher, bis in die Sternenwelt. In diese Welten waren sie während der Einweihung selbst aufgestiegen. Die Totenliturgien schildern uns deshalb originale Erfahrungen, die bei der Einweihung gemacht wurden.

Das Wissen um diese Sphären kam den Priestern zugute, welche die Aufgabe übernahmen, mit einer verstorbenen Seele zu kommunizieren. Für die Seelen sind die Welten und Wesen, die sie nach dem Ablegen des Körpers erleben, zunächst unbekannt. Sie brauchen deshalb Aufklärung und Führung in den Jenseitsreichen. Zu diesem Zweck wendet sich ein Vorlesepriester an die entkörperte Seele und liest ihr aus den Totenliturgien vor. Genau dem gleichen Vorgang werden wir weiter unten in Tibet begegnen; die geschilderten Vorgänge sind in beiden Kulturen bis in die Einzelheiten völlig identisch. Natürlich hört die entkörperte Seele nicht physische Worte, sondern nimmt ihren Sinngehalt wahr. Zahlreiche solcher Jenseitsliturgien sind gesammelt worden. Alle im folgenden in Anführung gesetzten Originalzitate entstammen dem dreibändigen Werk „Altägyptische Totenliturgien“ von Jan Assmann [9]. (Das Werk wendet sich an den wissenschaftlich Arbeitenden). Die vom Vorlesepriester gesprochenen Worte richten sich direkt an die verstorbene Seele, welche die Ägypter den *Ba* nannten. Abgebildet wurde der Ba als ein Seelenvogel mit menschlichem Gesicht. Damit symbolisierte er die freie, ungehinderte Beweglichkeit der Seele in den Jenseitsreichen.

Dem Gestorbenen wird allmählich bewußt, daß er auch getrennt vom Körper Wahrnehmungen haben kann. Beim Erwachen in seinem neuen, körperlosen Zustand erblickt er als erstes ein intensives *Licht*. Dieses Licht, so wird er aufgefordert, soll er betrachten, denn es führt ihn zur übersinnlichen Wahrnehmung und dadurch zum Erwachen in der Seelenwelt. Das Licht nimmt die Blindheit von seinen Augen, die nun auf neue Weise geöffnet werden und ihm die seelische Umwelt erschließen. Dieser Vorgang wird symbolisch dadurch ausgedrückt, daß der Verstorbene mit der goldenen Uräusschlange gekrönt wird, dem Organ der übersinnlichen Wahrnehmung. Verbunden mit ihm geht das „Horusauge“ in die Totenwelt ein, was nur ein anderer Ausdruck für die Möglichkeit übersinnlichen Schauens ist. Ohne die Kraft der „Schlange“, ohne das Horusauge, wäre der Verstorbene in der Seelenwelt blind. Was er mit diesem Geistesorgan wahrnimmt, sind keine physischen Formen und Tatsachen, sondern spirituelle. Im physisch-materiellen Dasein besitzen nur die Eingeweihten das Dritte Auge. Indem der Mensch beim Sterben den Körper verläßt und mit dem Horusauge sieht, erreicht er den Zustand, den die Eingeweihten bereits auf Erden verwirklicht haben. Auch mit der Fähigkeit übersinnlichen Hörens und Sprechens wird der Verstorbene nun ausgestattet.

Die Erfahrungen der Seele unmittelbar nach dem Sterben übergehen wir hier. Nach mancherlei Erlebnissen gelangt die Seele zum Ort des Jenseitsgerichts. Unter Aufsicht des Osiris, des Herrn der Verstorbenen, wird sein Herz gewogen, das heißt sein Charakter und seine irdischen Taten einer Prüfung unterzogen.

Das Jenseitsgericht ist unumgänglich und hat den Sinn, den Seelen den weiteren Aufstieg in die höheren Sphären des göttlichen Lebens zu ermöglichen. Es befreit den Menschen „von den Sünden, die er begangen hat, damit er das Antlitz der Götter schauen kann". Die Welt des Göttlichen ist eine Welt des Guten, der Wahrheit, Gerechtigkeit, Ordnung und Schönheit. Nur eine Seele, welche diese Eigenschaften bis zu einem gewissen Grade in sich verwirklicht hat, kann in diese Sphären aufsteigen.

Oben wurde ausführlich dargelegt, daß Osiris die Gottheit des Mondes ist. In seinem Reich, das heißt in der *spirituellen Sphäre des Mondes*, spielen sich das Jenseitsgericht und die nachfolgende moralische Läuterung ab. Auch die Griechen und andere Völker verlegten die erste Phase des nachtodlichen Lebens in die Mondensphäre. Mit der moralischen Prüfung und Läuterung ist das Leben der Seele in der Mondensphäre jedoch keineswegs erschöpft. Der Gestorbene erlebt sich dort selbst *als Seele mit allen ihr eigenen Neigungen und Eigenschaften*. Dazu gehören auch die freie, unbegrenzte Beweglichkeit und das gesteigerte Glücksgefühl paradiesischen Erlebens.

Von den Ägyptern wurde die Seele, der Ba, als ein Vogel mit menschlichem Gesicht abgebildet. Das hatte seine Ursache und Begründung im eigenen Erleben. Die Seele breitet im leibbefreiten Zustand gleichsam ihre Flügel aus und erhebt sich in die unbegrenzten Weiten der Seelenwelt. Die Seele ist ja ein Teil der Weltseele und in dieser potentiell allgegenwärtig, sie ist ein Teil des Osiris, der Seele des Weltalls, und wird auch so angerufen. Sie verwandelt sich jetzt gleichsam in einen Phoenix, eine Schwalbe, einen Falken, einen Reiher. Als geflügeltes Seelenwesen und in Gesellschaft des Phoenix „reist sie mit dem Südwind" und „eilt mit dem Nordwind" dahin. Ihre Schritte sind schneller „als der Blick des Gesichts", geschwinder „als das Zwinkern des Auges". Ausgestattet mit unbegrenzter Bewegungsfähigkeit fliegt die Seele gleichsam über Gewässer, über Seen und Flüsse und überquert das Meer zu Fuß. Die „Seele lebt und schwebt nieder, wo sie will." „Frei ausschreitend an den heiligen Stätten" kann sie sich überall hinbegeben, wohin es ihr Herz zieht. Sie kann sich begeben „an den Ort, an dem das Herz zu sein wünscht". „Frei auszuschreiten auf den Wegen der Ewigkeit" ist nun ihre neue, ungewohnte Freude. Ungehindert überquert sie im Fluge die Steppen und Flußbetten. Ohne an Grenzen zu stoßen, vermag sie „den Himmel zu durchwandern". Alle genannten Flüsse, Seen, Steppen etc. sind natürlich nicht Teile der physischen Geografie, sondern Elemente einer umfassenden „Seelenlandschaft" spiritueller Natur.

Die Ausdehnung in die Weiten der Weltseele, die ungehinderte, grenzenlose Bewegung und die real erlebte Freiheit verschaffen der Seele ein neues, beglückendes Lebensgefühl. Doch sind diese Erlebnisse nur ein Teil der vielen paradiesischen Freuden, die sie in der Seelenwelt, der spirituellen Mondensphäre, erwarten. Die „Stätten der Lust" halten unzählige Freuden für die Seele bereit. Die ägyptischen Eingeweihten konnten den Menschen diese Freuden nur symbolisch beschreiben. In ihren Jenseitsschilderungen mußten sie anknüpfen an deren irdische Erfahrungen, die sich auf die Sinnenwelt beziehen. Dieser Umstand muß bei allen folgenden Schilderungen unbedingt beachtet und verstanden werden. In der Seelenwelt gibt es keine physische Geografie, kein physisches Wasser, keine Blumen, keine Gegenstände, keine physischen Sinnesempfindungen. Die Seelen erleben jedoch das *seelische Äquivalent solcher Sinnesempfindungen*. Ihre Wünsche und Erwartungen vermitteln ihnen seelische Empfindungen, welche die *Entsprechungen* für kühles Wasser, für den Duft von Blumen, für Farbwahrnehmungen etc. sind. Nur auf diesem Hintergrund sind die hier zu schildernden Erfahrungen im Jenseits zu verstehen. Alle sinnenhaften Erlebnisse sind deshalb auf seelische Empfindungen zu übertragen. In diesem Sinne sind sie innerhalb der subjektiven Sphäre des seelischen Erlebens durchaus real.

Mit dem fortschreitenden Leben in der jenseitigen Welt fallen immer mehr „Belastungen" von der Seele ab, die sich deshalb zunehmend freier und leichter fühlt. Auch die vielen Zwänge des irdischen Lebens existieren nicht mehr. Der in der Erdenwelt herrschende Zeitdruck weicht nun der „Muße" und Gelöstheit eines befreiten Lebens. Die Seele vergißt die vielen Sorgen, die sie im Erdenleben quälten.

Endlich kann sie allein „dem Herzen folgen". Im Herzen wohnen vielerlei Wünsche des Menschen, die nun, sofern sie in der Weltordnung berechtigt sind, ihrer Erfüllung harren. Und so winken der Seele unzählige „Herzensbelustigungen". Die Wünsche führen die Seele zu den „Stätten der Lust", wo sie ihre vielfältige Erfüllung finden. Denn die Seele kann zu jedem Ort gelangen, „an dem das Herz zu sein wünscht". Nun erfährt sie die „Herzenssüße" eines seligen Daseins in der Wunschwelt, welche die Inder das *Kamaloka* nennen, den Ort der Erfüllung aller Wünsche.

Hier quält den Menschen nicht versengende Gluthitze, hier fächelt der Himmel der Seele Luft zu, und der „Hauch des Nordwindes" berührt wohltuend und kühlend das Gesicht. In seliger Ruhe sitzt man im Schatten der Myrrhenbäume. Zur Erfrischung taucht man in das kühle Wasser der Seen. Beim Bad in den Teichen ist man umgeben von weißen Lotusblüten, deren Knospen sich dem Lichte öffnen. Nach dem Bade legt man Gewänder aus feinem, blendend weißen Linnen an.

Wie im irdischen Leben ergötzt sich die Seele daran, in den Gefilden der Seelenwelt Papyruspflanzen, Binsen und Blumen zu pflücken. Was gibt es nicht alles zu erleben bei einer Fahrt mit dem Boot entlang der Ufer eines großen Stromes! Keine Gefahren lauern dort wie auf der Erde. Zutraulich gesellen sich Wasservögel zu den gemächlich Rudernden. Berauschend sind die Düfte der Blumen, der süßduftenden Hölzer, des Weihrauchs, des Salböls.

Seelische Stärkung und Erquickung erfährt der Gestorbene durch „himmlische Nahrung". Er wird „in die Tischgemeinschaft mit Osiris" aufgenommen. Man reicht ihm Speisen, die nicht verderben, da sie nicht physischer Natur sind. „Zusammen mit den Lebenden" ißt er vom „Brot der Ewigkeit": „Dein Brot ist das Gottesbrot". Alles, was Herz und Magen im Erdenleben erfreuten, steht hier unbegrenzt zur Verfügung: „Weißbrot, Kuchen, Feigen, Mandeln, Früchte, Weintrauben" ebenso wie kühles Wasser, Milch, Bier und Wein.

Die Lebenswelt der Gestorbenen ist vom Glanz edler Dinge geprägt. Ein „Tausend an Salben, Weihrauch, an allen Geschenken und allen süßduftenden Hölzern, an allen guten und reinen Dingen, wovon die Götter leben", steht ihnen zur Verfügung. Der Gestorbene schreitet auf silbernem Boden, edle Gegenstände aus Alabaster und Gold erfreuen seine Augen, über feinstes, blendend weißes Linnen gleiten seine Hände. Er salbt sich mit köstlichem Salböl und trägt duftende Augenschminke auf.

Von „Fülle" und „Überfluß" umgeben werden alle Wünsche des Gestorbenen hier Wirklichkeit. Die Gottheit der Mondenwelt, die eigentlich die Große Mutter ist, erweist sich als gütig, barmherzig, wohltuend und milde. Sie lindert alle Sorgen, Nöte und Schmerzen ihrer Kinder und schenkt ihnen ohne Gegenleistung die Freuden eines vom Leibe befreiten Daseins. Und so steht für den Ägypter über dem Eingang der Seelenwelt die Verheißung: „Freude werde dir zuteil!"

Das Leben in der Seelenwelt, der spirituellen Mondensphäre, ist jedoch nur eine kurze Station auf der langen Reise in die Ewigkeit. Wenn alle Wünsche des Herzens ihre Befriedigung gefunden haben, zieht es die Seele zu neuen Ufern. Um die höheren spirituellen Sphären und das Leben in ihnen zu verstehen, ist eine fundamentale Unterscheidung nötig. Die Seele ist grundsätzlich *subjektiver* Natur, ihr Wesen besteht aus Wünschen, Neigungen, Gefühlen und Trieben, die alle befriedigt werden wollen. Diese Befriedigung erfolgt in der Seelenwelt, einer ebenfalls rein psychisch-subjektiven Sphäre. In ihr gibt es keine Objektivität. Die Befriedigung der Wünsche vollzieht sich dort ohne Beteiligung göttlicher Wesen, von denen in diesem Zusammenhang nicht die Rede ist. In der Seelenwelt genießen die Seelen im Grunde sich selbst. Wollen sie die höheren, göttlichen Welten erleben, müssen sie die Seelenwelt verlassen. Das Wesen der göttlichen Welten ist dagegen rein *objektiver* Natur, in ihr walten Gesetze, die für die ganze Welt und alle Wesen gleichermaßen gelten. Subjektivität würde dort störend oder zerstörend auf die objektive Ordnung wirken. Mit der Wunschseele können diese Sphären nicht betreten werden. Nur als *geistige, objektive Wesen* können Menschen dort existieren.

Den höheren, objektiven Teil des menschlichen Wesens nannten die

Ägypter den *Ach*. Er ist das wahre Ich, der Geist, das höhere Selbst des Menschen, das auf der gleichen Ebene wie die Götter leben kann. Es ist *Horus*, der dem Menschen das höhere Ich, den Ach, verleiht und ihm dadurch zu einer neuen, spirituellen Geburt verhilft. Dies ist jedoch nur möglich, wenn sich der Mensch im Erdenleben darauf vorbereitet hat, wenn er sich „untadelig" verhalten hat, wenn er das Göttliche verehrte, wenn er der Maat, das heißt der Wahrheit und Gerechtigkeit folgte und sich in die kosmische Ordnung einfügte, wenn er „zuverlässig, verschwiegen und aufmerksam" war. Diese letzteren Eigenschaften charakterisieren recht gut das Wesen des wahren Ichs, das im Gegensatz zur Seele auf Ernsthaftigkeit, Stetigkeit, Selbstbeherrschung und Strenge gegen sich selbst beruht. Nur mit diesem höheren Selbst kann der Mensch in die Himmelssphären aufsteigen und das Reich des Sonnengottes betreten. Dort im „Lichtland" wird das höhere Selbst zu einem Lichtwesen, weshalb man „Ach" auch als den „Verklärten" übersetzt, wobei diese Bezeichnung allerdings nur einen Teil des Ach-Wesens ausdrückt. Der Ach, das höhere Selbst des Menschen, ist tatsächlich der Vergöttlichung fähig.

Für die Seele gilt es also, Abschied zu nehmen von der Seelenwelt. Die Wunschwelt verlassend, durchschreitet sie nun das „Hohe Tor" und betritt eine neue Welt, das „Lichtland". Diese Region des kosmischen Lichtes umfaßt die verschiedenen Himmelssphären bis hin zum Fixsternhimmel. Den ägyptischen Eingeweihten war bewußt, daß es nicht nur *einen* Himmel gibt, sondern eine Mehrzahl übereinander liegender Himmelssphären. Den Babyloniern, deren Interessen sich weit stärker auf den Kosmos richteten, waren diese Sphären noch besser bekannt. In ihren hohen, mehrstufigen Turmbauten, den Zikkurat, gestalteten sie diese kosmische Stufenordnung. Auch die erste Pyramide Ägyptens, die Stufenpyramide des Königs *Djoser*, war noch ein solches Abbild des spirituellen Kosmos.

Diese übereinander liegenden Himmelssphären sind nichts anderes als die spirituellen Planetensphären. Das Höhere Selbst des Menschen durchwandert diese planetarischen Reiche, bis es schließlich aufsteigt zum Fixsternhimmel, der Region ewiger, unwandelbarer Existenz. Die ägyptische Totenliteratur nennt nur zwei dieser planetarischen Ebenen, welche die Seele betritt, mit Namen, doch folgt aus der gesamten Konzeption des kosmischen Aufstiegs, daß die geistig und moralisch entwickelten Seelen im Laufe ihrer langen Himmelsreise alle sieben Planetensphären, die mit der Mondensphäre beginnen, durchschreiten. Dieser Aufstieg durch sieben planetarische Ebenen wurde vor allem in den Mithras-Mysterien beschrieben, was noch zu schildern sein wird.

Zu jeder planetarischen Sphäre führt ein eigenes Tor. Nur wenn man mit speziellen geistigen Eigenschaften ausgestattet ist, kann man die jeweilige Sphäre betreten. Diese sieben Tore kannte auch die babylonische Weisheit. Deshalb heißt es nun für den Himmelswanderer: „Die Tore des Lichtlands sollen dir geöffnet werden, die Riegel sollen sich von selbst vor dir auftun." Freundlich heißen die „Türhüter" den Verklärten willkommen. Die Türflügel öffnen sich vor ihm: „Man öffnet dir den Himmel, damit du ihn betreten kannst."

Eingehend schildern die Totenliturgien dann den Aufstieg des Geistes durch die Sphären. Der Geist „steigt auf", er „schwebt empor zum Himmel". „Nach oben" führt diese Reise. Götter heben den verklärten Geist empor. Erhebend ist der Anblick, „wenn dieser Gott zum Himmel aufsteigt". Auf einer goldenen „Himmelsleiter" steigt er empor in die Regionen des spirituellen Lichts, wo er „auf Sonnenstrahlen" wandelt.

Natürlich ist der Geist in den Himmelswelten nicht allein, vielmehr herrscht dort vielfältige und intensive Kommunikation zwischen den Spirituellen Wesen. Der Verklärte ist nun ein Angehöriger der „Lichtlandbewohner". Er trifft mit vielen anderen verklärten Menschengeistern zusammen, welche als „Himmelsvolk" die „Stadt der Ewigkeit" bewohnen und mit denen er kommunizieren kann. Mit Freuden wird der Neuankömmling von den Himmelsbewohnern willkommen geheißen: „Freundlich ist der, der sich ihm zuwendet, denn ein Erbe ist er von trefflichem Charakter." Sofern er ein bedeutender Geist ist, erweist man ihm „Respekt" und „Ehrfurcht". Dann versammeln sich sogar die

„Großen“ und „Ältesten“ des Lichtlandes, um ihn zu begrüßen, denn jeder Geist bringt auch den bereits „Wissenden“ neue Weisheit mit. Im Lichtland wird jeder Geist seinen Fähigkeiten entsprechend erkannt, „gelobt“ und „geehrt“.

Die Jenseitsberichte der Totenliturgien schildern zahlreiche Vorgänge, Kräfte und Eigenschaften innerhalb der höheren Welten, die von ihnen jedoch nicht ausdrücklich auf die einzelnen Planetensphären bezogen werden. Zu ihnen gehören beispielsweise ganz verschiedene Eigenschaften wie Wissen und Erkenntnis, Schönheit, Licht, Lebenserneuerung, Macht, Weisheit, Gerechtigkeit etc. Diese Eigenschaften können spezifisch auf die verschiedenen Planetensphären bezogen werden. Hier sollen sie deshalb getrennt und geordnet nach ihren planetarischen Bezügen nacheinander besprochen werden. Die erste und unterste Ebene ist die bereits geschilderte Mondensphäre, der kosmische Ort der moralischen Reinigung und zugleich der Wunscherfüllung. Um die folgenden Sphären betreten zu können, muß der menschliche Geist jeweils spezielle Fähigkeiten in sich aktivieren, denn andernfalls könnte er in der entsprechenden Region der Spirituellen Welt nicht leben. Trägt er entsprechende Anlagen in sich, werden sich diese in der betreffenden Sphäre entfalten und weiterentwickeln können.

Auf die Mondensphäre folgt im kosmischen Weltbild der Antike die *Merkursphäre*. Es war bereits von den „Wissenden“ die Rede, denen der Geist im Lichtland begegnen kann. Wissen und Erkenntnis, wie es sich auf Erden im Tatsachenwissen, im Wissen um die unendlich vielen Einzelheiten der Welt ausdrückt, haben ihren kosmischen Ort in der Merkursphäre. In den Totentexten ist auch die Rede von den „Geheimnissen“, die in einer bestimmten Region der Spirituellen Welt „geschaut“ werden können. Auch die Erforschung des Unbekannten gehört in den Merkurbereich.

Auf die Merkursphäre folgt im Weltbild der Antike die Sphäre des Planeten *Venus*, des *Morgensterns*. Dieser wird oft als Ziel des Gestorbenen erwähnt. Der Geist wird selbst zum Morgenstern, das heißt er wird eins mit seinen Kräften und Eigenschaften. Die römische Göttin

Venus wurde bei den Griechen *Aphrodite*, bei den Babyloniern *Ištar* und im Vorderen Orient *Aštarte* genannt. Ihr entspricht bei den Ägyptern die Göttin *Hathor*. Sie ist die Göttin der Liebe, des Tanzes und Gesangs und überhaupt aller Freuden. Ihre Verbindung mit dem Morgenstern wurde dadurch angedeutet, daß sie in der Morgendämmerung die Sonne auf ihrem Haupt emporträgt. Zu den spezifischen Attributen von Venus-Aphrodite gehören nach antiker Anschauung auch Schönheit, Schmuck, Kunst, Kleidung, Lebensfreude und vielfältige Sinnesreize wie Farben, Düfte etc.

Die Totenliturgien ergehen sich mit sichtlicher Liebe zum Detail in Schilderungen der Kleidung, des Schmucks, der edlen Gegenstände, der Wohlgerüche, die dem verklärten Geist zur Verfügung stehen. Immer wieder betonen sie seine „Schönheit". Feinstes weißes Linnen, in das der Verklärte gekleidet ist, erscheint als äußerer Ausdruck der geistigen und moralischen Reinheit, die der Geist errungen hat. Andere Geister tragen ein goldgewirktes Gewand. Schmuck aus farbiger Fayence, Perlen und Türkis zeigen spezielle Tugenden des Geistes an. Salben, Duftkräuter und Myrrhen strömen berauschenden Wohlgeruch aus und machen die menschlichen Geister den Göttern geneigt. Alle Sinnesreize sprechen hier zum Geiste und tragen zur Steigerung der „Freude" in dieser Region des Lichtlandes bei, wo der Verklärte leuchtet wie Hathor selbst.

Auf die Venussphäre folgt im Weltbild der Antike die *Sonnensphäre*. Sie zu erreichen ist vorerst das wichtigste Ziel der Gestorbenen. Sie rückt in das Zentrum ihrer Vorstellungen. Die Sonne, oder besser gesagt der Sonnengott, stellt für alle Geistwesen das höchste Ideal dar, das zu erreichen ihre größte Hoffnung ist. Diese Erwartung wurde in einem Bilde ausgedrückt. Die Sonnenbarke fährt im Tageslauf am Himmel von Ost nach West und taucht dann in den Nachthimmel hinab, um am nächsten Morgen wieder am Osthorizont emporzusteigen. Zusammen mit dem Sonnengott *Re* und den ihn begleitenden Göttern in der Barke den Himmel zu befahren, war das ersehnte Ziel der entkörperten Geister. Diese Fahrt verbürgte ihnen die Gemeinschaft mit dem

Sonnengott. Doch auch im „Palast“ des Sonnengottes wird der Verklärte vom „Sonnenvolk“ freudig begrüßt.

Die Sonne ist die Quelle des Lichtes. Und so werden auch die Verklärten vom Licht des Sonnengottes bestrahlt: „Re komme zu dir, um dir Licht zu spenden. Seine Strahlen überschwemmen deine Augen.“ Spirituelles Licht ergießt sich über den entkörperten Geist und macht ihn „hell“. „Glanz“ strömt nun von ihm selbst aus. „Die Strahlen des Re leuchten in seinem Angesicht“ und lassen es in lichtvoller „Schönheit“ erglänzen. Der Gestorbene ist gleichsam umgeben von einem leuchtenden und funkelnden Lichtmeer, und sein ganzes Innere ist erhellt von der Leuchtkraft spirituellen Glanzes. Auf Sonnenstrahlen wandelnd erfreut er sich unbegrenzter Bewegung in kosmischen Höhen.

Die Sonne ist auch die Quelle des kosmischen und irdischen *Lebens*, und die Ägypter haben diesen Aspekt immer und besonders stark hervorgehoben. Diese kosmische Lebenskraft geht in der Sonnensphäre nun auch auf den Gestorbenen über: „Der Tod hat mich verloren, vielmehr lebe ich vom Anblick des Re-Atum.“ Das göttliche Leben ist eine eigene, vom göttlichen Bewußtsein zu unterscheidende Kraft, die zu diesem nun hinzutritt. Die von der Lebenskraft erzeugte Gesundheit beruht auch auf der Ganzheitlichkeit. Diese göttliche Ganzheit wird ausgedrückt durch den Namen *Re-Atum*, der die Gesamtheit *aller* Götter umfaßt. Die Lebenskraft ist ein *erneuerndes und verjüngendes Element*, und deshalb wird die Erneuerung und Verjüngung des Gestorbenen in den Totenliturgien stark betont. „Erneuert und verjüngt wie Re“ war deshalb eine häufig gebrauchte Formel, und dem Gestorbenen wird zugerufen: „Du bist neu, du bist neu Tag für Tag!“ „Wir leben wieder von neuem ... Der alte Mensch wird abgestreift, ein neuer angelegt.“

Das Sonnenprinzip ist auch die *Ordnungsmacht* der Welt, und der Sonnengott ist grundlegend verbunden mit der Göttin *Maat*, der ewigen Ordnung im Kosmos. An dieser Ordnung hat nun auch der in die Sonnensphäre aufgestiegene Geist teil. Auf dem Haupte trägt er eine Krone und in seiner Hand hält er ein Szepter, beides immer und überall die Insignien königlicher, ordnender Macht. Kraft seines neuen, ordnungsstiftenden Amtes, das ihm von den Göttern verliehen wird, kann der verklärte Geist an der Aufrechterhaltung der kosmischen Ordnung mitwirken und in diesem Sinne besitzt er sogar eine Befehlsgewalt über untergeordnete Götter. In einer solchen Funktion erhält er im Weltganzen einen erhöhten Rang, eine neue „Würde" und wird von den Göttern „geehrt". Auch die Kategorien von „Ehre" und „Würde" gehören zu den spezifischen Kennzeichen der Sonnensphäre.

Der verklärte Geist wird darüber hinaus auch mit „Zauberkraft", das heißt mit magisch-spirituellen Kräften begabt. Seine magische Kraft schreitet ihm sozusagen voran und verbreitet bei den Feinden „Schrecken". Seine neuen Kräfte verleihen ihm auch Macht über die Elemente im Kosmos und auf Erden. Der Verklärte wird „mächtig und vollkommen" und Herr auch über die Dämonen. Kraft und Stärke sind Eigenschaften der *Marssphäre*, die auf die Sonnensphäre folgt. Sie sind notwendig, um sich gegen alle feindlichen Einflüsse wehren zu können. Auch die kosmische Ordnung ist in ägyptischer Sicht vielerlei Angriffen ausgesetzt und muß kraftvoll und furchtlos verteidigt werden.

Als Bewohner der Spirituellen Welten wird der Gestorbene ein *Weiser*, was auch nicht anders möglich sein kann, da diese ihm unbegrenzte Erkenntnis der göttlichen Dinge bieten. Daß man als im Lichtland Lebender ein „Weiser" ist, wird in der Jenseitsliteratur unmißverständlich ausgesprochen. Der Verklärte wird zu einem Wissenden, dem die Geheimnisse der Himmel offenbart werden: „Mögest du zum Himmel aufsteigen und schauen, was in ihm ist!" Der Geist erblickt die „Geheimnisse", die im Himmel sind: „Mögen dir die Götter ihre Tore öffnen, so daß du erblickst, was in der Geheimen Stätte ist!" Diese himmlische Erkenntnis ist dem Gestorbenen möglich, weil er mit dem Auge des Geistes sieht, dem Horusauge: „Horus hat dich versehen mit seinem Auge ... Horus hat dir dein Auge geöffnet, damit du damit siehst." Die Erkenntnis der göttlichen Verhältnisse und Gesetze ist es, was mit der Weisheit gemeint ist. Höhere Erkenntnis und die Schau der göttlichen Geheimnisse sind der *Jupitersphäre* zugeordnet, die auf die Marssphäre folgt. Im Unterschied zum vielfältigen „Wissen“ in der Merkursphäre besteht die Weisheit der Jupitersphäre in der umfassenden Erkenntnis aller Zusammenhänge und der leitenden Gesetzmäßigkeiten.

Als Weiser und ausgestattet mit der Kenntnis aller Zusammenhänge und Gesetze des Daseins ist der nun vergöttlichte Geist reif geworden zu einer höchsten Aufgabe, zur Wahrung der *Gerechtigkeit* im Weltganzen zusammen mit den Göttern. Diese höchste und verantwortungsvollste Funktion wird in einem Bilde ausgedrückt: „Du sitzt auf jenem Thron von Erz und sprichst Recht zusammen mit der Neunheit [der ursprünglichen Götter]“. Im griechischen Mythos sind es entsprechend die vergöttlichten Menschen *Minos* und *Rhadamanthys*, die eine Funktion als Jenseitsrichter der Seelen ausüben. Die universale göttliche Gerechtigkeit gehört der *Saturnsphäre* an, der letzten und höchsten der planetarischen Ebenen. Saturn ist der Göttliche Vater in den Mithrasmysterien. Durch die ewigen Gesetze der Gerechtigkeit, des Gleichgewichts von Geben und Nehmen, der Vergeltung des Guten und Bösen und das Schicksalsgesetz schafft er die Grundlagen für das Zusammenleben aller Wesen. Denn ohne Gerechtigkeit würde jede Ordnung über kurz oder lang zerfallen.

Aber auch mit dem Aufenthalt in der höchsten planetarischen Sphäre ist die Himmelsreise des Gestorbenen noch nicht zu Ende. Es erwartet ihn ein noch höherer Aufstieg in kosmische Weiten, in die unermeßlichen Räume des Fixsternhimmels. Der verklärte Geist läßt nun auch das Planetensystem hinter sich zurück. Er „steigt auf zum Himmel“ zur „Gemeinschaft der Sterne“.

Dieser Aufstieg zu den höchsten kosmischen Ebenen wird von den Totenliturgien in eindrucksvollen Bildern geschildert. „Lichtstrahlen“ bilden eine „Treppe“, auf welcher der Verklärte zur Region der Sterne emporschreitet. Auf ihren Schenkeln hebt Isis ihn empor in die Raumesweiten. *Nut*, die Himmelsgöttin, „nimmt ihn zu sich zum Himmel“. Sie spielt in den Totenliturgien eine wichtige Rolle. Oft wurde sie auch abgebildet. Als Gestalt von riesigem kosmischem Ausmaß bildet sie den Himmelsbogen nach, wobei ihr Leib mit unzähligen Sternen bedeckt ist.

Dort wird der verklärte Geist nun „aufgenommen“ in die Region der seligen Geister. Er wird „umfangen“ vom Orion und vom Sirius. In der „Umarmung“ durch Isis erfährt er die Seligkeit göttlicher Nähe. Aufgenommen wird er „in die Arme seiner Mutter Nut“ und von ihr umfaßt. In diesen Formulierungen drückt sich die tief empfundene Geborgenheit aus, die der Ägypter im Einswerden mit dem spirituellen Kosmos erlebte und schon in seinem Erdenleben ersehnte.

In dieser Himmelswelt erstrahlt der verklärte Geist nun selbst als ein Stern. Diese ungewöhnliche Aussage ist nur im Zusammenhang mit dem gesamten Prozeß der Erleuchtung, Verklärung und Vergöttlichung des Gestorbenen verständlich. Als Bewohner des „Lichtlandes“ ist er ja bereits dort ein Lichtwesen geworden. In der Sonnensphäre war er von den Strahlen des Sonnengottes durchdrungen worden. Sein ganzes Wesen wurde erhellt, und er gab dieses innere Leuchten als strahlenden Glanz an seine Umwelt ab. Dieser Lichtglanz ist Ausdruck der inneren Vollkommenheit des jeweiligen Geistes. Es ist kein äußeres, sondern ein spirituelles Licht, das seine Weisheit, seine Tugenden, seine moralischen Eigenschaften zur Erscheinung bringt. Im Zuge seiner Vervollkommnung wird der menschliche Geist den Göttern gleich zu einem strahlenden Lichtwesen. Auch das mit den Augen sichtbare Licht der Sonne ist unter diesem Blickwinkel die sinnenhafte Offenbarung eines unermeßlichen, übersinnlichen Glanzes, der von einem göttlichen Wesen ausstrahlt. Das gilt gleichermaßen für alle Sterne: Ihr Glanz ist Ausdruck der inneren Erhabenheit eines spirituellen Wesens.

Der Gestorbene ist nun „einer, der verklärt wurde wie Re“ und erscheint selbst als ein heller Stern: „Du strahlst als einzelner Stern am Leib der Nut.“ Der Verklärte „blitzt auf als Einzelstern inmitten der Nut“. Als „unvergänglicher Stern“ bewegt er sich am Leib der Himmelsgöttin und vollzieht zusammen mit den anderen Sternen den täglichen Himmelskreislauf.

Der Geist hat sich „einen Sitz aufgeschlagen unter den Sternen des Himmels“. Er lebt nun „in der Gemeinschaft der Sterne“. Orion oder

der Große Bär bereiten dem Verklärten einen Ort als Wirkungsstätte seines künftigen kosmischen Daseins. Das höchste Ziel der Gestorbenen ist es, unter die Zirkumpolarsterne aufgenommen zu werden, die niemals unter den Horizont sinken. Dort am Himmelspol ist nach der Auffassung vieler Völker der Ort des höchsten Göttlichen.

Auch in den kosmischen Weiten ist der Geist nicht allein, er lebt „unter den Verklärten, den unvergänglichen Sternen“, die sich ihm zuneigen: „Mögest du dich verbrüdern mit ihren Sternen.“ In dieser Region kann der Mensch auch aufsteigen zu höchster Erkenntnis: „Mögest du Nut erreichen und die Geheimnisse schauen!“

Der gesamte Aufstieg durch die Planetensphären bis zur Region der Fixsterne ist dem Gestorbenen nur möglich durch die gleichzeitige schrittweise Vervollkommnung seiner Eigenschaften und Fähigkeiten. Auf diesen Wegen überschreitet er das bloße Menschsein und erringt sich eine höhere Existenzform. Er wird selbst zu einem Gott. Diese Verwandlung in ein göttliches Wesen wird in den Jenseitsliturgien stark betont, immer wieder ausgesprochen und in vielen Einzelheiten ausgemalt.

Der Gestorbene lebt im Lichtland nicht nur mit anderen Verklärten, sondern auch mit Göttern zusammen: „Allen Göttern, denen du auf Erden gefolgt bist, trittst du nun von Angesicht zu Angesicht gegenüber, sie sind bereit, deine Seele zu empfangen.“ Er ist „vereinigt“ mit den Göttern. Thot streckt seine Hand nach ihm aus. Der Verklärte lustwandelt im Gefolge des Horus. Er hat Gemeinschaft mit dem Sonnengott und dessen Gefolge. Er „ergreift die Hand der Unvergänglichen“. Isis sagt zu ihrer Schwester Nephthys: „Dies ist unser Bruder!“ Die „Paläste der Götter“ stehen ihren menschlichen Brüdern offen, und „ihre Türflügel öffnen sich ihnen“. „Mögen die Götter dir ihre Tore öffnen, so daß du erblickst, was in der Geheimen Stätte ist.“

Der verklärte Geist hat jedoch nicht nur Gemeinschaft mit den Göttern, er wird in zunehmendem Maße vergöttlicht und selbst ein Gott. Zahlreich sind die Aussagen der Totenliturgien, welche die Vergöttlichung des Menschen schildern. Das kommt schon in der Anrede des

Gestorbenen durch den Vorlesepriester zum Ausdruck: Er wird als ein „Osiris“ angesprochen (z. B. „Osiris Ahmose“). Indem die Seele ihre menschlichen Unzulänglichkeiten abstreift, wird sie ein Teil der Großen Seele des Weltalls, die durch Osiris verkörpert wird: „Meine Seele ist göttlich im Heiligen Land.“

In immer neuen Wendungen beschreiben die Liturgien die neue, übermenschliche Existenz des Gestorbenen. Er „wird dort sein wie ein Gott, frei schreitend wie die Herren der Ewigkeit“. Der verklärte Geist ist „zum Gott eingesetzt“, er „existiert als Gott“: „Du bist ein Gott, du währst als Gott.“ Der verklärte Geist besitzt nun selbst göttliche „Würde“. „Im Gottespalast jubelt ihm das zahlreiche Sonnenvolk zu.“ Die Götter „preisen“ und „ehren“ ihn.

Nachdem der Geist sich Weisheit errungen hat, wird ihm nun auch göttliche Macht zuteil. Als äußere Zeichen dieser neuen, übermenschlichen Macht werden ihm Krone und Szepter verliehen. Er sitzt auf einem „erzenen Thron“ und erfüllt Aufgaben, die ihm von den Göttern zugeteilt werden. Der verklärte Geist „erteilt Befehle wie ein Gott“. Ihm untergeordnete Götter „gehorchen“ seinen Weisungen. Fast unbegrenzt scheint die spirituelle Macht, die er nun besitzt: „Ergreife dir den Himmel, nimm dir die Erde in Besitz!“ Der Gestorbene hat sein bloßes Menschsein überwunden und das Ziel der Evolution erreicht. Dadurch führt er der göttlichen Welt neues Leben zu, was in den Totenliturgien auch ausgesprochen wird. Die Götter warten also auf ihre menschlichen Brüder und Schwestern und erhoffen sich von ihnen neue Impulse für ihre eigene Welt!

Mysterienwissen im Vorderen Orient

Ba'al – Der sterbende Gott

Der Vordere Orient gehört zu den frühesten Siedlungsgebieten der Menschheit. Kulturgeschichtlich wird der ans Mittelmeer angrenzende Raum zusammenfassend als Syrien-Palästina bezeichnet. In ihm waren viele verschiedene Völkerschaften versammelt. Als gemeinsame Sprache kristallisierte sich immer mehr das Kanaanäische heraus. In diesem Raum ist auch zum erstenmal die *Schrift* entwickelt worden, die im Unterschied zu den Hieroglyphen und der Keilschrift die erste Form einer Lautschrift war. Dieses Gebiet war arm an Traditionen der Mysterien und der Einweihung. Immerhin waren noch Erinnerungen an die Sterbende Gottheit vorhanden, die sich an den Gott *Ba'al* knüpften. Äußerlich gesehen war er ein Gott der Fruchtbarkeit mit deutlichen Bezügen zum Mond. Seinem wahren Wesen nach war er der sterbende und wieder auferstehende Gott der Mysterien.

Ba'al – Das Wasser. – Unter dem fernen Hochgott *El* stand bei den kanaanäisch-syrischen Völkern der Gott *Adad (Haddu, Hadad)*. „Dem Herzen des Kanaanäers am nächsten stand wohl allezeit der Spender aller Fruchtbarkeit, der Sturm-, Regen- und Gewittergott, der mit seinem Naß die Erdmutter begattete" [10]. In Ugarit wurde dieser Gott *Ba'al* genannt. Als Spender des Regens wurde er als „der Gatte der Ackerfurchen" bezeichnet. Symbolisch fuhr er auf seinem Kriegswagen, den *Wolken*, einher, und von dort brachte er Mensch, Vieh und der Erde das lebensspendende Naß. Wegen dieser lebenserhaltenden Funktion stand er den Menschen am nächsten, da sie seiner Gabe zur Erhaltung ihres Lebens am dringendsten bedurften.

Ba'al – Der Stier. – „Als Befruchter der Erde stellte sich Ba'al allen kanaanäisch-syrischen Völkern im Symbol des Stieres dar" [10]. In dieser Gestalt begattet er auch seine Schwester-Geliebte *Anat*. Allgemein wurde er als junger Mann mit zwei Stierhörnern abgebildet. Ba'al wurde stets betont *jugendlich* abgebildet und der jugendliche oder jugendfrische *Hadad* genannt. – Der Stier wurde von den alten Völkern als Symbol der Zeugung und Fortpflanzung mit dem *Mond* in Verbindung gebracht. So erschien auch der babylonische Mondgott *Sin* als gehörnter Stier und wurde als „alles gebärender Schoß“ bezeichnet.

Ba'als Verschwinden in die Unterwelt. – In dem Gott *Mot* hat Ba'al einen unversöhnlichen kosmischen Gegenspieler, der seiner Herrschaft ein Ende bereiten will. Auf Erden sendet Mot den glühendheißen Wüstenwind, der die Pflanzen verdorren und die Quellen versiegen läßt. Er repräsentiert die Herrschaft des Todes auf Erden und im Kosmos. Als Herr der Erdenkräfte will er die Herrschaft des Geistes für immer beseitigen. Aufgrund seiner gewaltigen Machtfülle fordert er Ba'al zur Abdankung von der Herrschaft auf. Ba'al muß sich fügen und steigt hinab in die Unterwelt. Mot nimmt nun seinen Thron und damit die Herrschaft über die Erde ein. Der Tod hat die Macht über Erde und Menschheit errungen.

Nun tritt Ba'als Schwester und Geliebte *Anat* in Aktion. Sie macht sich auf die Suche nach ihrem verschwundenen Bruder und Geliebten. Sie betreibt seine Rückkehr aus der Unterwelt. Zu diesem Zweck muß Mots Macht gebrochen werden. Sie nimmt eigenhändig den Kampf mit ihm auf, „packt ihn, mit dem Flegel drischt sie ihn, mit der Schaufel worfelt sie ihn, in der Handmühle mahlt sie ihn“ [10]. Mots Macht ist gebrochen, und Ba'al tritt seine Herrschaft wieder an. Jubelnd begleiten die Götter seine Thronbesteigung.

Ba'al – Der Morgen- und Abendstern. – Diese Beziehung ergibt sich aus einer weiteren Episode dieses großen kosmischen Kampfes. Nachdem Ba'al in die Unterwelt gegangen ist, bieten die Götter seinen Thron dem Gott *Aštar* an. Er ist jedoch zu schwach zur Herrschaft und verzichtet auf den Thron. Mit dem Namen Aštar war der Morgen- und Abendstern gemeint, der sonst durch die Göttinnen *Ištar* oder *Aštarte* repräsentiert wurde. „Ein Gott, dem bei den vielen kanaanäischen Völkern hohe Bedeutung zukam, war Aschtar ... Die Kanaanäer hatten in ihrer nomadischen Vergangenheit als Wanderstämme unter seinem

Namen voreinst den Morgenstern verehrt. Er hatte die frühen Morgenstunden heraufgeführt, in deren Kühle sie aufbrachen" [10]. Dieser Gott des Morgen- und Abendsterns wurde unter anderen Namen im Gebiet des alten Kanaan überall verehrt. Mit der Gestalt des Aštar wird angedeutet, daß zwischen Ba'al und dem Morgenstern eine Beziehung besteht. Und in der Tat begegnen wir dem Morgenstern auch bei den anderen Mysteriengöttern.

Ba'al – Der Kampf gegen den Drachen. – Wie alle Mysteriengottheiten kämpft auch Ba'al gegen den Geist der Finsternis in der Gestalt eines Drachens, der die Macht der Verblendung verkörpert, den Menschen in der Materie festhält und für immer vom Geist abschneiden will. Gegenüber dem Gott Mot ist Ba'al der Passive, Unterlegene, im Kampf gegen den Drachen, der zu seinen immerwährenden Aufgaben gehört, ist er der aktive Part. In diesem Kampf kosmischen Ausmaßes bietet der Drache *Jammu (Jam)* all seine Wut und seine Macht auf, um Ba'al, den Repräsentanten der Weltseele und des Geistprinzips, zu vernichten. Er wurde „*Lothan*, der Vorweltdrache, der gewundene Drache mit den sieben Häuptern" genannt. Lothan entspricht sprachlich dem biblischen *Leviathan*. Der Drache Jam oder Leviathan war auch den südlichen Kanaanäern bekannt, ebenso den alten Israeliten [10]. Ba'als Schwester Anat steht ihm bei diesem Kampf hilfreich zur Seite. Zwischen den Kämpfen gegen Mot und Jammu besteht grundsätzlich kein Unterschied, allenfalls in Nuancen. Beide dämonischen Mächte sind eins und hindern den Menschen an seinem Aufstieg zum Geist. Und weil es Ba'als Aufgabe ist, die Seelen in die Welten des Geistes und zur Unsterblichkeit zu führen, muß er sie bekämpfen.

Das Todesprinzip als gottgewollte Macht. – Von den kanaanäischen Urkunden wird ausdrücklich bestätigt, daß der Gott Mot und seine todbringende Macht vom höchsten Gott El in seinen Weltenplan eingefügt wurde. Er hat dort seinen vorgesehenen Platz und einen Raum zur Entfaltung seiner Funktion. Ja, er wird sogar der „Geliebte des El" genannt [10]. Der Sturz der Weltseele in die Materie und ihre dortige Gefangenschaft ist demnach ein vom höchsten Gott gewollter und geplanter Vorgang. Dieses Verhältnis zwischen dem leitenden Gott und der Macht des Bösen findet sich auch bei den anderen Mysterienlehren, worauf wir noch zurückkommen. Auch der ägyptische Seth, dem Mot entspricht, ist ja ein fester Bestandteil der göttlichen Weltordnung.

Der syrisch-kanaanäische Ba'al und seine Schwester Anat sind identisch mit Osiris und Isis. Wie Osiris wird Ba'al mit dem Stier und dem Wasser in Verbindung gebracht. Bei beiden gibt es Hinweise auf den Morgen- und Abendstern. Zusätzlich nimmt Ba'al als Drachenkämpfer auch die Funktion von Horus ein. Mot übernimmt in diesem kosmischen Kampf die Rolle des Seth. Die Übereinstimmungen in der ganzen Konzeption des Dramas und in den Einzelheiten sind überdeutlich. Unzweifelhaft ist der Mythos von den Ägyptern übernommen worden.

Die Ausstoßung aus dem Paradies

Auch im alten Israel waren noch einige Lichtschimmer des weltweiten Einweihungswissens vorhanden. *Abraham*, der Stammvater der Israeliten, kam ursprünglich aus Babylonien nach Palästina. Jahrhunderte lang lebten seine Nachkommen dann in Ägypten. Als sie unter der Führung von *Moses* aus Ägypten auszogen, hing die Mehrheit des Volkes dem ägyptischen Stierkult an, hinter dem groß und beherrschend die Gestalt des Osiris stand [2. Mose 32]. Umgeben waren die Israeliten später in ihrem eigenen Land überall von Völkern, bei denen viele aus den Mysterien stammende Mythen noch vorhanden und wirksam waren.

Noch König *Salomo*, dem Erbauer des Tempels in Jerusalem, war die Existenz der Spirituellen Wesen und Planetengötter wohlbekannt. Seinem biblischen Biographen galt er als der weiseste aller Menschen; doch auch der Liebe war er keineswegs abgeneigt. Nicht weniger als siebenhundert fürstliche Frauen und dreihundert Nebenfrauen befanden sich in seinem Harem, darunter Moabiterinnen, Ammoniterinnen, Edomiterinnen, Sidoniterinnen, Hethiterinnen [1. Könige 11]. Sie alle verehrten die Götter der Völker, aus denen sie stammten und bestärkten Salomo in ihrem eigenen Glauben. „Er verehrte Astarte, die Göttin der Sidonier." Auch *Milkom*, dem Gott der Ammoniter, und *Kemosch*, dem Gott der Moabiter, wandte er seine Aufmerksamkeit zu. Für diese Planetengötter errichtete er eigene Kulthöhen, auf denen seine Frauen Opfer darbrachten [1. Könige 11]. Die hier genannten Götter waren mit dem Morgen- und Abendstern verbunden, der seit Urzeiten im gesamten Orient eine beherrschende Rolle spielte. *Jerusalem* verdankte seinen Namen dem Gott des Morgen- und Abendsterns *Šalim (Šalem)*; bevor es von den Israeliten übernommen wurde hieß es *Uru-Šalim*, Stadt des Šalim [10].

Mit Šalim, dem Morgen- und Abendstern, ist auch der Name *Šulammit* verwandt, der zu der „Freundin" im „Hohelied Salomos" gehört, das eine der schönsten Liebesdichtungen der Alten Welt darstellt und in die Bibel aufgenommen wurde. In einer Art Wechselgespräch verzehren sich darin „Freund" und „Freundin" nach der Gegenwart der oder des Geliebten. Diese „Freundin" stammt aus den Bergen des Libanon, einer Gegend also, wo die Verehrung der Göttin des Morgen- und Abendsterns an erster Stelle stand. Folglich wird sie auch mit der Schönheit des Morgenrots verglichen: „Wer ist, die da erscheint wie das Morgenrot, wie der Mond so schön, strahlend rein wie die Sonne, prächtig wie die Himmelsbilder?" Das ganze Lied ist ein einziger sinnenhafter Hymnus auf die Schönheit und Liebe. Die Freundin erscheint als „Lustgarten" mit Granatbäumen, Hennadolden und Nardenblüten, in dem sich der Freund niederläßt. Alle verwendeten Bilder spiegeln die Farben, Düfte und Aromen einer verschwenderischen Natur wider. Umgeben von Blumen, Trauben, Äpfeln, Feigen, Zedern und Zypressen saugen die Liebenden die Düfte der Narde, der Myrrhe und des Weihrauchs ein. „Wieviel süßer ist deine Liebe als Wein, der Duft deiner Salben köstlicher als alle Balsamdüfte! ... Wie eine Palme ist dein Wuchs, deine Brüste sind wie Trauben. Ich sage: Ersteigen will ich die Palme; ich greife nach den Rispen. Trauben am Weinstock seien mir deine Brüste, Apfelduft sei der Duft deines Atems, dein Mund köstlicher Wein, der glatt in mich eingeht." Diese Dichtung der Sinnenhaftigkeit, der Schönheit und Erotik atmet die Höhenluft der Berge des Libanon, auf denen Aštarte, der Göttin des Morgen- und Abendsterns, die beglückenden Empfindungen und Gefühle der Menschen dargebracht wurden. Sie ist ein lebendiges Zeugnis für die kosmische Macht der Schönheit, die auch im alten Israel ihre Verehrer hatte.

Die Verehrung des Gottes Ba'al übernahmen die Israeliten aus dem benachbarten Kanaan und Syrien. König *Ahab* nahm die Königstochter *Isebel* aus der phönikischen Stadt Sidon zur Frau. Während seiner 22jährigen Herrschaft errichtete er in Samaria einen Tempel für Ba'al, den er und seine Gattin verehrten [1. Könige 16]. Ahabs und Isebels erbitterter Gegner war der Prophet *Elija*. Er forderte Ahab auf, „die vierhundertfünfzig (!) Propheten des Baal und die vierhundert (!) Propheten der Aschera, die vom Tisch der Isebel essen" zum Berg *Karmel* zu senden. Dort sollten sie sich in einem Duell magischer Kräfte mit ihm messen [1. Könige 18].

Wie weit verbreitet der Kult des Ba'al im damaligen Israel war, zeigt der Dialog Elijas mit den Israeliten. „Elija trat vor das ganze Volk und rief: Wie lange noch schwankt ihr nach zwei Seiten? Wenn Jahwe der wahre Gott ist, dann folgt ihm! Wenn aber Baal es ist, dann folgt diesem! Doch das Volk gab ihm keine Antwort." Elija war nach seinen eigenen Worten der einzige Prophet, der Jahwe verblieben war. Nun schlug er vor, zwei Holzstöße, versehen mit dem Fleisch zweier Stiere, zu errichten. Derjenige Prophet, der seinen Holzstoß auf magische Weise in Brand setzte, sollte Sieger sein: „Der Gott, der mit Feuer antwortet, ist der wahre Gott. Da rief das ganze Volk: Der Vorschlag ist gut" [1. Könige 18,24]. Unter dem vernichtenden Spott Elijas bemühten sich die Propheten des Ba'al einen ganzen Tag lang vergeblich, ihren Holzstoß auf magische Weise in Brand zu setzen. Elija ließ zusätzlich noch dreimal Wasser über seinen Holzstoß gießen. Dann setzte er unter Anrufung des biblischen Gottes seine magischen Kräfte ein. „Da kam das Feuer des Herrn herab und verzehrte das Brandopfer, das Holz, die Steine und die Erde. Auch das Wasser im Graben leckte es auf." Nach diesem Sieg der Magie ließ Elija alle Propheten des Ba'al töten: „Keiner von ihnen soll entkommen!"

Zur Zeit des Propheten *Ezechiel*, der etwa zwischen 590-570 wirkte, waren die Kulte der orientalischen Gottheiten bis in den Tempel zu Jerusalem vorgedrungen. Auch führende Männer huldigten dort den fremden Göttern, die zum Teil in Tiergestalt im Tempel aufgestellt waren [Ezechiel 8]. Frauen beweinten dort den Tod des babylonischen *Tammuz*. Auch die Sonne wurde mit Ausrichtung nach Osten angebetet.

Der Name Ba'al war für die der Jahwe-Religion folgenden Israeliten der Inbegriff des Verwerflichen. Dabei übersahen sie allerdings einige Gemeinsamkeiten, die zwischen der Religion Kanaans und ihrer eigenen bestanden. So wie Ba'al den siebenköpfigen Drachen *Lothan* bekämpfte, so stritt ihr eigener Gott gegen den sprachgleichen und ebenfalls siebenköpfigen *Leviathan*. Der Hochgott Syriens und Kanaans hieß *El*, und das ist auch der Wortstamm des biblischen Gottesnamens *Elohim*. Wenn Ba'al, der Repräsentant der Weltseele, in die Tiefen der Materie verbannt wird, so drückt die Bibel diesen Vorgang aus durch die Verbannung der Menschheit in die Erdensphäre, was mit der Verstoßung aus dem „Paradies" gemeint ist. Mit ihr wird zugleich die „Schlange" in die Erdenwelt verstoßen, das Prinzip der außersinnlichen Wahrnehmung und Erleuchtung, welches Ba'al, Osiris und Dionysos repräsentieren. Bei ihrem langen Aufenthalt in Ägypten war den Israeliten zweifelsohne bewußt geworden, was mit dem dort unübersehbaren und allgegenwärtigen Symbol der Schlange gemeint war, und im biblischen Bericht wird ihr wahres Wesen als Vermittlerin spiritueller Erkenntnis demgemäß auch zutreffend beschrieben. Werfen wir nun einige nähere Blicke auf diese überaus lehrreiche Erzählung!

Zunächst müssen wir uns klar darüber werden, wen die Bibel im Ersten Buch Mose mit dem Wort „Gott" meint. Sie beginnt mit dem Satz „Im Anfang schuf Gott Himmel und Erde." Dabei steht im hebräischen Urtext für „Gott" der Name *Elohim*, der auch in der Paradieserzählung gebraucht wird. Dieses „Elohim" ist, wie jeder Bibelgelehrte weiß, ein

Plural, der auf den Stamm *El* zurückgeht. Diese ungemein wichtige Tatsache ist den christlichen Gläubigen bewußt und systematisch immer verschwiegen worden. Die Pluralform betrifft ebenso alle Verben, die mit dem Gottesnamen verbunden werden. Wörtlich übersetzt muß es also jeweils heißen: Die Elohim schufen ... sprachen ...! „Die Elohim sprachen: Seht der Mensch ist geworden wie *wir*", nachdem Adam und Eva vom Baum der Erkenntnis gekostet hatten [1. Mose 3,22].

Die Erkenntnis, daß von „Gott" in der Bibel in einer Pluralform gesprochen wird, versetzt den christlichen Gläubigen natürlich in einen Zustand der Ratlosigkeit, ist doch die Einheit und Einzahl Gottes für ihn das unumstößlichste aller Dogmen. Der mit den Gottesvorstellungen der alten Völker vertraute Spiritualist sieht darin aber nichts Ungewöhnliches. Zunächst einmal ist ihm bekannt, daß in der Bibel ein ganzes Pantheon an Spirituellen Wesen vorkommt. Da gibt es zahlreiche Engelwesen mit verschiedenen Funktionen, Erzengel als Leiter der Völker *(Michael)*, mit heilender Funktion *(Raphael)* oder Geburtsengel *(Gabriel)*, dann die „Fürsten" und „Gewalten" etc. bis hinauf zu den sehr hohen Cherubim, die sogar als große goldene Statuen im Allerheiligsten des Tempels standen.

Das Wort „Elohim" läßt an eine Gruppe von Schöpferwesen denken. Hier hilft uns eine Vision des *Johannes* vom Thron Gottes und seiner Umgebung weiter. „Rings um den Thron standen vierundzwanzig Throne, und auf den Thronen saßen vierundzwanzig Älteste in weißen Gewändern und mit goldenen Kränzen auf dem Haupt. Von dem Thron gingen Blitze, Stimmen und Donner aus. *Und sieben lodernde Fackeln brannten vor dem Thron; das sind die sieben Geister Gottes.* Und vor dem Thron war etwas wie ein gläsernes Meer, gleich Kristall. Und in der Mitte, rings um den Thron, waren vier Lebewesen voller Augen, vorn und hinten. Das erste Lebewesen glich einem *Löwen*, das zweite einem *Stier*, das dritte sah aus wie ein *Mensch*, das vierte glich einem fliegenden *Adler*" [Offenbarung 4,5].

Die vier hier genannten Cherubim, gekennzeichnet als *Löwe, Stier, Mensch und Adler*, sind Himmelssymbole. Sie bilden die zwei senkrecht sich kreuzenden Achsen der Sternbilder *Löwe-Wassermann* (Mensch) und *Stier-Skorpion* (hier ersetzt durch Adler). Es handelt sich also um eine *kosmische Vision*, die sinnbildlich für den ganzen Sternenhimmel steht. Zwei sich kreuzende Achsen verweisen auf eine Mitte. Zentrum der vier Himmelsrichtungen ist die *Sonne*. Sie wird symbolisiert durch den Thron, der in der Himmelsmitte stehend gedacht werden muß. Der zentrale Thron ist umgeben von 24 weiteren Thronen. Hier wird mit der *Zwölfzahl* auf die zwölf Sternbilder des Himmels angespielt. Der *Thron* ist immer Symbol der Herrschaft und Herrschermacht, die im Kosmos allein der Sonne zukommt. Ebenso entspricht der von den goldenen Kränzen ausgehende Glanz dem *Licht der Sonne*. Auch vom Farbenglanz edler Steine und des Regenbogens ist der Thron umgeben, wobei der Regenbogen ja vom Licht der Sonne erzeugt wird! Das Wichtigste aber sind die *sieben lodernden Fackeln* vor dem Thron, welche *„die sieben Geister Gottes"* sind.

In diesem Zusammenhang können sie nicht anders gedeutet werden als Symbole der sieben klassischen Planeten, zu denen im Altertum auch Sonne und Mond gerechnet wurden. Das von ihnen ausgehende Licht wird durch die „lodernden Fackeln" symbolisiert. Diese sieben Himmelskörper und ihre spirituellen Sphären repräsentieren die Gesamtheit des Planetensystems. Eine andere Zuordnung ist für die damalige Zeit und im geographischen Raum des Orients nicht denkbar, zumal die Planeten hier eingebettet sind in eine umfassende kosmische Symbolik. Mit den „sieben Geistern Gottes" sind somit die sieben Planetengötter gemeint – eine für die gesamte damalige Umwelt gängige und plausible Zuordnung. Die Planeten haben ihr Zentrum in der Sonne, und auch das entspricht der gesamten hier verwendeten Symbolik. Sie durchlaufen alle zwölf Sternbilder, welche durch die zwei kosmischen Achsen repräsentiert werden. In den Mithras-Mysterien wurden die Planeten entsprechend durch *sieben Altarflammen* symbolisiert, was auf der Abbildung Seite 175 zu sehen ist.

Damit kommen wir auch zu einem der wichtigsten Kultsymbole der altisraelitischen Religion – dem *siebenarmigen Leuchter*. Er gehörte zu den Kultgegenständen, die für das Heiligtum Gottes gefertigt werden sollten. Gott gab Moses persönlich diesen Auftrag, verbunden mit genauesten Anweisungen. Er hatte ihm den Leuchter bereits in einer Vision gezeigt. „Verfertige auch einen Leuchter aus purem Gold! Der Leuchter, sein Gestell, sein Schaft, seine Kelche, Knospen und Blüten sollen aus einem Stück getrieben sein. Von seinen Seiten sollen sechs Arme ausgehen, drei Leuchterarme auf der einen Seite und drei auf der anderen Seite" [2. Mose 25,31]. In der Mitte befindet sich der Schaft des Leuchters, also der siebte, zentrale Arm. „Dann mache für den Leuchter sieben Lampen, und setze seine Lampen so auf, daß sie das Licht nach vorn fallen lassen." Die sieben vom Leuchter ausgesandten Lichtflammen entsprechen den sieben Fackeln vor Gottes Thron und symbolisieren auch in diesem Fall die „sieben Geister Gottes". Der größere Schaft in der Mitte entspricht dabei der Sonne. Diese steht auch im System der sieben Planeten in der Mitte und stellt das Gleichgewicht zwischen der Gruppe der drei untersonnigen und der drei obersonnigen Planeten her. Die gleiche Symbolik gab es in den Mithras-Mysterien. Dort wurden die sieben Planeten durch *sieben Tore* repräsentiert. Das große mittlere Tor, in dem eine Lampe hing, stand für die Sonne. Rechts und links vom mittleren Tor gab es jeweils drei kleinere Tore (siehe Text Seite 178).

Die Siebenzahl der Planetensphären führt uns nun auch zu den *sieben Schöpfungstagen*, mit denen die Bibel beginnt. Natürlich sind mit den „Tagen" lange Schöpfungsperioden gemeint und nicht Sonnentage. Die einzelnen Schöpfungstage können mit spezifischen Eigenschaften der Planeten identifiziert werden. Das kann ausführlich geschehen, soll hier aber nur in Kürze abgehandelt werden.

Der Urzustand der Welt ist von „Finsternis" geprägt. Damit wird auf die lichtlose, dunkle Sphäre *Saturns* hingedeutet, von der nicht wenige Weltentstehungsberichte erzählen.

Die drei folgenden Schöpfungsperioden gehören zur *Sonne*. Es entstehen das Licht, der Tag und die Nacht, und das Himmelsgewölbe wird in einen oberen und einen unteren Teilbereich getrennt. Daraufhin beginnt das Pflanzenwachstum. Es ist nur möglich durch das Sonnenlicht, welches über das Chlorophyll und die Photosynthese pflanzliche Substanz entstehen läßt.

Die folgenden Perioden unterstehen den *Mondenkräften*. Der Sternenhimmel als Symbol der Weltseele entsteht. Die seelischen Kräfte werden planetarisch durch den Mond repräsentiert, ebenso die Wassertiere und die anderen Tiere, die nun geschaffen werden. Zusammen mit der Tierwelt entsteht in der Evolution zum erstenmal *Seele*, die den Mondenkräften untersteht.

Dann sprachen die Elohim: „Laßt uns Menschen machen als unser Abbild, uns ähnlich" [1. Mose 1,26]. Hierbei sei an die *Siebenheit* des Menschen erinnert, die in diesem Buche behandelt wird, welche die Siebenheit der planetarischen Kräfte, der Elohim, widerspiegelt. Auch der menschliche Leib ist ein wunderbar gestalteter Mikrokosmos, ein vollkommenes „Abbild" der sieben planetarischen Kräfte (siehe dazu Thomas M. Schmidt, Die Zahlensymbolik der menschlichen Gestalt). Der Mensch auf der naturhaften, vom Ego beherrschten Entwicklungsstufe untersteht den *Marskräften*. Sie sind nötig, um sich als Mensch gegenüber der feindlichen Umwelt zu behaupten. Mithilfe dieses naturhaften Ichs „unterwirft" sich der Mensch die Tierwelt und die Erde.

In der weiteren Entwicklung des Menschen erschließen sich ihm noch die *Merkurkräfte*. Sie umfassen alle Arten von Erfindungsgeist und Geschicklichkeit und treten bei den Nachkommen *Kains* auf, bei den Zither- und Flötenspielern und den Eisenhandwerkern [1. Mose 4,21]. Da der biblische Verfasser die Schöpfung nur bis zum Menschen behandelte, mußte er die sieben Planetenperioden auf nur vier Entwicklungsstadien verteilen.

Die *Reihenfolge* der planetarischen Perioden ist hierbei folgende: Saturn – Sonne – Mond – Mars – Merkur. Das ist zugleich die Reihenfolge in der antiken *Planetenwoche*, die mit dem Samstag (Saturday) beginnt und weiterschreitet mit Sonntag, Montag, Dienstag (Mardi), Mittwoch (Mercredi). Die späteren Schöpfungsperioden, die dem Jupiter (Jeudi, Donnerstag) und der Venus (Vendredi, Freitag) entsprechen, werden in diesem Schöpfungsbericht nicht behandelt. Angedeutet werden sie jedoch durch die künftige Lichtwelt am Ende der Offenbarung des Johannes.

Der Planetenwoche als konzentrierter Form großer Schöpfungsperioden wurde auch in den Mithras-Mysterien große Aufmerksamkeit zuteil. Ganz offensichtlich stammt auch dieser Schöpfungsbericht der Bibel aus alten Traditionen der Einweihung im Orient. Er bekräftigt zudem die Auffassung, daß die Siebenzahl für die Zahl der Planeten steht. Die „Elohim“ repräsentieren in diesem Sinne die sieben planetarischen Ebenen und Kräfte, die bei der Schöpfung wirksam geworden sind. – Hier sei auch noch auf die sieben Engel in der Offenbarung des Johannes hingewiesen, die ebenfalls in zeitlicher Reihenfolge wirksam werden [Offenbarung Kap. 6-11].

Nachdem der Mensch als Abbild der Elohim, der sieben Planetenkräfte also, geschaffen war, lebte er zunächst innerhalb einer kosmischen Licht- und Lebenswelt. Sie wird symbolisiert durch den „Garten“, den der Urmensch *Adam* bewohnt, der später als das „Paradies“ bezeichnet wurde. Dort entspringt ein großer Strom, der sich in *vier* Flüsse aufteilt, die den Garten von außen umgeben [1. Mose 2]. Den gleichen Sachverhalt drückten die Griechen aus mit dem Bilde des *Okeanos*, der die Erde umgibt. Dieses flüssige Element besteht nicht aus Wasser, sondern symbolisiert die strömende Lebenskraft des *Äthers*. (Die moderne spirituelle Wissenschaft spricht von *vier* verschiedenen Ätherarten, die aus feinstofflicher Wärme, Licht, Klang und Leben bestehen). Der Äther oder das Pneuma spielten in der alten griechischen Kosmogonie eine zentrale Rolle. Das ganze Weltall sah man erfüllt von diesem kosmischen Licht- und Lebenselement. Die *Bäume*, die in diesem Garten stehen und von denen sich der Urmensch ernährt, symbolisieren ebenfalls das kosmische Leben. In dieser Ätherwelt waren die Elohim unmittelbar anwesend, und der Urmensch konnte mit ihnen ungehindert kommunizieren. Der antike Philosoph *Platon* hat diese ätherische Lichtwelt, die er während seiner Einweihung erlebte, ausführlich beschrieben, was im zweiten Band angeführt wird.

Der Körper des Urmenschen bestand noch nicht aus grober Materie, was sich aus der weiteren Erzählung ergibt. Der Mensch war zudem ein doppelgeschlechtliches Wesen, in dem männliche und weibliche Kräfte vereint waren. Diesen männlich-weiblichen Urmenschen, der ihrem eigenen höheren Wesen entsprach, trennten die Elohim dann in eine rein männliche Hälfte „Adam“ und eine rein weibliche Hälfte „Eva“. Sie entstand, so die Erzählung, aus dem Leib des Urmenschen, indem die Elohim diesem eine Rippe entnahmen [1. Mose 2]. Damit wird angedeutet, daß der ursprüngliche Körper nicht grobmaterieller Natur gewesen sein konnte, sondern eine feinstoffliche, ätherische Leiblichkeit darstellte. Diese Trennung in zwei Geschlechter muß als ein evolutionäres Ereignis mit unabsehbaren Konsequenzen angesehen werden. Sie gehört bereits zum ersten Akt des Sturzes der Menschheit aus dem Lichtreich in das Erdendunkel, und mit ihr begann auch der physische Tod. Der ätherische Leib des Urmenschen war noch nicht einem solchen Tode unterworfen, wie wir ihn als radikale Trennung der Seele vom grobmateriellen Körper erleben. – Von einem ursprünglich doppelgeschlechtlichen Urmenschen sprachen auch Platon und der kleinasiatische Mythos von *Agdistis* [8].

In dieser Lichtwelt waren neben den Elohim und den Urmenschen auch noch zahlreiche andere Seelenwesen anwesend. Es gab die Seelen der Tiere und – so muß angenommen werden – auch vielfältige Geistwesen, von den Engeln und Erzengeln bis zu den Cherubim. Unter ihnen befand sich auch ein Spirituelles Wesen, das symbolisch als „Schlange“ bezeichnet wird. Es wies die Urmenschen auf die Möglichkeit der Erleuchtung und Höherer Erkenntnis hin. Wenn die Menschen von den Früchten des „Baumes der Erkenntnis“ kosteten, so erklärte ihnen dieses Wesen, würden sie erleuchtet: „Ihr werdet nicht sterben. Gott weiß vielmehr: Sobald ihr davon eßt, gehen euch die Augen auf; ihr werdet wie Gott und erkennt Gut und Böse“ [1. Mose 3].

Dem Baum der Erkenntnis mit seinen Früchten entspricht in jeder Hinsicht im griechischen Mythos der Baum der Hesperiden mit den goldenen Äpfeln, der von einer Schlange umwunden wird. Um zu ihm zu gelangen, muß *Herakles* den Okeanos, die Ätherwelt durchqueren, was im zweiten Band geschildert wird. Die goldenen Äpfel symbolisieren die Erleuchtung, das Sehen mit dem Inneren Licht. „Euch gehen die Augen auf", sagt das Spirituelle Wesen zu Eva. Damit ist treffend die Wahrnehmung mit dem Dritten Auge gemeint. „Ihr werdet wie Gott", heißt es weiter. Mithilfe der übersinnlichen Wahrnehmung betritt die Seele die Höheren Welten und erringt sich übermenschliche Eigenschaften und Fähigkeiten. Am Ende dieses Weges durch die Sphären steht die Vergöttlichung, wie sie auch Herakles zuteil wurde. Mit überraschender Deutlichkeit charakterisiert die Bibel hier das Wesen der Einweihung und desjenigen Spirituellen Wesens, das die anderen Völker als die eigentliche Mysteriengottheit erlebten. Die „Schlange" entspricht in jeder Hinsicht der Stirnschlange der Ägypter, repräsentiert durch die Göttin Uto und das „Horusauge", mit dessen Hilfe sowohl die Verstorbenen als auch die Eingeweihten in der Seelenwelt wahrnehmen.

Die Elohim hatten den Menschen strikt verboten, von den Früchten des Baumes der Erkenntnis zu essen. Nachdem dies jedoch geschehen war und die Elohim realisieren mußten, daß „der Mensch geworden ist wie wir", griffen sie zu Maßnahmen, welche das Leben der Menschen und die bestehende Ordnung der Dinge radikal veränderten, ja umstürzten. Als erstes wurde die „Schlange", das heißt die Mysteriengottheit, aus der Lichtwelt hinunter auf die Erde verbannt: „Weil du das getan hast, bist du verflucht unter allem Vieh und allen Tieren des Feldes. Auf dem Bauch sollst du kriechen und Staub fressen alle Tage deines Lebens" [1. Mose 3]. Die „Schlange", welche als Mysteriengottheit das erweiterte und erleuchtete Bewußtsein und somit auch die Weltseele repräsentiert, wurde herabgestoßen in die Sphäre irdischer Materialität, wo von nun an „Staub" ihre Nahrung war. Denselben Vorgang drückte der griechische Mythos durch die Entführung der *Persephone* in die Erdentiefe aus. In dieser Sphäre materieller Schwere und Verdichtung kann die Weltseele das Höhere Bewußtsein im Menschen nicht mehr entfalten. Da die Weltseele in der Materie auch ihre

Einheit verliert, wird sie ebenso wie Osiris „zersplittert".

Dasselbe Schicksal trifft aber auch den Menschen selbst. Er und die Weltseele erleiden dasselbe Schicksal, es handelt sich nur um zwei Seiten desselben Sachverhalts. Der Mensch muß nun für unabsehbare Zeit die Mühsal und Knechtschaft des erbarmungslosen Daseins innerhalb der Materie erleben. Die Elohim – gütig wie sie sind – bereiten den Menschen fürsorglich auf die Freuden eines Landmanns auf seinem Acker vor: „Unter Mühsal wirst du von ihm essen alle Tage deines Lebens. Dornen und Disteln läßt er dir wachsen, und die Pflanzen des Feldes mußt du essen. Im Schweiße deines Angesichts sollst du dein Brot essen, bis du zurückkehrst zum Ackerboden; von ihm bist du ja genommen. Denn Staub bist du, zum Staub mußt du zurück" [1. Mose 3]. Die Menschenfrauen erleben nun zum erstenmal die Geburtsschmerzen. Ein Dasein der Mühen und Plagen, der Schmerzen und Leiden, der Krankheiten und des Todes, des Existenzkampfes und der Hoffnungslosigkeit erwartet die Menschen. Kein anderes religiöses Dokument hat die reale Lage der Menschheit nach ihrem Fall so ungeschminkt geschildert. Natürlich kann der zu Beginn des dritten Jahrtausends lebende Zeitgenosse noch hundert weitere Beschreibungen vom Leben und Sterben auf der Erde geben, die sich immer mehr als eine Form der Vorhölle zu erkennen gibt.

Die nun folgende Frage wird den Leser möglicherweise befremden. Sie lautet: Woher kam plötzlich diese harte, schwere, undurchdringliche Materie? Ist sie etwa vom Himmel gefallen? Mitnichten! Sie war auch nicht von den Elohim geschaffen worden. Sie hat einen anderen Ursprung, dem wir jetzt nachzuspüren haben. Auf diesem Wege werden wir noch einem weiteren Wesen begegnen, dessen nicht unbedingt erfreuliche Bekanntschaft wir bereits gemacht haben.

Um die Verdichtung und Verhärtung der Materie zu bewirken, war wiederum dasjenige Wesen notwendig, welches die Ägypter, Griechen und Perser unter den Namen Seth, Typhon und Ahriman als die „Macht des Drachens" bezeichneten. Dieses Wesen ist auch im älteren und neueren Teil der Bibel bekannt. Den Drachen oder die gewundene Schlange mit sieben Häuptern nannten die Israeliten *Leviathan*. Er ist identisch mit dem bereits erwähnten *Lothan*, der im dauernden Kampfe mit Ba'al liegt. Auch der griechische Typhon geht unten in einen Schlangenleib über. Die biblischen Autoren beziehen sich wie selbstverständlich auf den Leviathan, den sie als bekannte Gestalt voraussetzen.

Der Drache Leviathan bewohnt das Meer, was auch für Lothan in Kanaan zutrifft. Mit dem Meer wird hier die *Tiefe* angedeutet. Leviathans Wirken besteht darin, die Seelen der Menschen in die Tiefe zu ziehen. Das Wasser des Meeres steht hierbei auch für die dunkle seelische Unterwelt und das Unterbewußtsein, in dem verderbliche Triebe ihr Unwesen treiben. Leviathan ist von dem biblischen Gott geschaffen worden und somit Teil der Weltordnung. Es ist die Rede von Leviathan, den Gott „geformt" habe, „um mit ihm zu spielen" [Psalm 104,26]. Dieses kühne Wort soll wohl bedeuten, daß es jederzeit in Gottes Macht stehe, dem Wirken des Drachen ein Ende zu bereiten. Als *Hiob* seine eigene qualvolle Existenz verflucht, kommt ihm auch der Name des Leviathan über die Lippen [Ijob 3,8]. Es spricht für sich, wenn ein Mensch im tiefsten Seelendunkel, erfaßt von grenzenloser, selbstzerstörerischer Verzweiflung den Namen des Leviathan nennt. In einem solchen Zustand „weckt" man, so sagt Hiob, diejenige Macht, die immer darauf lauert, die Seelen dem Göttlichen zu entziehen. Wie Ba'al liegt auch der biblische Gott im Kampfe mit Leviathan: „Du hast die Köpfe des Leviathan zermalmt" [Psalm 74,14]. Doch ist dieser Kampf offensichtlich nie zu Ende, ebensowenig wie der zwischen Horus und Seth.

Bis zum Ende des bestehenden Erdenzustands kämpft Leviathan um die Weltherrschaft. Erst beim künftigen Untergang der Erde, wenn die Toten wieder auferstehen, wird seine Macht gebrochen. „An jenem Tag bestraft der Herr mit seinem harten, großen, starken Schwert den Leviathan, die schnelle Schlange, die gewundene Schlange. Den Drachen im Meer wird er töten" [Jesaja 27,1]. Daß dies auch der Moment ist, in dem sich die Erdenmaterie wieder zurückverwandelt in Lichtsubstanz, zeigt, daß Leviathan zur Verdichtung der Erde gebraucht wurde. Der biblische Gott wartet deshalb mit seiner Vernichtung, weil die Macht des Drachens bis zum Erdenende als Bestandteil der von den Elohim gewünschten Weltordnung gebraucht wird. Bis dahin ist ihm Macht über die Erde und die Menschen eingeräumt worden.

Der Drache will unbedingt den spirituellen Aufstieg der Menschheit verhindern, weil er dadurch seine Macht verlieren würde. „Ein anderes Zeichen erschien am Himmel: ein Drache, groß und feuerrot, mit sieben Köpfen und zehn Hörnern und mit sieben Diademen auf seinen Köpfen. Sein Schwanz fegte ein Drittel der Sterne vom Himmel und warf sie auf die Erde herab“ [Offenbarung 12]. Das gleiche Bild haben die Griechen von Typhon gebraucht, der ebenfalls viele Sterne vom Himmel holt und in einem Netz gefangen hinter sich herschleppt. Mit den Sternen sind Menschenseelen gemeint. Nicht weniger als ein Drittel aller Menschenseelen beraubt der Drache ihrer himmlischen Existenz und hält sie in den Banden der Materie fest.

Das Böse will aber den gesamten spirituellen Teil der Menschheit für immer vernichten. Mit Hilfe irdischer Gewaltherrscher setzt der Drache den Großen Weltweiten Krieg in Gang, welcher der Spiritualität auf Erden für immer ein Ende bereiten soll [Offenbarung 16]. Als irdisches Symbol des Drachens erscheint „Die Große Stadt“, deren Einfluß sich über die ganze Erde ausdehnt. Sie ist der Inbegriff materialistischen Strebens und rein irdischer Zielsetzungen, die in der globalen Zivilisation herrschen. Mit diesem Symbol werden zugleich die Kräfte der Verdichtung und Verhärtung gekennzeichnet, aus denen die bestehende Erdensubstanz hervorgegangen ist und in welche die Weltseele und die Seelen aller Menschen verbannt worden sind.

Von allen mythischen Berichten über den Fall der Menschheit ist derjenige der Bibel der ungeschminkteste. Während in allen anderen Erzählungen das Böse in Gestalt des Drachens im Vordergrund steht, beläßt ihn die Bibel im Hintergrund. Der leitende Gott – oder die Götter – selbst sind es, welche die Menschheit aus dem paradiesischen Urzustand und den Lichtreichen ausstoßen. Ihr angeblicher „Ungehorsam“ ist dabei nur fingiert und dient dazu, die Verbannung in die Materie zu motivieren. Es kann – wie bei allen anderen entsprechenden Berichten – nicht daran gezweifelt werden, daß diese Ausstoßung einem göttlichen Plan folgte. Dabei war die Existenz des Drachens unerläßlich, dessen Aufgabe darin bestand, jene undurchdringlich harte und schwere Erdenmaterie zu schaffen.

Einweihung in Indien

Fragt man nach einem Land, welches die Prinzipien der Bewußtseinserweiterung, der Einweihung, der Erhebung der Seele zu den höheren Ebenen des Seins am intensivsten und vollkommensten ausgebildet hat, so kann die Antwort nur lauten: Dieses Land ist Indien. Kein anderes Volk der Menschheit hat so lange und so kontinuierlich, von der Vorzeit bis ins 20. nachchristliche Jahrhundert, das spirituelle Leben gepflegt und zur höchsten Blüte gebracht wie die Inder. Gottheiten und Symbole der Einweihung sind dort bereits im 3. vorchristlichen Jahrtausend abgebildet worden. (Das spirituelle Leben selbst ist natürlich noch viel älter und reicht bis in die graue Vorzeit der Menschheit).

Lange vor der Einwanderung der indogermanischen Völkerschaften nach Indien Mitte des 2. vorchristlichen Jahrtausends existierte bereits im 3. Jahrtausend eine hohe Zivilisation, die alte Indus-Kultur, gleichzeitig neben der sumerisch-babylonischen und ägyptischen Hochkultur. In *Mohenjo Daro* und *Harappa* sind umfangreiche Stadtanlagen ausgegraben worden, die planvoll angelegte Straßen, mehrstöckige Häuser, Paläste, Markthallen und öffentliche Bäder besaßen. Dieser Zivilisation waren die Prinzipien der Einweihung wohlbekannt. „Eine auf einem Siegelamulett wiedergegebene dreigesichtige mit Hörnern geschmückte Gottheit, die von Tieren umgeben in ritueller Haltung auf einem Schemel thront, ist als der in Yoga-Positur sitzende Shiva gedeutet worden, in den weiblichen Tonfiguren hat man Darstellungen der Muttergöttin, der späteren Parvati, Durga oder Shakti vermutet. Steine, die Shivas heiligem Symbol, dem Linga (Phallus) ähneln, sind in großer Zahl gefunden worden. Der echt hinduistische Kult von heiligen Feigenbäumen und heiligen Tieren (Stier, Elefant, Nashorn, Schlange, Krokodil) ist wahrscheinlich“ [11]. Die hier aufgezählten Symbole werden uns im weiteren immer wieder begegnen und ihre weltweite Verbreitung und Einheit dokumentieren!

Die Mitte des 2. vorchristlichen Jahrtausends in Nordindien einwandernden indogermanischen Völker brachten ihre eigenen Gottheiten mit, die in ihren Hymnen und heiligen Schriften beschrieben wurden. Diese indogermanischen Götter verschwanden aber im Laufe der Zeiten wieder. Die uralten Götter der indischen Urbevölkerung behaupteten sich und erlebten eine grandiose Auferstehung. So hat sich die uralte Gestalt der Mysteriengottheit *Shiva* unter wechselnden Namen durch mindestens fünf Jahrtausende lebendig erhalten. Der Gott *Mitra* verschwand in Indien, behauptete sich jedoch im indogermanischen Persien und hat sich dann später im großen Römischen Reich als Mysteriengott fast über die halbe Welt ausgebreitet.

Die neuen Herren waren Viehzüchter. Sie ließen die bereits tausendjährige Zivilisation verfallen, brachten Indien aber eine Form gedanklich formulierter spiritueller Weisheit, Wissenschaft und Philosophie. Auf dieser Grundlage und verbunden mit den einheimischen Traditionen hat sich das indische Geistesleben im Laufe der Zeiten zu den höchsten Höhen spirituellen Erlebens und Denkens emporgearbeitet. Der unerschöpfliche Reichtum dieser Spiritualität ist der westlichen Zivilisation fast völlig unbekannt und ein Buch mit sieben Siegeln. Bereits in den ältesten schriftlichen Urkunden dieser Kulturstufe, den *Veden*, finden sich unmißverständliche Hinweise auf Bewußtseinserweiterung und typische Einweihungserlebnisse.

Einweihung konnte im alten Indien auf verschiedenen Wegen erworben werden. Indien war und ist in bezug auf Religiosität und Spiritualität das freieste Land der Welt. Man könnte und sollte es auch umgekehrt ausdrücken: Weil das indische Geistesleben durch und durch *spirituell* ist, ist es aus diesem Grunde auch *frei*. Freiheit und Spiritualität bedingen und erhalten sich gegenseitig. Spirituelles Streben und Erleben ist nur *einzelnen Individuen* möglich, weil nur sie den langen, mühsamen und nicht ungefährlichen Weg einschlagen können, der zur Befreiung des Geistes von den Zwängen der Sinnenwelt und der Materie führt. Solche langdauernden Bemühungen, ganz und gar fußend auf ureigensten Erfahrungen des Individuums und verbunden mit Schmerzen, Leiden und Schwierigkeiten, schließen jede Dogmatik aus. Dieser Weg führt nicht nur auf die höheren Ebenen des Seins, sondern auch zu einer unbedingten, uneingeschränkten *Freiheit* von allen Banden. Der *Befreite* erhebt sich innerlich über alle Zwänge, Bevormundungen und Vorschriften, die einen großen Teil dieser irdischen Welt bilden. Er lacht über alle Anmaßungen und Zumutungen, welche die Herrschenden aller Art ihren Mitmenschen aufzuzwingen versuchen. Das schließt nicht aus, daß der Befreite gewisse Normen und Konventionen der Welt weiterhin befolgt, aber dies geschieht mehr oder weniger aus Menschenfreundlichkeit und der aus weiser Einsicht entspringenden Absicht, unnötige Störungen des sozialen Lebens zu vermeiden.

Von Beginn an gab es in Indien einsame Asketen, die das weltliche Leben hinter sich ließen und in die Wälder gingen oder sich an entlegenen Orten niederließen. Dort gaben sie sich jahre- oder jahrzehntelang der Disziplinierung des Körpers, der Lebensvorgänge, der Seele und des Geistes hin. In tiefer Meditation verschwand für sie ihre Umwelt, und ihre Seele und ihr Geist stiegen in die Regionen des spirituellen Lichtes und der Unendlichkeit auf. Dieser Weg kann als eine Form der *Selbsteinweihung* bezeichnet werden.

Meist waren aber einzelne Lehrer notwendig, die den Schülern, die sich um sie sammelten, die Anfangsgründe und die notwendigen spirituellen Techniken vermittelten. Hatten die Schüler ausgelernt, trennten sie sich von ihren Lehrern, gingen eigene Wege oder wurden selbst zu neuen Lehrern. Auf diesen Wegen pflanzte sich die spirituelle Tradition von Generation zu Generation durch Jahrtausende fort. Spiritualisten des europäischen Mittelalters nannten dies die „Goldene Kette“, eine ununterbrochene Folge von Einweihungen und Eingeweihten, die niemals abbricht oder abbrechen darf. Dieser Weg ist die *Einweihung durch spirituelle Lehrer und Meister.*

Im alten Indien existierte noch eine gesonderte Gruppe von Funktionsträgern, denen das religiöse Leben und der Opferdienst an die Götter oblag, die sogenannten *Brahmanen*. Die ihr Angehörenden durchliefen von Jugend an eine strenge Lehrzeit. Sie pflegten die Wissenschaft und Lehre von den religiösen und spirituellen Dingen, vergleichbar den keltischen Druiden. In den alten Zeiten unterzogen sich viele von ihnen einer Einweihung. Im Laufe der Zeiten nahm das unmittelbare spirituelle Erleben allerdings spürbar ab. Sichtlich betreten schwiegen die Brahmanen, als *Gotamo Buddha* sie nach ihren spirituellen Erlebnissen befragte.

Doch standen die Einweihung und spirituelle Erlebnisse grundsätzlich *allen suchenden Menschen* offen, wie es auch im alten Griechenland noch der Fall war. Einzelne Menschen, die ein normales bürgerliches Leben führten, konnten sich unter der Leitung von eingeweihten Priestern einer Einweihung, einer *spirituellen Wiedergeburt* unterziehen. Diese Form der Einweihung, die wir im weiteren näher schildern, ähnelte am meisten der Einweihung im antiken Eleusis, obwohl an ihr nur einzelne Personen oder Ehepaare teilnahmen.

Soma – Der Trank der Unsterblichkeit

Bereits im zweiten vorchristlichen Jahrtausend wurde die Loslösung der Seele vom Körper für die Menschen immer schwieriger. Der Prozeß, durch den das Menschenwesen immer mehr materialisiert wurde und die Verbindung mit der Weltseele verlor, wird von den alten Mythen der Völker als der Fall der Seelen und dem damit verbundenen Verlust des Paradieses geschildert. Die Sehnsucht nach dem alten Lichtparadies war jedoch so stark, daß die Menschen nach allen möglichen und auch künstlichen Mitteln griffen, um wenigstens einen Schimmer dieser Lichtwelt zu erhalten. Auf diesem Wege entdeckten sie pflanzliche Substanzen, die eine bewußtseinserweiternde Wirkung besaßen, und verwendeten sie zur partiellen Loslösung der Seele vom Körper. Solche pflanzlichen Stoffe, die in der Form von Getränken, Salben oder Räucherungen angewandt wurden, hat es in den meisten alten Kulturen gegeben, doch wurden ihre Namen und ihre Anwendung natürlich möglichst geheim gehalten. In Indien war es die *Somapflanze*, die den Menschen die partielle Loslösung der Seele vom Körper ermöglichte. Ihre Bedeutung für das spirituelle Leben im alten Indien kann überhaupt nicht hoch genug eingeschätzt werden, und deshalb müssen wir uns hier etwas ausgiebiger mit ihr beschäftigen.

Die Somapflanze wuchs in den höheren Bergregionen, also unter besonderen Bedingungen des Lichtes und ultravioletter Strahlung. Sie war deshalb nicht leicht erreichbar, selten, wertvoll und teuer, was sie natürlich umso begehrter machte. Die höheren Bergregionen verschmolzen mit dem Himmel, dem man die Gabe der Erleuchtung zuschrieb. Ein Adler hatte sie einst den Menschen aus den Höhen gebracht. Umgekehrt brachte er die Pflanze, so die Erzählung, auch dem Götterkönig *Indra*, der mit den ihm dadurch verliehenen übernatürlichen Kräften seine Heldentaten vollbrachte. Die auf den Bergen geernteten Somapflanzen wurden sorgfältig verarbeitet. Waren die Pflanzen bereits eingetrocknet, wurden sie in Wasser gelegt, wodurch sie wieder aufquollen. Blätter und Stengel wurden mit einem steinernen Mörser zerstampft. *Dieses Zerstampfen, das ja eine Vernichtung der Pflanze als Ganzheit bedeutet*, wurde viel später in den Mithrasmysterien als die *Tötung* des (stiergestaltigen) Gottes Soma dargestellt, was noch eingehend zu besprechen ist. Sorgfältig wurden die zerstampften Pflanzenteile durch ein Sieb aus feiner Schafwolle geseiht und von Überresten gereinigt. Der gewonnene, rötliche Pflanzensaft wurde mit Milch vermischt und zum heiligen Göttertrank bereitet, der das menschliche

Bewußtsein über seine Begrenzungen erhob. Diese Vorgänge wuchsen sich im Laufe der Zeiten zu einem umfangreichen rituellen Kultus aus, der zu einem zentralen Bestandteil altindischen spirituellen Lebens wurde. „Die Pressung und Opferung dieses Trankes, in komplizierten Riten geordnet und verherrlicht, ist zu einer der vornehmsten, ja zur vornehmsten Feier des höheren Kultus geworden" [12].

Ganz offen wird in den Veden, den ältesten spirituellen Urkunden Indiens, von den Wirkungen des Somasaftes gesprochen. „Von dem süßen Krafttrunk habe ich als Weiser genossen", bekennt ein Autor. Mehrfach wird die *Weisheit* hervorgehoben, die er bewirkt, ja der Saft selbst wird als „Weiser", das heißt als Weisheitsbewirkender angesprochen [13]. Soma öffnet den Weg zu den höheren Wahrheiten, „der du, wahr sprechend, du wahr-glänzender, die Wahrheit sprichst, du Wahres Wirkender". Der Göttertrank hatte eine inspirierende Wirkung, „dem Sänger zur Förderung", und begeisterte den Brahmanen, der „in dichterischer Rede spricht". Soma erfüllte das menschliche Bewußtsein mit spirituellem Licht und Feuer: „Entflamme mich, wie Feuer, das man quirlt, erleuchte uns." Der „süße Krafttrunk" weitete das Bewußtsein auf unerwartete Weise aus, er schaffte „freien Raum", in den es sich unendlich ausdehnen konnte. Soma löste die Seele vom Körper und erhob sie zu den höheren Ebenen des Seins: „Wir haben Soma getrunken, wir sind unsterblich geworden, wir sind zum Licht gelangt, wir haben die Götter gefunden." Die Seele konnte die Welten des Lichtes betreten, wo sie den Göttern begegnete und sich als unsterbliches Wesen erlebte. Durch Soma ist das „Unsterbliche", das Höhere Selbst, „in die Sterblichkeit eingegangen". Der Göttertrank erschloß der Seele die unendlichen Weiten des Universalen Bewußtseins, und sie konnte sich nun „über Himmel und Erde ausdehnen". Er versetzte die Seele in eine Welt, „wo unerschöpfliches Licht ist, ... in die unsterbliche, unvergängliche Welt", in „des Himmels inneres Gemach", wo die Seele zu einem „unsterblichen", vergöttlichten Wesen wird. Dort, „im dritten Himmel ... wo die lichtvollen Welten sind", konnte die Seele frei umherwandeln und den verstorbenen Menschen, den Ahnen und Göttern von

Angesicht zu Angesicht begegnen. Die Seele betrat eine Sphäre, „wo Wonne wohnt" [13].

Das rituelle Soma-Opfer. – Der Somatrank verhalf einem Menschen also über die Erweiterung seines Bewußtseins zu einer höheren Existenzform. Es war deshalb kein Wunder, daß diese Pflanze viele Begehrlichkeiten weckte. Einer Ausbreitung des Somatrinkens war jedoch dadurch ein Riegel vorgeschoben, daß Somapflanzen selten und deshalb auch teuer waren. Nur Begüterte konnten sich diese Pflanzen leisten. Zudem hatten es die Priester so eingerichtet, daß sie selbst an diesem göttergleichen Trank teilhaben konnten. Im Zusammenhang mit einem großen Somaopfer, das sie ausrichteten, verhalfen sie einem wohlhabenden Mann und seiner Gattin zu einer Einweihung. Der dabei reichlich vorhandene Somatrank kam nicht nur in der Form von Opfern den Göttern, sondern auch den Priestern selbst zugute. Zudem zeigte sich der Opferherr für die ihm zuteil gewordenen Erlebnisse erkenntlich und beschenkte die Priester mit Rindern, Rossen, Gold und Kleidern.

Ein solches Somaopfer bildete ein wichtiges Ereignis im damaligen spirituellen Leben Indiens. „In der vedischen Literatur tritt über jeden Vergleich vor allen anderen Kulthandlungen das Somaopfer hervor" [12]. Die umfangreiche Opferhandlung fand auf einer hochgelegenen ebenen Fläche statt. Dies war wichtig, denn die *Horizonte, das heißt der Ost- und Westhorizont*, bildeten den fundamentalen mythischen Hintergrund des Geschehens. Während die Priester die Opferhandlungen rezitierend mit Gesängen begleiteten, richteten sie ihre Augen unverwandt auf den fernen Horizont [12]. Denn am morgendlichen Osthorizont und am abendlichen Westhorizont dachte man sich diejenigen Gottheiten anwesend, denen der Somatrank und die durch ihn bewirkte Erleuchtung zu verdanken waren. Es gab deshalb im Verlaufe des Tages eine *Morgenpressung* der Somapflanzen, eine *Abendpressung* und eine *Mittagspressung*. Diese Pressungen waren verbunden mit zahlreichen rituellen Handlungen und Liturgien. Anwesend war neben den Priestern der Opferherr, der eine strenge Askese auf sich genommen hatte und dessen Seele bereits stark gelockert war. Mit dem Somatrank erhielt sie nun den letzten Anstoß, sich von den Gehirnstrukturen zu lösen und in eine höhere Bewußtseinsebene aufzusteigen. Aber auch die handelnden Priester vollzogen die Riten unter dem Einfluß des Somatrankes und seiner erleuchtenden Kräfte.

Von allergrößter Wichtigkeit für unser Thema sind die Gottheiten, denen das Somaopfer geweiht war und die während der rituellen Handlungen liturgisch angerufen wurden. Wir behandeln sie hier nur kurz, kommen aber ausführlich auf diesen Komplex bei der Schilderung der Mithras-Mysterien zurück. Wie schon erwähnt, waren es die Genien des Ost- und Westhorizontes. Das Somaopfer und der das Tor zur inneren Lichtwelt öffnende Somatrank wurden also symbolisch mit dem äußeren *Tageslicht* in Parallele gesetzt. Am Osthorizont manifestiert sich die *Morgendämmerung*, das Frühlicht, am Westhorizont die *Abenddämmerung*, die überleitet zu der *vom Monde und den Sternen erhellten Nacht*. Diesen Lichtverhältnissen entsprechend wurden bei den Opfern die *Göttin der Morgenröte*, *Ushas*, und der zur *Abendröte* gehörende Gott des Feuers, *Agni*, angerufen [12].

Soma – Der Mond. – Mit größtem Nachdruck muß hierbei betont werden, daß der Somatrank und die mit ihm verbundene Erleuchtung *nicht* mit der Sonne und dem Sonnenlicht verbunden sind! Das Sonnenlicht führt den Menschen in das Reich der Sinne und in die *äußere Welt*. Das Abendlicht, der sichtbar werdende Sternenhimmel und der Mond leiten die Seele in die Sphäre des *inneren Lichtes, in die spirituelle Welt*. So wie der Mond das Licht in der Dunkelheit ist, so hebt das innere Licht der Erleuchtung die Verblendung durch die Sinnenwelt auf, in der sich der Mensch aufgrund der Sonnenwirkung befindet. Die Morgendämmerung ist in diesem Zusammenhang *nicht* die Ankündigung des äußeren Sonnenlichtes, sondern die Verheißung des inneren Lichtes, das erst am Abend und in der Nacht zu leuchten beginnt.

Aus diesen Gründen wurde der Somatrank und der Gott Soma ausdrücklich mit dem *Mond* identifiziert. Nach einem wichtigen älteren Text „ist der Mond König Soma, und der ist die Speise der Götter" [19]. Diese Identität wird von anderen Aussagen unterstrichen. In

Indien wurde der Mond darüber hinaus auch mit Fruchtbarkeit und Wachstum und mit dem dazu nötigen Regen in Verbindung gebracht. Schließlich – und das ist in unserem Zusammenhang bedeutend – wurde der Mond auch als die Sphäre der verstorbenen Seelen betrachtet. Dadurch fördert er den Aufschwung der Seele in die allgemeine Seelenwelt, und eben dies ist die vom Soma verliehene Gabe. – Da der Fruchtbarkeit verleihende Mond symbolisch als Stier aufgefaßt wurde, übertrug sich diese Bedeutung auch auf den Somatrank selbst. Diese Gleichsetzung von Soma, Mond und Stier ist für die späteren Mithras-Mysterien fundamental.

Mitra-Varuna, die Erleuchtung schenkende Gottheit des Soma-Opfers. – Von größter Wichtigkeit ist nun, daß den Genien der Morgen- und Abenddämmerung beim Somaopfer eine höchste Gottheit übergeordnet war. Es war die Doppelgottheit *Mitra-Varuna*, die in ihren beiden Aspekten eine Einheit bildet und deshalb auch zusammen genannt und angerufen wurde. „Sie besteigen ihren Thron beim Aufleuchten der Morgenröte, beim Aufgang der Sonne" [12]. Von diesem Gott wird gesagt: „Am Abend wird er Varuna, Agni; Mitra wird er morgens aufgehend", was eine Aussage von allergrößter Bedeutung darstellt [12]. Es handelt sich also um *eine* Gottheit mit zwei abwechselnden Aspekten. Zahlreiche Stellen in der Brahmana-Literatur bekräftigen, daß *Mitra der Tag, Varuna die Nacht gehört*. Wenn der Gott des Feuers wegen dessen rötlicher Farbe hier mit der Abenddämmerung und Varuna gleichgesetzt wird, so muß es sich bei Mitra folglich um die Personifizierung der Morgendämmerung handeln. Den Gott Mitra werden wir ausführlich im Kapitel über die Mithras-Mysterien behandeln. Hier sei nur festgestellt, daß Mitra-Varuna für die alten indogermanischen Inder die Mysteriengottheit war, die über den Somatrank die menschliche Seele zur Erleuchtung, zum Erleben des inneren spirituellen Lichtes, zur Ausdehnung in die Weltseele, in die Himmelswelten, in die Sphären der Verstorbenen und Götter führte. Im Verlauf des Soma-Opfers wurde König Soma direkt und unmißverständlich als „Varuna" angesprochen [19]. Mehrfach wurden Mitra und Varuna

Trankspenden dargebracht, und Varuna erhielt einen Opferkuchen. Einer der Opferpriester hieß *Maitravaruna*. Sein Name hängt damit zusammen, „daß beim Somaopfer Rezitationen an Mitra und Varuna unter den ihm obliegenden hervortreten; die besondere Beziehung, in der er zu diesen Göttern steht, ist schon in den spärlichen Daten des Rigveda deutlich erkennbar" [12].

Diksha – Die Einweihung. – Die bereits angedeutete Einweihung wurde im alten Indien *Diksha* genannt. Die geäußerte Vermutung, daß sich dieser Name von einer Wurzel für „brennen" herleitet, dürfte zutreffen, denn er bezeichnet einen Zustand innerer, spiritueller Glut, der die Erleuchtung zu begleiten pflegt, was noch zu schildern sein wird. Der Prozeß der Einweihung ging dem geschilderten Somaopfer voraus, das der Einzuweihende von den Priestern ausrichten ließ. Oftmals nahm auch seine Gattin an der Einweihung teil [12].

Für den Einzuweihenden und seine Gattin wurde jeweils eine Opferhütte errichtet. Der Einweihungsprozeß wurde eingeleitet durch ein Opfer an Agni, der dabei für die innere Glut des spirituellen Feuers stand. Die Einzuweihenden wurden geschoren, gebadet und gesalbt, mit einem frischen Gewand bekleidet und mit dem heiligen Gurt umgürtet. Sie ließen sich auf einem schwarzen Antilopenfell nieder und trugen auch Schuhe aus einem solchen Fell. Sie hatten ihr Haupt verhüllt – das Zeichen für die Abwendung von der Sinnenwelt und die Vertiefung in die eigene Seele. In der Zeit der Vorbereitung sollten die Einzuweihenden sich sexueller Aktivität enthalten. Zur nötigen Askese gehörte auch ein mehrtägiges Fasten. Auch der Schlaf war untersagt, die Einzuweihenden mußten die Nacht durchwachen. Während der Vorbereitungszeit sollten sie auf ein weiches Bett verzichten und auf dem Boden schlafen. Natürlich gehörte auch *Schweigen* zur Abwendung von der Außenwelt. Alle diese Verhaltensmaßregeln sollten einen Zustand gesteigerter *Wachheit* erzeugen, der die Voraussetzung für die bewußte Loslösung der Seele vom Körper ist. Waren die Einzuweihenden fähig, ihre Atemfrequenz zu vermindern, so diente ihnen dieses Mittel in noch stärkerem Maße zur Loslösung von der Körperlichkeit.

Durch die genannten Mittel und unterstützt von Somatrank errangen die Einzuweihenden die Erleuchtung, die Erhebung ihrer Seelen in die Lichtwelten des Geistes, wie es die oben angeführten Zeugnisse schildern. Verbunden mit dem inneren Licht war bei der Diksha – und das wurde besonders hervorgehoben – das Erleben *spirituellen Feuers und innerer Glut*. Dieses spirituelle Feuer wurde *Tapas* genannt und spielte eine höchst wichtige Rolle in den Vorstellungen, die sich im alten Indien um die Erleuchtung bildeten. Tapas, das spirituelle Feuer, verleiht zusätzlich zur Erleuchtung spirituelle Macht. Durch Tapas gelangt die Seele des Mysten zur spirituellen Sonnensphäre. Die Rishis, die großen Seher der Vergangenheit und Ahnen der Brahmanengeschlechter, waren aus dem Tapas geboren. Tapas gibt Göttern und Menschen Kraft zu den gewaltigsten Schöpfungen, und so wurde auch *Indra*, der Götterkönig, aus dem Tapas geboren. Mit der Macht des Tapas, des spirituellen Feuers, schuf der Schöpfergott *Prajapati* die Welt. „Einst vollzog er ein solches Tapas, daß aus allen seinen Poren Lichter hervorkamen; das sind die Sterne“ [12]. Vom Einzuweihenden bei der Diksha wird gesagt: „So wendet er sich den Göttern zu. Den Göttern vereinter, abgemühter, an Tapas reicher, legt er die Opferfeuer an.“

Die Diksha wurde von den Wissenden als eine spirituelle *Wiedergeburt* aufgefaßt, und alle Vorgänge hatten eine entsprechende symbolische Bedeutung. „Die Priester,“ sagt ein Brahmana, „machen den wieder zum Embryo, an dem sie die Diksha vollziehen ... Die Dikshahütte ist für den Dikshita der Mutterleib: so lassen sie ihn in den Mutterleib eingehen ... Sie umhüllen ihn mit dem Gewande. Das Gewand ist für den Dikshita das Amnion: so umhüllen sie ihn mit dem Amnion. Man legt darüber ein schwarzes Antilopenfell. Außerhalb vom Amnion ist das Chorion: so umhüllen sie ihn mit dem Chorion. Er ballt beide Fäuste. Mit geballten Fäusten liegt der Embryo darinnen; mit geballten Fäusten wird der Knabe geboren ... Das schwarze Antilopenfell ablegend steigt er zum Avabhrtha-Bad hinab: deshalb werden die Embryonen vom Chorion gelöst geboren. Mit seinem Gewande steigt er hinab: deshalb wird der Knabe mit dem Amnion geboren“ [12].

Die erste Geburt auf der Erde ist für den Menschen die physische Geburt. Die zweite Geburt ist die Geburt der Seele und des Geistes.

Mit der ersten Geburt wird der Mensch ein Bürger der Erde. Mit der zweiten Geburt wird er ein Bewohner der großen Seelen- und Geisteswelt und erringt ebenso wie zuvor auf der Erde ein Heimatrecht im Reich des Himmels. Als Wiedergeborener ist er nun ein Bürger zweier Welten. Die spirituelle Wiedergeburt war und ist das Ziel jeder Einweihung.

Nach der Einweihung, die ihre Krönung durch den Somatrank erhielt, bekräftigten der Opferherr und seine Gattin ihre Erfahrungen während der Erleuchtung: „Wir sind aus der Finsternis, erschauend das herrliche Licht, Gott Surya unter den Göttern, zum herrlichen Lichte gelangt ... Wir haben Soma getrunken, wir sind unsterblich geworden, wir haben das Licht erschaut, wir haben die Götter gefunden!" [19]. Der irdischen Finsternis entronnen und in die Lichtreiche aufgestiegen begegneten die Seelen auf den Höheren Ebenen den Göttern. Dort wurden sie sich ihres unsterblichen Wesens bewußt. Das waren die Früchte der Einweihung, immer und überall.

Wer die im zweiten Band geschilderte Einweihung im antiken Eleusis zur Kenntnis genommen hat, dem werden wahrscheinlich die vielfältigen Übereinstimmungen mit der alten indischen Einweihung auffallen. Die begleitenden Opfer an die Götter, die vorbereitenden asketischen Übungen und Reinigungen, die Verhüllung des Hauptes bei Demeter und Herakles, die Mitwirkung von Einweihungspriestern, die gemeinsame Einweihung von Ehepaaren, der mit Opiaten versetzte Gerstentrank, die Symbolik von neuer Zeugung und Wiedergeburt, der Aufstieg in die Höheren Welten der Ahnen und Götter – alles das beweist die weit verbreitete Praxis der Einweihung in den alten Zeiten, ihre innere Einheit und einen Zusammenhang der griechischen und indischen Mysterien in uralter indogermanischer Zeit. Darüber hinaus bestand aber auch eine Identität der Mysteriengottheiten.

Shiva – Der Gott der Einweihung

Der Gott *Shiva* gehört seit langem im Hinduismus zur höchsten göttlichen Trinität neben Vishnu und Brahma. Er ist die Gottheit, welche die Erleuchtung und den Aufstieg in die Weltseele verleiht und begünstigt. Er ist die Personifizierung der Weltseele, von der die menschliche Seele ein untrennbarer Teil ist, und in die sie durch die Einweihung wieder zurückkehrt. Shiva hat seine Wurzeln in Indien selbst, wie die oben erwähnte Abbildung aus dem dritten vorchristlichen Jahrtausend beweist. Er ist identisch mit dem aus der indischen Frühzeit stammenden Gott *Rudra*. Es herrscht allgemeine Übereinstimmung darüber, daß der in den Veden beschriebene Rudra eine Entsprechung Shivas war und diesem viele charakteristische Züge verliehen hat. Wir beginnen unsere Untersuchung deshalb mit seiner Gestalt. Bereits *Hermann Oldenberg* hat ihn in seinem Werk über die Veden ausführlich dargestellt [12].

Rudra – Die freie Natur. – Rudra besitzt einen stark elementaren Charakter. Er lebt außerhalb jeder Zivilisation, er ist nicht zuständig für die Dörfer und Städte, die Handwerker und sonstigen Berufe, die Träger der weltlichen und geistlichen Herrschaft. Er ist bereits im elementaren Bereich *ein Gott der Freiheit, des freien Lebens in der Natur* außerhalb der Zivilisation.

Rudra – Die Berge. – Die unzugänglichen Berge sind seine und seiner Gattin *Rudrani* Heimat. Deshalb wird er auch „Bergbewohner", „Bergwandler" und „Bergbeschützer" genannt. Dadurch ist er auf Erden ein ferner und dem Himmel naher Gott, und deshalb bahnt er den Menschen auch den Weg aus der Gebundenheit der Zivilisation zur Freiheit und zum Himmel.

Rudra – Wälder und Wildnis. – Ebenso bewohnt er die einsamen Bergwälder und die sonstigen Wälder, die Wildnis, den Dschungel. Dort herrscht dämmriges Halbdunkel, und die Macht der Sonne und des Tageslichtes wird gebrochen – eine Voraussetzung, um das innere Licht zu entdecken. Das Schattenreich der Wälder hält jedoch auch

Ungewißheit und Furcht für die Menschenseelen bereit. Sie müssen ihre innere Gewißheit und ihren Mut zusammennehmen, um sich in ihnen zu bewegen. Nur aus eigener innerer Kraft können sie sich dort orientieren, und leicht können sie sich verlaufen und verloren gehen.

Rudra – Der Jäger. – Die Wildnis ist zugleich die Heimat vieler und auch wilder Tiere. Rudra ist in einem sehr speziellen Sinn der *Herr der Tiere*, vor allem der wilden Tiere. Mit ihnen lebt er in der Wildnis zusammen. Er ist deshalb auch der *Jäger*, der mit Pfeil und Bogen auf die Jagd geht. Zugleich mit den Tieren ist in der Evolution die *Seele* entstanden. Die Gesamtheit der vielen verschiedenen Tierseelen ist zugleich ein Universum vielfältigster Seelenregungen, Begierden und Emotionen. Dieses seelische Universum ist Teil der *Weltseele*. Die Weltseele, wie bereits im zweiten Band beschrieben, ist der Ursprung aller Triebe und Antriebe in der Welt. Als Herr der Tiere ist Rudra zugleich der Herrscher im Bereich der Weltseele und der Ursprung aller existierenden Seelen.

Rudra – Die Schlange. – Mit zwei Tieren ist Rudra speziell verbunden. Er ist zum einen der Herr der *Schlangen* [12]. An einer von Schlangen heimgesuchten Stelle fühlte man die Nähe Rudras, der unter den Schlangen wohnt, und gedachte seiner mit einer auf ihn bezüglichen Formel. Die Schlange verkörpert beide Aspekte des Gottes, den spirituellen und den gefährlichen. Sie steht symbolisch für die Gabe der außersinnlichen Wahrnehmung, wie ausführlich im ersten Band gezeigt und begründet wird. Der sinnenfälligste Ausdruck für diesen Sachverhalt war die Uräusschlange an der Stirn der altägyptischen Götter, Eingeweihten und Herrscher. Durch den Zusammenhang mit der Schlange ist Rudra gekennzeichnet als Verursacher der außersinnlichen Wahrnehmung, des inneren spirituellen Lichtes. Wie in den beiden ersten Bänden erläutert, gehören Seele, Weltseele und die außersinnliche Wahrnehmung, die sich als ein Bilderbewußtsein äußert, kosmisch gesehen in den Bereich des *Mondes*.

Rudra – Der Stier. – Das andere, mit Rudra speziell verbundene Tier ist der *Stier*. „Der du Herrscher über das Vieh bist, Rudra, du Stier, an der Leine wandelnd, tu unserem Vieh keinen Schaden“, ruft man ihn beim Opfer an [12]. Der Stier war bei allen Völkern das Symbol für die Zeugungskraft und deshalb für die Fruchtbarkeit. Und ebenso allgemein hat man die Kräfte der Fortpflanzung dem *Mond* zugeordnet. Der Stier repräsentiert symbolisch die physische Seite der Mondenkräfte, die Fortpflanzung, während die Schlange für ihren geistigen Aspekt, das übersinnliche Bilderbewußtsein, steht.

Rudra – Das Wasser. – Und noch ein drittes Element verband Rudra mit den Mondenkräften – das Wasser. Rudra wohnte auch in den Wassern. Gleichzeitig war er auch der Herr der Wolken, des Regens und der Winde, die den Regen bringen. Ebenso gehörten zu ihm die Tiere des Wassers, die Fische und Delphine. Ebenso wie Schlange und Stier ordneten die alten Völker auch das Wasser, ohne das es kein Wachstum und keine Fruchtbarkeit der Felder gibt, dem Monde zu. Wolken und Regen verbanden sie mit dem Wind, der sie zu ihnen brachte, und so waren die Windgötter, die *Marut*, die Söhne Rudras, und der Wind hieß der Pfeil Rudras.

Rudra – Der Tod. – Obwohl Rudra Regen und Fruchtbarkeit gewährte und Herr der Herden war, blieb dieser Gott den Menschen doch fern und fremd. Zu sehr wurde seine Macht gefürchtet, seine Unberechenbarkeit, sein Zorn. Lichte und dunkle Züge prägten das Bild des todbringenden Jägers. „Preise den ruhmreichen, den jungen auf seinem Thron, dessen Angriff ist wie eines furchtbaren Tieres, den gewaltigen. Erbarme dich des Sängers, Rudra, der dich preist. Laß deine Heerscharen einen anderen als uns niederstrecken. Vorbei an uns fliege Rudras Waffe, vorbei gehe des Ungestümen großer Zorn. Spanne deinen starken Bogen ab für unsere freigebigen Freunde. Gnadenreicher, erbarme dich über Kinder und Kindeskinder!“ – so lautete eine Anrufung an den unberechenbaren Gott [12].

Rudra brachte Krankheiten und Tod für Menschen und Vieh. Der göttliche Jäger, der Tiere und Menschen mit seinem Bogen niederstreckte, war also auch der *Todesgott* und in dieser Funktion der Herr der Seelenwelt, der Gott im Reich der Verstorbenen. Er hatte größte

Ähnlichkeit mit dem im zweiten Band besprochenen griechischen *Dionysos-Zagreus*, dem großen Jäger, der zugleich Herrscher in der Welt der Verstorbenen, der entkörperten Geister war. Diese Identität mit Dionysos werden wir noch ausführlich behandeln. Mit diesem teilte er auch die Wildheit. Wie anfänglich Dionysos gehörte auch Rudra nicht zum Kreis der lichten, erhabenen Götter. Er mied sie, und sie mieden ihn. Fern von Göttern und Menschen lebte Rudra auf Bergeshöhen und in dunklen Wäldern. Auch von den Menschen erhielt er nur die Reste der übriggebliebenen Opfer an die Götter. Am liebsten hielt man sich fern von ihm. Dennoch war der düstere und unheimliche Gott, den man fürchtete, ein fester Bestandteil der Weltordnung.

Rudra – Der Gott der Einweihung. – Nur ganz besondere Menschen konnten es wagen, Rudras Nähe zu suchen. Man mußte mutig und unerschrocken sein, um mit Rudras Hilfe auf Seelenreisen zu gehen, in die Weiten der Weltseele aufzusteigen, die höheren Welten mit den Schwingen der Seele zu durchmessen. Das waren die „langhaarigen Verzückten" *(keshin, muni)*, wie sie von den Veden genannt werden. Sie sind es, „die mit Rudra Gift aus dem Becher trinken", das heißt Pflanzensäfte wie den Somatrank, der ihre Seelen vom Körper loslöst und aufsteigen läßt in die Weiten der Weltseele. „In trunkener Verzückung haben wir der Winde Wagen bestiegen. Nur unseren Leib könnt ihr Sterblichen sehen ... Des Windes Roß, des Sturmgotts Freund, gottgetrieben ist der Verzückte. Die Meere beide bewohnt er, das im Osten ist und das westliche" [12].

Diese Beschreibung schildert die Erhebung der Seele in die unbegrenzten Weiten der Weltseele, was immer und überall als der Flug der Seele, die Seelenreise durch deren spirituellen Regionen erlebt wurde. Das war die eigentliche Gabe des Gottes Rudra an die Menschen, die Erhebung der Seele auf die höheren Ebenen des Seins, das Erleben der Allgegenwart innerhalb des Universalen Bewußtseins. Mit der Erhebung der Seele in die Weltseele ist gleichzeitig die Erleuchtung verbunden, denn die Wahrnehmung im erweiterten Bewußtsein geschieht durch das innere Seelenlicht. Die spirituelle Seite Rudras ist die eines

Mysteriengottes, der Einweihung, Erleuchtung, Erhebung der Seele gewährt, alles das also, was hier in bezug auf den Somatrank geschildert wurde.

Rudra – Der Repräsentant der Weltseele. – Alle hier aufgezählten Eigenschaften Rudras weisen auf die Weltseele hin. Die *Berge* ragen hinauf in den *Himmel*, das Symbol für die Weltseele. Die *Tierwelt* repräsentiert *Seele* und deren Ursprung in der Weltseele. Die *Schlange* ist das weltweit vertretene Symbol für die außersinnliche Wahrnehmung innerhalb der Seelenwelt. Der *Stier* repräsentiert die *Mondenkräfte*, und diese stehen speziell für die Seelenwelt. Auch das *Wasser* hat einen inneren Zusammenhang mit den Mondenkräften. Der *todbringende Gott* ist zugleich der Herrscher in der Welt der abgeschiedenen Seelen, der Seelenwelt. In seiner Funktion als Herrscher im Reich der Seelenwelt ermöglicht Rudra schließlich die Erhebung der Einzelseele in die Große Seele der Welt und damit die Erleuchtung.

Shiva. – Alle Eigenschaften Rudras finden sich auch bei Shiva. Er ist bis zum heutigen Tag der große Gott der Einweihung und Erleuchtung in Indien. Im Laufe der Jahrtausende ist seine Gestalt stark vergeistigt worden. Für die heutigen Inder repräsentiert er das höhere, universale Bewußtsein, das sie sich von ihm erhoffen. Viele Symbole und Geschichten um Shiva erweisen aber auch seine elementaren, naturhaften und kosmischen Bezüge.

Shiva – Die Berge. – Wie Rudra bewohnt Shiva die Berge. Mit seiner Gattin *Parvati* thront er auf dem Berg *Kailasa*, um den sich auch Geschichten ranken. Als seine erste Gattin *Sati* gestorben war, wurde sie als Parvati, Tochter des *Himavat*, des Repräsentanten des Himalaya-Gebirges, wiedergeboren. Auch hier verweisen die Berge auf den Himmel und den Himmelsgott.

Shiva – Der Jäger. – Shiva erscheint auch als Jäger. In dieser Funktion erlegt er zusammen mit dem Prinzen *Arjuna* einen wilden Eber. Jagd findet in der freien Natur, in den Wäldern und der Wildnis statt. Zu Shiva als dem Jäger gehören sein Bogen und sein Speer, der als Dreizack abgebildet wird. Shiva ist darüber hinaus der *himmlische Bogenschütze*, der mit seinen tödlichen Pfeilen die stärksten Dämonen erlegt. Damit ist er eine entscheidende Hilfe für die Götter *Brahma* und *Vishnu*, die sich nur mit seiner Hilfe der ungeheuer mächtigen Dämonen erwehren können. Als Jäger und Bogenschütze ist er zugleich Bringer des Todes, also Totengott, was durch eine umfassende Symbolik bekräftigt wird.

Shiva – Die Schlange. – Die Schlange ist das charakteristische Symbol Shivas, das auf den meisten Abbildungen vertreten ist. Oft ringelt sich eine Schlange um seinen Arm oder Leib. Manchmal ist es eine Kobra, die sich neben ihm aufrichtet. Wie bei Rudra verkörpert sie die spirituelle, aber auch die gefährliche Seite des Gottes. Grundsätzlich symbolisiert die Schlange weltweit die außersinnliche Wahrnehmung, und dadurch ist auch Shiva als der Verleiher eines übersinnlichen Bewußtseins charakterisiert.

Shiva – Der Stier. – Shivas Reittier ist der weiße Stier *Nandi*, der öfters mit ihm zusammen abgebildet wird. Weltweit symbolisiert der Stier die Zeugungskraft, die in der Sicht der alten Menschheit mit dem Mond zusammenhängt. Gleichbedeutend mit dem Stier ist der Phallus.

Shiva – Der Phallus. – Der Phallus *(linga)* ist zum zentralen, fast allgegenwärtigen Symbol Shivas geworden. Der Gott manifestiert sich durch den Phallus und in zahlreichen Skulpturen wohnt er diesem gleichsam inne. Der Phallus ist wie der Stier ein Symbol der Zeugungskraft. Auch er weist eindeutig auf die Mondenkräfte hin. Durch Stier und Phallus – und alle anderen hier beschriebenen Symbole – ist Shiva engstens mit dem griechischen *Dionysos* und dem altägyptischen *Osiris* verbunden. In deren Mysterien hatte der Phallus die geistige Bedeutung einer spirituellen Zeugung und darauf folgenden Wiedergeburt, und das gilt auch für Shiva als Gott der Einweihung.

Shiva – Der Mond. – Shiva wird grundsätzlich mit dem Halbmond im Haar abgebildet. Shiva erscheint dadurch als Herrscher im Reich der Mondensphäre, die auf der Ebene der Natur die Kräfte der Fortpflanzung, auf der spirituellen Ebene die Seelenwelt, das Reich der Seelen und Verstorbenen, die Weltseele repräsentiert. Der Mond faßt dadurch alle anderen hier beschriebenen Symbole zu einer Einheit zusammen.

Shiva – Der Gott der Einweihung. – Durch die mit ihm verbundenen Symbole, Abbildungen und Geschichten ist Shiva als Gott der Einweihung und Erleuchtung gekennzeichnet. Diese Grundfunktion ist jedem Inder bekannt. Zu diesen Symbolen gehört auch die meistens mit ihm abgebildete kleine *Antilope*, die er in einer Hand hält. Sie verweist auf das schwarze Antilopenfell, das, wie oben geschildert, seit alters her bei der Einweihung, der Diksha, benutzt wurde und dabei ein wichtiges Symbol darstellte.

Shiva – Das Dritte Auge. – Oft ist Shiva mit dem Dritten Auge auf der Stirn abgebildet. Es sieht nicht mit dem äußeren Licht der Sonne, sondern mit dem inneren, spirituellen Seelenlicht. Alles was *Gotamo Buddha* schildert, hat er mit dem Stirnauge erkannt, das niemals bei seinen Darstellungen fehlt. Dieses Dritte Auge besaßen, wie im ersten Band geschildert, auch die *Kyklopen* (Rundaugen) im griechischen Mythos. Das Dritte Auge besitzt übernatürliche Kräfte des Lichtes und Feuers, und mit ihm töten Shiva und die Kyklopen feindliche Dämonen. Auch ägyptische Götter und Göttinnen besaßen, wie beschrieben, dieses Organ übersinnlichen Schauens und wandten es im Kampfe gegen die dämonischen Mächte an. Es wurde durch die bekannte *Uräusschlange* an der Stirn der Götter und eingeweihten Pharaonen symbolisiert und ist identisch mit dem *Horusauge*. Die Kyklopen waren die Menschen der Urvergangenheit, welche das Dritte Auge besaßen. Dieses Auge öffnet sich bei der Einweihung, mit seiner Hilfe sieht der Erleuchtete. Durch das Licht der höheren Wahrheit wird alle Dunkelheit und Unwissenheit, welche die Dämonen erzeugen, vernichtet. Alle Mysteriengottheiten verleihen dem Menschen bei der Einweihung dieses übersinnliche Wahrnehmungsorgan, und so auch Shiva.

Shiva – Der meditierende Asket. – Um das Dritte Auge zu öffnen und erleuchtet zu werden, ist lange Askese und Meditation erforderlich. Darauf deutet die gebräuchliche Darstellung Shivas als eines meditierenden Asketen. Durch vielfältige Askese werden die vitalen und sinnlichen Bedürfnisse und die seelischen Emotionen und Triebe reduziert. Die Seele wendet sich vom Körper ab. Sie verläßt den Körper und damit auch die Natur und die Außenwelt. Sie reißt sich von dieser Welt los, um in eine höhere Welt aufzusteigen. Das Niedere in ihr muß sterben. Auch in dieser Beziehung ist Shiva als Gott der Askese ein Gott des Todes, der auf Friedhöfen zu finden und mit Totenschädeln ausgestattet ist. Die Meditation, welche die Askese begleitet, führt zur Versenkung in den dem Menschen innewohnenden Geist, zur Erleuchtung und den Aufstieg in die Welten der Seele und des Geistes. Wie auch die anderen Mysteriengötter verhilft Shiva dem Menschen zur Wiedergeburt, zu einer neuen Existenzform.

Shiva – Kämpfer gegen die dämonischen Mächte. – Shivas Wirken in den Höheren Welten ist sehr stark geprägt durch den Kampf gegen die dämonischen Mächte. Obwohl nach außen nicht so stark hervortretend und überlagert vom vorherrschenden Alleinheitsgedanken enthält die indische Weltanschauung einen stark dualistischen Zug – wie alle alten Mythologien! Immer wieder wird die Weltordnung, aufrechterhalten durch die Macht der höchsten Götter, durch dämonische Mächte in Frage gestellt. In Indien sind diese Dämonen anderer Natur als in Persien, Ägypten und Griechenland. Dort zwingen die dämonischen Götter die Menschen unter das Joch der Materie – *Ahriman* in Persien, *Seth* in Ägypten, *Typhon* in Griechenland. Die indischen Dämonen *(Asuras)* sind kämpfende Götter, welche die Macht um ihrer selbst willen erstreben und sie den Göttern unentwegt streitig machen. Nur mit Hilfe Shivas, der mit den „Pfeilen des Geistes" kämpft, können Brahma und Vishnu der Macht der Asuras Grenzen setzen. Damit wird gesagt, daß die Ordnung der Welt einschließlich der menschlichen nur durch das Wirken des *Geistes* aufrechterhalten werden kann. Der Geist führt Menschen und Götter empor zum höchsten Bewußtsein, zum Absoluten. Nur auf dieser Ebene kann das Gleichgewicht im Kosmos aufrechterhalten werden. Selbst Vishnus Liebe und barmherzige Hilfe und Brahmas Schöpferkraft alleine reichen dazu nicht aus.

Der männlich-weibliche Shiva. – Die vielen unterschiedlichen Eigenschaften Shivas werden zusammengefaßt in einer androgynen, männlich-weiblichen Gestalt *(Ardhanarishvara)*. Die rechte Seite der stehenden Gestalt ist männlich geprägt; mit der rechten Hand hält Shiva den Dreizack. Die linke Hälfte der Gestalt zeigt typisch weibliche Körperformen, und die linke Hand hält einen Spiegel. – Diese männlich-weibliche Polarität kann in der Skulptur auch ausgedrückt werden durch einen Kopf mit drei verschiedenen Gesichtern. Das rechte Antlitz ist männlich geprägt und strahlt Energie aus, während das linke weiblichen Charme besitzt. Das mittlere Antlitz steht über den polaren Kräften und drückt ewige Ruhe aus. Eine besonders schöne Skulptur dieses Typs aus dem 8. nachchristlichen Jahrhundert stammt aus einem Tempel von Elephanta.

Shiva ist also ein Doppelwesen wie auch alle anderen hier besprochenen Mysteriengötter. Sie alle besitzen einen morgendlichen, „männlichen" Aspekt und einen abendlichen, „weiblichen". Auch Shiva rückt damit in die Reihe der Gottheiten des Morgen- und Abendlichts und des Morgen- und Abendsterns. Alle seine anderen Haupteigenschaften stimmen mit denen der anderen Mysteriengötter überein.

Die Einzelseele als Teil Shivas. – Im Laufe vieler Jahrhunderte wurden die Vorstellungen, die man sich von Shiva machte, immer geistiger und universaler. Der sogenannten „Wiedererkennungslehre", die in Kaschmir im 9. nachchristlichen Jahrhundert von *Vasugupta* konzipiert wurde, liegt ein wahrhaft erhabener Gedanke zugrunde. In seiner Schau „ist Shiva das einzig wahre Wesen, der ganze Weltprozeß ist nichts als die Objektivation der Gedanken Gottes: das Ziel des Lebens, die Erlösung, wird dadurch erreicht, daß sich die Einzelseele als Shiva wiedererkennt" [11]. Shiva als Weltseele – und das lehren auch andere Schulen – hat sich in eine Vielheit von Individualseelen aufgespalten. Durch die Wiedererinnerung an dieses Verhältnis und die Wiedererkennung als Teil der Weltseele vereinigen sich die Seelen in der Einweihung wieder mit dem Urgrund, aus dem sie stammen. Dasselbe Verhältnis zwischen Einzelseele und Universalseele (Atman oder Brahman), liegt auch schon den ältesten Anschauungen in den Veden zugrunde: „Das bist du – du selbst bist die Allseele, Brahman!"

Diese große Wahrheit verkündeten auch die altägyptischen und griechischen Mysterien. Nach dem Tode oder durch die Einweihung erkannten die Menschenseelen sich wieder als Teil des *Osiris* und wurden auch als Osiris benannt. Die *Bakchai*, die Mysten des Dionysos, waren schon dem Namen nach ein Teil des *Bakchos-Dionysos*, der durch ihn symbolisierten Weltseele. Was in den anderen Mythologien nur symbolisch ausgedrückt werden konnte, ist bei Shiva zu klarer, heller Erkenntnis geworden: Die Seele ist Teil der Weltseele, die durch den Mysteriengott repräsentiert wird. Damit ist die den Mysterien und der Einweihung zugrunde liegende Idee auf der Ebene des menschlichen Verstandes neu geboren worden. Hiermit wird die weltweite Einheit der Mysterien und der Einweihung offenkundig. Die wesensmäßige Identität der Mysteriengottheiten, die jetzt bereits deutlich geworden ist, wird im folgenden noch genauer hervortreten.

Yoga – Aufstieg durch die sieben Bewußtseinsebenen

Yoga ist der Weg zu einem erleuchteten Bewußtsein. Obwohl Belehrung und Inspiration durch einen Lehrer üblich waren, handelt es sich im wesentlichen um einen Weg der Selbsteinweihung, der auf intensiven eigenen Anstrengungen beruht. Die indische Yogatradition beschreibt detailliert verschiedene Methoden, wie eine Erweiterung des Bewußtseins erreicht werden kann. Sie sind im Laufe des ersten vorchristlichen Jahrtausends systematisch ausgearbeitet und vervollkommnet worden. Das klassische Lehrbuch des Yoga hat *Patanjali* verfaßt, der zwischen dem 2. vorchristlichen und dem 4. nachchristlichen Jahrhundert lebte. Darin sind bereits die wichtigen Prinzipien des Yoga schriftlich niedergelegt worden.

Ziel des Yoga ist die Erkenntnis des wahren Wesens des Menschen, das heißt der spirituellen Dimension in ihm, die Entdeckung seiner wahren, unsterblichen Identität. Wege und Ziele des Yoga unterscheiden sich nicht grundsätzlich vom meditativen Buddha-Weg. Auf beiden Wegen geht es fundamental um die Befreiung des Bewußtseins von der Macht der Sinneseindrücke, von den Zwängen des unaufhörlichen Denken-Müssens und der psychischen Erregungen. Yoga-Meditation strebt die totale Ruhigstellung der genannten Prozesse an. Dadurch wird das Bewußtsein immer wacher und klarer, bis es einen Zustand totaler Wachheit und Bewußtheit erreicht. Dies ist die *Samadhi* genannte Versenkung, in welcher der menschliche Geist eins wird mit dem Weltgeist, mit dem *Atman* und *Brahman*. Auf dieser höchsten Stufe des Bewußtseins erlebt und verwirklicht der Meditierende die All-Einheit der Welt und aller Wesen.

Der Yoga-Weg verlangt seelische und geistige Reinheit. Er kann mit bestimmten Atemübungen verbunden werden. Es gibt verschiedene Methoden der Meditation. So kann über bestimmte Silben, Mantren, Sätze, Symbole oder Bilder meditiert werden. Ebenso kann sich das Bewußtsein im meditativen Zustand auf unzählige Vorgänge und Objekte richten, was zu einer vertieften spirituellen Erkenntnis der Dinge führt. Auf solchen Wegen werden auch okkulte Fähigkeiten und Kräfte erworben. – Hier soll nur der Aufstieg durch die höheren Bewußtseinsebenen geschildert werden, die mit den Stufen bei der Mysterieneinweihung übereinstimmen.

Aufstieg durch die sieben Bewußtseinsebenen. – Der Aufstieg zur göttlichen All-Einheit ist ein langer Prozeß, in dessen Verlauf der Einzuweihende nicht weniger als sieben Stufen des spirituellen Lebens durchschreitet. Diese sieben Ebenen haben im Kosmos ihre Entsprechung in den sieben klassischen Planetensphären. Damit sind nicht die physischen Himmelskörper gemeint, sondern umfassende spirituelle Lebenssphären. Zusammen mit der achten, höchsten Sphäre des Fixsternhimmels bilden sie die Gesamtheit der Weltseele und des Weltgeistes. In der Weltseele wirken zugleich die Planeten- und Sternenkräfte. Nach dem lateinischen Wort *astra* für die Sterne kann man diese Stufen auch als *astrale Ebenen* bezeichnen. Jede Sphäre wird bewohnt von entkörperten Menschenseelen, Geistern und Göttern. Diese Sphären bilden eine hierarchische Stufenordnung. Jede neue Ebene verleiht den Geistern einen weiteren Horizont, umfassenderes Wissen, stärkere Kräfte und verlangt gleichzeitig eine Erweiterung und Verstärkung der eigenen mentalen und moralischen Kräfte.

Es ist ein stufenweiser Prozeß der Vergeistigung, den menschliche und übermenschliche Geister durchmachen. Auf diesem Wege wird der Mensch ein Genosse der höheren spirituellen Wesen, der sogenannten Götter. Diese haben ihren Aufstieg bereits in zurückliegenden Weltaltern unternommen. Das ist der einzige Unterschied zwischen ihnen und uns. Jede menschliche Seele, wenn sie nur will und sich die notwendigen mentalen und moralischen Qualitäten aneignet, kann diesen Aufstieg unternehmen, der sie nach vielen Anstrengungen und Erdenleben zur höchsten Stufe göttlichen Lebens führt.

In keiner anderen Kultur sind diese sieben spirituellen Ebenen bewußter und klarer zum Prozeß und Ziel des spirituellen Lebens erklärt worden als in der indischen. Beschrieben werden sie im zentralen Yoga-System, das unter dem Namen *Kundalini-Yoga* bekannt ist. Aber auch auf allen vorhandenen oder denkbaren Yogawegen bleibt das Durchschreiten dieser sieben Sphären die grundlegende Bedingung jedes spirituellen Aufstiegs, ob man sich anfänglich dessen bewußt ist oder nicht – zu allen Zeiten und an allen Orten, im Osten so gut wie im Westen. Es gibt nur eine Weltseele, und ihre sieben Ebenen sind immer und überall die gleichen. Sie werden auch von denselben Göttern bewohnt, die für alle Völker und Zeiten gleichen Wesens sind, aber jeweils mit anderen Namen benannt und mit anderen Symbolen ausgestattet worden sind.

Die Kenntnis dieser sieben planetarischen Ebenen ist grundlegend und unverzichtbar für das Verständnis des spirituellen Lebens auf der ganzen Welt und zu allen Zeiten. Sie wird uns dazu verhelfen, den Aufstieg der Seelen nach dem Tode und in der Einweihung im alten Ägypten, die Mithras-Mysterien und sogar die Schilderungen europäischer Mystiker und Seher zu verstehen. Mehr als einen kurzen Blick auf die indischen Vorstellungen können wir hier allerdings nicht werfen.

So wie die Planetensphären im Kosmos übereinander angeordnet sind, so auch die ihnen entsprechenden Kräfte im Menschen. Der großen Weltseele entspricht die Seele im Menschen. Sie ist in dieser Hinsicht zugleich der *astrale Organismus*, in dem sich die geistigen Vorgänge der Erleuchtung abspielen. Dieser astrale Organismus des Menschen besitzt ebenso wie die Weltseele sieben übereinander angeordnete Zentren geistiger Wahrnehmung. Die indischen Eingeweihten haben ein solches astrales Organ symbolisch als *Chakra* (Rad) bezeichnet und bildlich in der Form von Blüten mit jeweils einer bestimmten Anzahl von Blütenblättern dargestellt. Sieben solcher Wahrnehmungsorgane liegen im astralen Organismus übereinander. Im langen Prozeß der okkulten Entwicklung werden sie nacheinander aktiviert und verleihen dem Strebenden jeweils ihre spezifischen Fähigkeiten und Kräfte.

Das unterste *Muladhara-Chakra* liegt im Geschlechtsbereich. Wie die Mondensphäre, dem es im Kosmos entspricht, hat es also einen Bezug zu den Mondenkräften, die auf der physischen Ebene die Fortpflanzung ermöglichen. Aus der Mondensphäre herabsteigend verkörpert sich die Seele durch die Geburt in einem neuen Leib, und beim Sterben verläßt sie den Körper wieder in die Mondensphäre aufsteigend. Auf der geistigen Ebene äußern sich die Mondenkräfte in einem Bilderbewußtsein (dessen Überreste wir als Traum- und Phantasiebilder kennen).

Im Bereich des Kreuzbeins liegt das *Svadhishthana-Chakra*, das makrokosmisch der Merkursphäre entspricht. Im Gegensatz zu den Bildern des Mondenbewußtseins beherrschen die Merkurkräfte den Verstand.

In der Nierengegend liegt das *Manipura-Chakra*, das mikrokosmisch die Venussphäre repräsentiert. Die Venuskräfte wirken auf die Entfaltung von Liebe und Harmonie hin. Auch physiologisch haben die Nieren einen Bezug zu den Venuskräften und reagieren bei gestörter Harmonie.

In der Herzgegend liegt das *Anahata-Chakra*, dem makrokosmisch die Sonnensphäre entspricht. Demgemäß wird es mit *zwölf* Blütenblättern versehen abgebildet, denen die Zwölfheit der Sternbilder entspricht, welche die Sonne im Verlaufe eines Jahres am Himmel durchläuft. Mikrokosmisch entspricht der Sonne im Körper das Herz, das Zentrum des Lebensprozesses. Auch ist das Herz zum Schutze von zwölf Rippen umgeben. Den Sonnenkräften entstammt das menschliche Ich, das als Ordnungsinstanz die seelischen Triebe und Emotionen bändigt.

In der Halsgegend liegt das *Vishuddha-Chakra*, dem im Kosmos die Marssphäre entspricht. Den Marskräften entspricht auf der *geistigen* Ebene die Wortbildung als magisch wirkende Energie, wie sie etwa in Mantren wirkt, was durch die Lage in der Kehlkopfregion unterstrichen wird.

Über der Nasenwurzel liegt auf der Stirn das *Ajna-Chakra*. Es ist nichts anderes als das bereits erwähnte Dritte Auge an der Stirn Shivas, Buddhas, der ägyptischen Götter und Eingeweihten. Es entspricht der Jupitersphäre. Die Jupiterkräfte regieren im gesamten Makro- und Mikrokosmos die *Weisheit und Höhere Erkenntnis* im Gegensatz zum kombinierenden Verstand im Bereich der Merkursphäre. In der Jupitersphäre und im Bereich dieses Chakras erhebt sich die Seele in die Regionen des reinen Geistes, in der die Vorbilder aller geschaffenen Dinge als göttliche Gedanken vorhanden sind. Vom antiken Philosophen *Platon* wurde diese Sphäre als die göttliche *Ideenwelt* geschildert, in der sich die Urbilder und Vorbilder aller Dinge finden.

Am Scheitelpunkt des Hauptes schließlich liegt das *Sahasrara-Chakra*. Seine tausend Blütenblätter deuten an, daß die Seele von dort in die Unendlichkeit, in die unermeßlichen Lichtregionen der Sternenwelt aufsteigen kann. Es ist die Saturnsphäre, in den Mithras-Mysterien die Sphäre des Göttlichen Vaters.

Der astrale Organismus des Menschen ist also ein mikrokosmisches Abbild des Makrokosmos. Diese erhabene Konzeption ist im indischen Modell mit unnachahmlicher Konsequenz ausgebildet worden. Der Große Kosmos, die Weltseele, ist zugleich der Große Kosmische Urmensch, der in Indien *Purusha*, in anderen Kulturen anders benannt worden ist. Diesem Großen Kosmischen Menschen entspricht in ihrem Aufbau die menschliche Seele, der astrale Organismus.

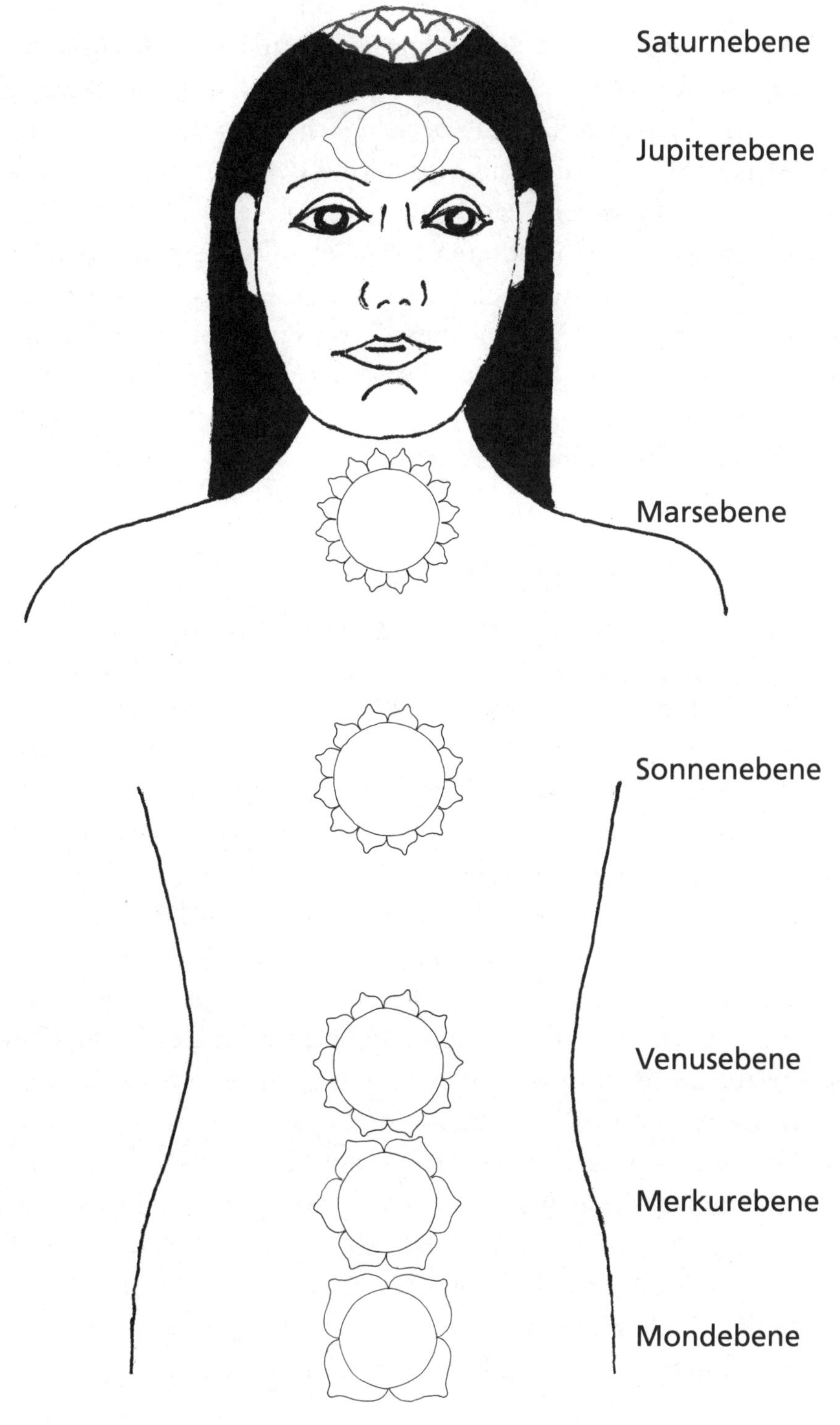
Saturnebene
Jupiterebene
Marsebene
Sonnenebene
Venusebene
Merkurebene
Mondebene

Diese Konzeption der Weltseele wurde von den alten Völkern noch in einem anderen Bilde, dem des *Weltenbaumes*, ausgedrückt. Auch er ist weltweit vertreten. Deshalb bezieht sich das Symbol des Baumes in den Mysterien des Osiris und Mithras auf den Kosmos mit seinen Planetensphären. Die Krone des Baumes symbolisiert den Sternenhimmel. Entsprechend bilden die unteren sechs Bewußtseinsebenen den Stamm und die Äste des Weltenbaumes, das siebte Chakra seine Krone. Am Fuße des mythischen Weltenbaums – wie etwa bei der germanischen Weltesche – haust eine Schlange. Sie ist das mythische Bild für die indische *Kundalini*, symbolisch als „Schlange“ dargestellt, mit deren Kräften übersinnlicher Wahrnehmung der ganze Aufstieg vollbracht wird.

Der Buddha-Weg – Die Ebenen der Meditation

Gotamo Buddha ist der größte Eingeweihte, Seher und spirituelle Lehrer der Menschheit. Alles was er lehrte stammte aus eigenem Erleben. Er hat die höchste Stufe spirituellen Lebens erreicht, die Ebene des absoluten Seins und Bewußtseins. In vollendeter Klarheit hat er die Wege zu diesem Ziel beschrieben. Ebenso groß wie als Meditationslehrer ist er als Lehrer der Ethik und als spiritueller Psychologe. In tief eindringender Analyse deckt er alle in den Tiefen der Seele verborgenen Tendenzen auf, die sich als Hemmnisse auf dem spirituellen Weg erweisen. Gotamo hat die umfassende Einswerdung mit dem Weltgeist vollzogen. Aus dem Erleben dieser Einheit strömt er den Wesen aller Ebenen sein universelles Mitgefühl zu. Seine Lehre ist der Pfad zur Erlösung, genauer gesagt zur Selbsterlösung. Der gesamte spirituelle Aufstieg beruht auf eigenem Streben und eigenen Anstrengungen. Gotamo ist ein Mensch und Lehrer, der im höchsten Grade Vertrauen verdient. Seine Lehre hat überzeitliche und überräumliche Gültigkeit. Seine Methode der Meditation ist – grundsätzlich gesprochen – ganz einfach und voraussetzungslos und kann von allen Menschen, wo und wann sie auch leben mögen, praktiziert werden. Die Ethik, das heißt ganz wesentlich die Arbeit an sich selbst, an der Überwindung des Egos, ist an keinerlei religiöse Doktrin gebunden. Sie ist unmittelbar einsehbar und kann von jedem Menschen praktiziert werden.

Mit dieser Einschätzung sollen die Größe und die Verdienste anderer spiritueller Lehrer nicht im geringsten geschmälert werden. Auch andere haben die höchste Bewußtseinsebene erreicht und waren als Lehrer bedeutend. Es soll hier auch keineswegs das von Gotamo erstrebte Ziel propagiert werden, die Erdeninkarnationen für immer zu beenden. Die Entscheidung über solch einen Schritt von existentieller Tragweite muß jedem Einzelnen überlassen werden. Es genügt, wenn den Menschen diese Möglichkeit vor Augen gestellt wird. Gotamo hatte zahlreiche Inkarnationen als spiritueller Lehrer und Bodhisattva hinter sich. In seinem letzten Erdenleben hat er alle seine geistigen Errungenschaften zusammengefaßt und der Welt mitgeteilt. Damit war seine Mission beendet, und so ergab sich der endgültige Abschied vom Leben auf der Erde als ein sinnvoller Abschluß einer langen Wanderung. Die allermeisten lebenden Menschen sind aber in einer ganz anderen Situation. Sie befinden sich in der Mitte oder gar erst am Anfang ihrer Erdenwanderung. Mit dem Leben auf der Erde würden sie auch auf die Verwirklichung vieler Anlagen verzichten, die sie sich bereits errungen haben. Wie dem auch sei, der Mensch reift immer mehr zu einem freien Wesen heran, und kein anderer Mensch und kein Gott sind befugt, ihm in seine Entschlüsse hineinzureden.

„Gotamo" ist die aus der Pali-Sprache stammende Namensform. In dieser Sprache liegt auch der Pali-Kanon vor, der seine gesammelten Reden enthält. Im folgenden wird aus den von *Karl Eugen Neumann* übersetzten „Reden Gotamo Buddhos" [14] zitiert. „Buddha" ist kein Name, sondern ein Titel und bedeutet „Der Erwachte".

Gotamo wurde etwa Mitte des sechsten vorchristlichen Jahrhunderts als Sohn eines indischen Territorialfürsten geboren. Sein Geburtsort lag im äußersten Norden Indiens. Wenn der junge Gotamo aufblickte, sah er die schneebedeckten Gipfel des Himalaya vor sich.

Ohne Bedauern verzichtete der Prinz auf alle Annehmlichkeiten des Lebens und ging als Asket in die Wälder. Anfänglich ließ er sich von Yogalehrern unterweisen, bis er seine eigene Methode der Meditation entwickelte. Nach Erreichen der höchsten Ebene wurde er ein angesehener Lehrer, dem sich viele Suchende anschlossen. Bis zum heutigen Tage suchen Inder die Gegenwart eines spirituellen Lehrers, um an seiner machtvollen Ausstrahlung teilzuhaben, durch welche die Meditation erleichtert wird. Insofern haben wir es auch bei Gotamo mit einer Art von Einweihung zu tun, die seinen Schülern durch seine bloße Gegenwart zuteil wurde. Grundsätzlich geht es aber um Selbsteinweihung und Selbsterlösung. Einige Schüler, die in der Lage waren, in die Höheren Welten aufzusteigen, werden in den Reden namentlich erwähnt.

Die Lehren Gotamos sind im Westen – wenn überhaupt – nur in äußerst reduzierter Form bekannt. Die westliche Zivilisation ist spirituell so heruntergekommen, daß sie es nicht einmal für nötig hält, sich mit dem größten Weisheitslehrer der Welt bekanntzumachen. Den ganzen spirituellen Reichtum in Gotamos Reden darzustellen würde allein mehrere Bände füllen. Daraus würden sich viele Gemeinsamkeiten mit der Spiritualität anderer Völker ergeben.

Hier soll nur das System der übereinanderliegenden Bewußtseinsebenen dargestellt werden. Der Meditierende steigt von Stufe zu Stufe auf in die unermeßlichen Räume der Weltseele und des Weltgeistes. Gotamo wollte seinen Schülern nur das Endziel klarmachen. Er verzichtete darauf, den Reichtum der einzelnen Sphären zu schildern. Der Leser sollte sich klar darüber sein, daß jede erwähnte Ebene in sich unendlich reich ist und bewohnt wird von entkörperten Menschengeistern und Göttern, mit denen der Meditierende kommunizieren kann. Von solchen Begegnungen ist in den Predigten öfters die Rede. Die von Gotamo genannten Bewußtseinsstufen sind identisch mit den oben geschilderten Ebenen des Kundalini-Yoga und den planetarischen Sphären der Mysterien. Jede Ebene wird mit dem ihr entsprechenden astralen Organ wahrgenommen. Indem die sieben astralen Organe im Verlauf der Entwicklung nacheinander erweckt werden, betritt der Übende die jeweils entsprechende Ebene. Ein solches Organ benennt Gotamo als ein „himmlisches Auge“: „Ich sah mit dem himmlischen Auge, dem geläuterten, über menschliche Grenzen hinausreichenden.“ Mit einem solchen astralen Organ konnte Gotamo auch weit entfernte Vorgänge auf der Erde wahrnehmen. Die folgenden Beschreibungen stammen wörtlich von Gotamo selbst.

Hier ist noch eine Anmerkung zur Grundform der buddhistischen Meditation am Platze. Das fundamentale Problem des Meditierenden besteht in dem Zwang, unaufhörlich denken zu müssen. Die Gedanken stehen nie still, einer kommt nach dem andern und nimmt vorübergehend seinen Platz auf dem Felde des Bewußtseins ein, solange ihn nicht ein anderer verdrängt. Dieser unaufhörliche Gedankenstrom verdeckt die spirituelle Dimension unseres Bewußtseins. Er muß deshalb zum Versiegen gebracht werden. Man stelle sich einen breiten, reißenden Gebirgsbach vor, der unaufhaltsam zu Tale strömt, und versuche ihn zum Halten zu bringen! Nicht minder schwierig ist es, über den Gedankenstrom Herr zu werden. Anhalten kann man ihn nicht, man muß ihn versiegen lassen – aber wie? Es gibt nur eine Kraft, die ihn beherrschen kann – die *Aufmerksamkeit*. Sie wendet sich dem Strom der Gedanken zu. Das Bewußtsein ignoriert aber alle Inhalte der Gedanken und beobachtet mit wacher Aufmerksamkeit nur das Kommen und Gehen der Gedanken. Dabei stellt es fest, daß allmählich weniger Gedanken kommen, und wenn doch, dann in immer längeren Abständen. Mehr nicht? Nein, mehr nicht! Oder doch: *Es muß eine langwährende, totale Gedankenstille eintreten*, damit das Bewußtsein rein und leer wird, bereit für die spirituellen Inhalte, die vor der Tür stehen. Dann – und nur dann! – öffnet sich das Tor, und spirituelles Licht strömt herein. Diesen Zustand innerer Ruhe nennt Gotamo *„die innere Meeresstille, die Einheit des Gemüts, die von Sinnen und Gedenken freie, in der Einigung geborene selige Heiterkeit“*.

Die erste Stufe der inneren Schau. – Sie setzt seelische Abgeklärtheit voraus. Der Übende verwirft Begierden, Haß, Stolz, Unmut und Schwanken. Dadurch entsteht eine innere Heiterkeit des Gemütes.

„Gar fern von Begierden, fern von unheilsamen Dingen weilte ich da in sinnend gedenkender ruhegeborener seliger Heiterkeit, erwirkte die Weihe der ersten Schauung." Gleichzeitig entsteht „ein Gefühl der Unabhängigkeit". Auch schwinden die gewohnten Erinnerungen, wodurch sich das Herz beruhigt. Auf dieser Stufe werden noch *Formen* und Umrisse geistiger Gestalten wahrgenommen.

Die zweite Stufe der inneren Schau. – Nun müssen die Gedanken beruhigt werden. „Nach Vollendung des Sinnens und Gedenkens erwirkt ein Mönch die innere Meeresstille, die Einheit des Gemüts, die von Sinnen und Gedenken freie, in der Einigung geborene selige Heiterkeit, die Weihe der zweiten Schauung." Der Meditierende läßt die gewonnene unbeschwerte Heiterkeit in den Körper strömen. „Diesen Körper da durchdringt und durchtränkt er nun, erfüllt ihn und sättigt ihn mit der in Einigung geborenen seligen Heiterkeit ...".

Die dritte Stufe der inneren Schau. – Nun tritt mit der Einsicht auch Gleichmut und klare Bewußtheit auf: „Der gleichmütig Einsichtige lebt beglückt." Mit der Entstehung von innerem Gleichmut, der wesentlich zur Ablösung von der Welt ist, soll auch das Gefühl der Seligkeit abgedämpft werden. Die auf dieser Stufe erkannten Wahrheiten dürfen den Gleichmut ebenfalls nicht beeinträchtigen.

Die vierte Stufe der inneren Schau. – Nun werden alle Freuden und Leiden, Frohsinn und Trübsinn der Seele abgelegt. Der Übende erreicht durch die Freiheit von Emotionen eine vollkommene seelische Reinheit. Mit dem solcherart geläuterten Gemüt durchdringt er auch den Körper. Die völlige Freiheit von Emotionen führt zu einer entscheidenden „Wendung", zu einer „Aufhebung" und „Abkehr" von weltlichen Verstrickungen. Auf dieser Stufe, welche die Abkehr vom eigenen Ego bewirkt, kann der Übende nun seine vergangenen irdischen Verkörperungen wahrnehmen. „Nach Verwerfung der Freuden und Leiden, nach Vernichtung des einstigen Frohsinns und Trübsinns erwirkte ich die Weihe der leidlosen, freudlosen, gleichmütig einsichtigen vollkommenen Reine, die vierte Schauung. Solchen Gemütes, innig, geläutert, gesäubert, gediegen, schlackengeklärt, geschmeidig, biegsam, fest, unversehrbar, richtete ich mein Gemüt auf die erinnernde Erkenntnis früherer Daseinsformen. Ich erinnerte mich an manche verschiedene frühere Daseinsformen, als wie an ein Leben, dann an zwei Leben, dann an drei Leben ... dann an zehn Leben ... dann an fünfzig Leben ... dann an hundert Leben ... dann an die Zeiten während mancher Weltentstehungen, dann an die Zeiten während mancher Weltvergehungen ... Dort war ich, jenen Namen hatte ich, jener Familie gehörte ich an, das war mein Stand, das mein Beruf, solches Wehe habe ich erfahren, so war mein Lebensende; dort verschieden trat ich anderswo wieder ins Dasein ... So erinnerte ich mich mancher verschiedener früherer Daseinsformen, mit je den eigentümlichen Merkmalen, mit je den eigenartigen Beziehungen. Dieses Wissen hatte ich nun in den ersten Stunden der Nacht als erstes errungen, das Nichtwissen zerteilt, das Wissen gewonnen, das Dunkel zerteilt, das Licht gewonnen, wie ich da ernsten Sinnes, eifrig, unermüdlich weilte."

Ebenso können auf dieser Stufe die Schicksale anderer Menschen wahrgenommen werden. „Solchen Gemütes, innig, geläutert, gesäubert, gediegen, schlackengeklärt, geschmeidig, biegsam, unversehrbar, richtete ich das Gemüt auf die Erkenntnis des Verschwindens-Erscheinens der Wesen. Mit dem himmlischen Auge, dem geläuterten, über menschliche Grenzen hinausreichenden, sah ich die Wesen dahinschwinden und wiedererscheinen, gemeine und edle, schöne und unschöne, glückliche und unglückliche, ich erkannte, wie die Wesen je nach den Taten wiederkehren. Diese lieben Wesen sind freilich in Taten dem Schlechten zugetan, in Worten dem Schlechten zugetan, in Gedanken dem Schlechten zugetan, tadeln Heiliges, achten Verkehrtes, tun Verkehrtes; bei der Auflösung des Leibes, nach dem Tode, gelangen sie auf den Abweg, auf schlechte Fährte, zur Tiefe hinab, in untere Welt. Jene lieben Wesen sind aber in Taten dem Guten zugetan, tadeln nicht Heiliges, achten Rechtes, tun Rechtes; bei der Auflösung des Leibes, nach dem Tode, gelangen sie auf gute Fährte, in selige Welt."

Auf dieser Stufe erkennt der Meditierende auch den Ursprung und die Entstehung des Wahnes, des Daseinsdurstes, der die Wesen immer wieder in das irdische Leben und die damit verbundenen Verstrickungen herabzieht. Indem der Mensch die Ursachen des Wahns erkennt, wird er fähig, diesen in sich aufzuheben. „Also erkennend, also sehend, ward mein Gemüt erlöst vom Wunscheswahn, erlöst vom Daseinswahn."

Die fünfte Stufe der inneren Schau. – Wurde auf der vierten Stufe noch eine Vielheit von Wesen wahrgenommen, so werden auf der fünften Stufe sowohl die Vielheit als auch die Formen aufgehoben. „Nach völliger Überwindung der Formwahrnehmungen, ... Verwerfung der Vielheitwahrnehmungen gewinnt der Mönch in dem Gedanken ‚grenzenlos ist der Raum' das Reich des unbegrenzten Raumes." An die Stelle spiritueller Formen tritt nun eine Sphäre, in der keine einzelnen Formen mehr wahrgenommen werden, sondern die verborgenen, selbst formlosen Ursachen der Formen. An die Stelle von Vielheit tritt Einheit, der einheitliche Urgrund, aus dem die Vielheit der Schöpfung entstanden ist und der allem Seienden zugrunde liegt.

Die sechste Stufe der inneren Schau. – Wenn alle Formen verschwunden sind, gibt es auch keine Grenzen mehr. Das Höhere Bewußtsein wird grenzenlos. „Nach völliger Überwindung der unbegrenzten Raumsphäre gewinnt der Mönch in dem Gedanken ‚grenzenlos ist das Bewußtsein' das Reich des unbegrenzten Bewußtseins." Das sich in unendliche Raumesweiten ausdehnende Bewußtsein stößt an keine Grenzen mehr. Das ist die erlebte Unendlichkeit des Geistes, an welcher der Meditierende nun teilhat. Dadurch gewinnt sein eigenes Wesen den Charakter der Unendlichkeit. Hier befinden wir uns auf der vom Kundalini-Yoga beschriebenen sechsten Ebene des Stirn-Chakras.

Die siebte Stufe der inneren Schau. – Ein unendlicher Raum ohne Formen und Grenzen erscheint einem Bewußtsein, das an Formen und Grenzen gewöhnt ist, wie leer, wie das Nichts. Diese Empfindung des „Nichts" kommt jedoch nur durch die latente Erinnerung an eine Welt der Formen und Begrenzungen zustande. In Wahrheit ist das, was jetzt *scheinbar* als eine Sphäre des Nichtseins erlebt wird, das gerade Gegenteil, nämlich die unendliche Fülle des Seins, aber in einem unoffenbarten Zustand.

Man kann dieses scheinbare Paradox durch den uns bekannten Vorgang der *Abstraktion* verstehen. Es gibt unendlich viele Formen von real existierenden Dreiecken. Im abstrakten Begriff „Dreieck“ gibt es jedoch keine einzelnen Dreiecke mehr, also auch keine Formen und Begrenzungen. *Dadurch ist der Begriff Dreieck vollständig entleert, also leer von einzelnen Dreiecksformen; er enthält nur noch die abstrakten, unsichtbaren Gesetze, die ein Dreieck konstituieren.* Der Begriff Dreieck kann mit Sinnesorganen nicht mehr wahrgenommen werden. Weil er leer und unwahrnehmbar ist, scheint er gar nicht wirklich zu existieren. In der Tat existiert er auch nicht für die Sinneswahrnehmung, sondern nur für das abstrakte Denken.

Ein ähnlicher „spiritueller Abstraktionsvorgang“ liegt nun auch auf der siebten Stufe der inneren Schau vor. „Nach völliger Überwindung der unbegrenzten Bewußtseinssphäre gewinnt der Mönch in dem Gedanken ‚nichts ist da‘ das Reich des Nichtdaseins.“ Der Meditierende befindet sich jetzt auf der siebten kosmischen Ebene, deren Erleben ihm das tausendblättrige Sahasrara-Chakra ermöglicht.

Die achte Stufe der inneren Schau. – So wie ein begrifflich gedachtes Dreieck nicht mehr wahrgenommen werden kann, so gelangt auch der Meditierende auf der nächsthöheren Stufe an eine Grenze der Wahrnehmbarkeit. „Nach völliger Überwindung der Nichtdaseinssphäre erreicht der Mönch die Grenzscheide möglicher Wahrnehmung.“ Dadurch ist die Funktion *aller* Sinne, der physischen sowie der astralen Sinne, aufgehoben. Der Meditierende hat nicht nur den Geltungsbereich der körperlichen Sinnesorgane, sondern auch den der oben geschilderten übersinnlichen Wahrnehmungsorgane überschritten. Der Meditierende ist im Begriff, auch den Bereich des Sahasrara-Chakra zu verlassen.

Die neunte Stufe der inneren Schau. – Wenn der Meditierende nun die Grenze der Wahrnehmbarkeit überschreitet, läßt er jede Form der Wahrnehmung, sowohl die sinnliche als die übersinnliche, hinter sich zurück. Er ist in einem Bereich reiner Geistigkeit angelangt. Damit hat er auch den Gesamtbereich der spirituellen Planetensphären überschritten. „Nach völliger Überwindung der Grenzscheide möglicher Wahrnehmung erreicht der Mönch die Auflösung der Wahrnehmbarkeit, und des weise Sehenden Wahn ist aufgehoben. Ein solcher wird Mönch genannt: geblendet hat er die Natur, spurlos vertilgt ihr Auge, ... entronnen der Weltlichkeit." Wie aus diesen Worten hervorgeht, versteht Gotamo unter der Natur und der Weltlichkeit den Gesamtbereich der Sphären, der mit physischen und spirituellen Organen wahrgenommen werden kann. Der Meditierende hat alle „Augen" der Natur und Übernatur ausgetilgt. Es empfängt ihn eine Daseinssphäre, in der das Wort „Wahrnehmung" keinen Sinn mehr hat. Der menschliche Geist hat damit nicht nur die Bindung an die Erde, sondern auch an das gesamte Planetensystem mit seinen sieben Sphären aufgehoben. Er hat nun auch die siebte planetarische Ebene hinter sich gelassen und wird ein Bürger des gesamten, unendlichen Universums.

Diese Sphäre ist jedoch nicht nur für jede Art sinnenhafter Wahrnehmung, sondern auch für das Denken, insofern es sich in Worten und begrifflichen Unterscheidungen äußert, unzugänglich. Der Meditierende muß deshalb als letzten aller Schritte auch das unterscheidende Denken aufgeben. „Wie, wenn ich also nicht mehr zu denken und nicht mehr zu unterscheiden versuchte? So denkt er eben nicht mehr und unterscheidet nicht mehr ... So kommt ihn Entschwinden an." Dieses Schwinden der Wahrnehmung und des Denkens führt jedoch nicht in die Bewußtlosigkeit, sondern ist ein „Schwinden mit klarem Bewußtsein". In diesem Sinne entsteht nun die höchste Form von Bewußtheit überhaupt, während von dieser Ebene aus gesehen das denkende und wahrnehmende Bewußtsein weniger hell ist und sogar der Verblendung verfallen kann.

Diese Ebene der „Nichtdaseinssphäre", in der es weder Wahrnehmung noch Denken, wohl aber höchste Bewußtheit gibt, ist das berühmte *Nirvana*. An dieses Wort haben sich allerdings so viele falsche Vorstellungen geknüpft, daß einige klarstellende Bemerkungen am Platze sind. Weil das Wort Nirvana mit „Verlöschen" übersetzt wird, glauben viele, daß in diesem Zustand nicht nur Wahrnehmung und

Denken, sondern auch der Geist und das höhere Selbst des Menschen als Ganzes für immer „verlöschen". Das aber ist das genaue Gegenteil des wahren Verhältnisses. Das, was „erlischt", ist das Ego, die begrenzte Persönlichkeit bei Menschen und Göttern. Im tibetischen Buddhismus wird es sehr klar definiert: Nirvana ist „das Ausblasen der Flamme egoistischer Selbstsucht".

Das Wort „Selbstbezogenheit" ist in diesem Zusammenhang noch aussagekräftiger. Alle Menschen und Götter beziehen sich „auf sich selbst". Bei den Dämonen und gefallen Menschen ist diese Selbstbezogenheit so stark, daß sie das betreffende Wesen ganz vom höheren Bewußtsein abtrennt. Auf der Ebene des Nirvana wird diese Selbstbezogenheit völlig aufgehoben, nachdem sie bereits auf den vorangehenden Stufen stetig vermindert worden ist. Die Wesen haben nun kein Bedürfnis mehr, sich von anderen zu unterscheiden, da sie sich im Zustand der All-Einheit befinden. Wort und Begriff „Nirvana" beziehen sich also überhaupt nicht auf die *Sphäre*, die der Meditierende betritt, und auch nicht auf seinen Geist oder sein Höheres Selbst, sondern auf ein niederes Prinzip, das begrenzte Ego, dem es bestimmt ist, nun endgültig zu „verlöschen". Weder über das Wesen dieser Sphäre noch über den Geist des Menschen macht das Wort „Nirvana" eine Aussage. Diese Unterscheidung ist von fundamentaler Bedeutung für ein richtiges Verständnis dieser höchsten Sphäre.

Jedem wird klar sein, daß wir uns hier in einer Sphäre befinden, in der das unterscheidende, an Worte gebundene Denken keine Gültigkeit mehr hat. In *Worten* können wir nicht ausdrücken, ob und inwieweit noch *individuelle Wesen*, die vormals Menschen oder Götter waren, in dieser Sphäre existieren oder existieren können. Ganz anders aber sieht es aus, wenn Wesen, die das Nirvana erreicht haben, sich offenbaren, auf andere Ebenen herabsteigen und so dem übersinnlichen Schauen wahrnehmbar werden. Das nämlich ist durchaus der Fall, und dafür bietet gerade der tibetische Buddhismus eindeutige und glänzende Beweise. Dort offenbaren sich nämlich verschiedene „Erwachte" (Buddhas) anderen Wesen und auch den Verstorbenen. Sie werden dadurch dem „Himmlischen Auge“ des Menschen sichtbar. Zugleich sind sie als Helfer aller Seelen aktiv. Sie können also kaum ganz „entschwunden“ sein. Sie existieren weiter als besondere Aspekte des Ewigen und All-Einen und können auf den unteren Ebenen wahrgenommen und angesprochen werden. Gotamo spricht ausdrücklich von „Wesen, die das Reich des Nichtdaseins erlangen“. Also existieren sie noch als „Wesen“, die sich von anderen Wesen auf den unter ihnen liegenden Ebenen unterscheiden!

Die hier beschriebene Sphäre ist mit Recht das „Absolute“ genannt worden. „Absolut“ bedeutet, aus dem Lateinischen stammend, wörtlich „losgelöst“ und ist deshalb eine sehr treffende Bezeichnung für das, worum es hier geht. Der Geist von Menschen und Göttern löst sich vom geoffenbarten Dasein und geht ein in die Sphäre eines jenseits der Schöpfung liegenden Seins, in dem es keine Formen, Grenzen und kein Unterschiedensein mehr gibt. Dieses andere Sein ist seinem Wesen nach zugleich *Bewußtsein*. Um das Wesen dieses Seins dem menschlichen Verstehen näher zu bringen, seien hier einige Überlegungen angefügt!

Jeder, auch der einfachste Mensch, kennt ein auf Erden konkret existierendes Realsymbol des Absoluten. Es ist der *Samenzustand* der Pflanzen, Tiere und Menschen. Im Samen ist die gesamte Gestalt eines Lebewesens anwesend, aber *in unsichtbarer Form*. Die Gestalt ist mit dem Samen verbunden, aber auf eine unwahrnehmbare Art. Ist das Getreidekorn der Getreidehalm mit Ähre? Ja und nein! Es enthält zwar alle *Gesetze und Voraussetzungen*, daß aus ihm die reale, wahrnehmbare Pflanze entstehen kann. Aber es ist nicht die entwickelte Gestalt der Pflanze. Das Getreidekorn *ist* die ganze Pflanze und *ist sie nicht!* Das gilt für die Samen aller auf Erden existierender Wesen. Der Samenzustand ist deshalb ein real existierendes Symbol für das höchste Sein und Bewußtsein, *das zugleich ist und nicht ist*. Dieses Sein *ist*, insofern es die Gesetze und Voraussetzungen alles Existierenden enthält, und es *ist nicht*, weil es im Unsichtbaren und jenseits von Offenbarung und Schöpfung verharrt. Mit philosophischen Begriffen ausgedrückt kann man sagen: Das hier beschriebene absolute Sein-Bewußtsein befindet sich im Zustand der *Potentialität*, es ist potentielles Sein und enthält alle unzähligen *Möglichkeiten* von Sein. Erst durch seine Offenbarung, die sich durch die Schöpfung vollzieht, tritt das potentielle Sein in den Zustand der *Aktualität*, des aktuellen, „wirklichen" Seins. Und so existiert im Samen ein Wesen *potentiell*, in der ausgewachsenen Form *aktuell*.

Das Absolute hat uns auf Erden mit dem Samenzustand ein Gleichnis seiner selbst gegeben! Jedem Menschen ist es bekannt. Wir können diese Gleichnisse als Samen und Körner in die Hand nehmen. Wir bedienen uns ihrer, indem wir selbst neue Wesen schaffen. Wir leben von ihnen, indem sie uns als Nahrung dienen, sie sind „unser täglich Brot". Allüberall sind wir konfrontiert mit dem Unsichtbaren, aus dem das Sichtbare entsteht. Alles ist ein Gleichnis von etwas Höherem.

Die im Yoga und Buddhismus beschriebene siebte astrale Ebene ist planetarisch die *Saturnsphäre*. In ihr vollzieht sich, so wie Gotamo es beschreibt, der Übergang vom wahrnehmbaren Sein zum unwahrnehmbaren, vom Sichtbaren zum Unsichtbaren, vom geoffenbarten Sein zum ungeoffenbarten, verborgenen Sein. Von dieser Sphäre aus zieht sich die Schöpfung von ihrer Offenbarung wieder zurück in den Zustand der Latenz, der Nichtoffenbarung, der Potentialität. Aber sie ist dort nicht ärmer – im Gegenteil! Alle unendlichen *Möglichkeiten* zu immer neuen Schöpfungen sind im potentiellen, seit Ewigkeiten vorhandenen Sein-Bewußtsein anwesend. Niemals kann es erschöpft werden. In immer neuen Schöpfungen offenbart es nur Teile von sich selbst. Es ist unendlich, unerschöpflich.

Auch auf Erden und in der Natur führen die Saturnkräfte den Samenzustand herbei und lassen alle Wesen in die Unsichtbarkeit verschwinden.

Umgekehrt geschieht in der Saturnsphäre aber auch der Übergang vom ungeoffenbarten zum geoffenbarten Sein, vom potentiellen Sein zum aktuellen Sein. Dort liegt der Anfang jeder Schöpfung. Saturn als Göttliches Wesen ist der eigentliche Schöpfer der Welt. Er ist der Vater der Welt, was in den Mithras-Mysterien auch ausgesprochen wurde.

Die hier besprochenen sieben planetarischen Ebenen werden von Gotamo auch noch auf eine andere Art beschrieben, nämlich als die Bereiche verschiedener Götterklassen, die mit den oben beschriebenen Ebenen identisch sind. In diesem Zusammenhang nennt er sie „die sieben Stätten des Bewußtseins". In der ersten Bewußtseinsstätte befinden sich menschliche, himmlische und dämonische Geister; in der zweiten „Götter brahmanischer Kreise auf ihrem ersten Grade"; in der dritten „die Leuchtenden Götter"; in der vierten „die Strahlenden Götter"; in der fünften „Wesen, die ... das Reich des unbegrenzten Raums erlangen"; in der sechsten „Wesen, die ... das Reich des unbegrenzten Bewußtseins erlangen"; in der siebten Bewußtseinsstätte schließlich gibt es „Wesen, die ... das Reich des Nichtdaseins erlangen". Diese letztere Klassifizierung ist besonders interessant, da Gotamo hier eindeutig von „Wesen", das heißt von *individuellen Geistwesen* spricht, die in der Nirvana-Sphäre existieren. Im Verlaufe des von Gotamo geschilderten stufenweisen Aufstiegs durch die Sphären wird der Mensch ein Genosse der dort weilenden Götter.

Auch auf den drei unteren Sphären, die in der ersten Schilderung ganz blaß und inhaltsleer erscheinen, ist also ein reiches spirituelles Leben vorhanden, das die Begegnung mit vielen anderen Wesen einschließt. Gotamo hat dieses unermeßlich reiche Leben in den spirituellen Sphären absichtlich nicht geschildert, da ihm ausschließlich an der totalen „Befreiung" von allen diesen Sphären lag. Dadurch hat er allerdings seine Anhängerschaft begrenzt und die Verbreitung seiner Erkenntnisse in Indien behindert. Denn die Menschen wollen vor allem von einem für sie faßbaren Glück hören.

Nur hin und wieder hören wir von seinen Begegnungen mit Göttern, die in der Form von Diskussionen verlaufen. Auch seine fortgeschrittenen Schüler konnten in die Sphären der Götter aufsteigen und mit diesen kommunizieren, was in den buddhistischen Texten auch beschrieben wird. Insgesamt werden von Gotamo zahlreiche verschiedene Götterklassen benannt, die sich auf die sieben planetarischen Ebenen verteilen. Da gibt es die 33 von *Indra* angeführten Götter, die „seligen Götter" (Merkursphäre?), „die Leuchtenden Götter" (Venussphäre), „die Götter der unbeschränkten Freude" (Venussphäre?), „die Strahlenden Götter" (Sonnensphäre), „die Götter der Brahma-Welt (Sonnensphäre), „die Gewaltigen Götter" (Marssphäre?), „Raumunendlichkeit genießende Götter" (Marssphäre), „Bewußtseinsunendlichkeit genießende Götter" (Jupitersphäre), „Erhabene Götter" (Jupitersphäre?), „Nichtdasein genießende Götter" (Saturnsphäre), und jenseits des Planetensystems „weder Wahrnehmung noch Nichtwahrnehmung genießende Götter". Auf allen Ebenen bis zur höchsten Nirvana-Ebene treffen wir also individuelle Geistwesen an.

Bevor Gotamo zu seiner letzten Verkörperung auf die Erde hinabstieg, weilte er auf der zweithöchsten Ebene, im *Tushitahimmel*. In seiner letzten irdischen Inkarnation konnte er dann den direkten Aufstieg in die höchsten, überhimmlischen Regionen vollbringen, von denen er nicht mehr auf die Erde zurückkehrt.

Neben den Göttern wird die Spirituelle Welt aber auch von unzähligen in der Natur tätigen Intelligenzen bevölkert, den sogenannten Elementarwesen. Auch diese werden von den Eingeweihten mit dem „Himmlischen Auge" wahrgenommen. Diese Wesen suchen ebenfalls auf ihre Art Aufstieg und Erlösung. Und so sammeln sich denn bei einer Predigt Gotamos unzählige Götter und Geister um den erleuchteten *Menschen*, von dem allein sie die Wege zur endgültigen Erlösung erfahren können. Da erstrahlen zahlreiche Geister „in lichtem Glanz". Da kommen „Berggeister ... Himmelsboten ... Wassergeister ... Schlangengeister ... Meerjungfern ... Elben ... Nixen ... Götter der Elemente ... der Mondgeist ... der Sonnengeist ... Planetengötter". Alle sammeln sich um den Erhabenen, der die höchste Stufe des Universalen Bewußtseins erlangt hat – ein auf diesem Planeten überaus seltenes Ereignis! Hier, *nur hier* können sie selbst die Unendlichkeit in der Gestalt eines irdischen Wesens erblicken. Dieser Meister, der die höchste Weisheit erlangt hat, ist der Freund aller Wesen und niemandes Feind. Vielleicht werden er und seine Vorgänger und Nachfolger dereinst alle Wesen im

Universum erlösen. Diese Hoffnung nehmen die um ihn versammelten Geister mit auf den Weg.

Wer die hier geschilderten Wege des spirituellen Aufstiegs im Bewußtsein nachvollzieht wird verstehen, daß alle Einweihungswege und Mysterien von der Vergöttlichung des Menschen sprechen. Von Stufe zu Stufe weiterschreitend verwandelt der Mensch seine niedere Natur. Er befreit sich von allen Beschränkungen, die ihm Leib, Leben, Seele und sein mentales Wesen auferlegen. Schließlich verwandelt sich sogar sein physischer Leib in Licht, was von Gotamo berichtet wird. Dieser Weg führt zu einer totalen Befreiung des Menschen und auf den höchsten Stufen sogar zur Unabhängigkeit von den Kosmischen Mächten und den Göttern. Der Mensch wird eins mit dem Urgrund des Seins, aus dem die Götter ihr Dasein und ihre Kräfte beziehen. Die Götter selbst können diese Ebene nur im Laufe vieler Äonen erreichen. Allein auf der Erde ist *ein unmittelbarer Aufstieg* in die Sphäre des Absoluten möglich. In dieser Erkenntnis besteht einer der wichtigsten Grundsätze des Spiritualismus.

Oft hört man den Satz, der Buddhismus sei „eine Religion ohne Götter“ oder ohne Gott. Das ist einerseits völlig falsch, aber in einem anderen Sinne wiederum zutreffend. Buddhas Lehre spricht – der spirituellen Wirklichkeit entsprechend – von unzähligen Göttern; in ihr gibt es sogar weit mehr Götter als im Hinduismus. Auch der zentrale indische Schöpfergott *Brahma* existiert und pflegt mit Gotamo tiefsinnige Unterredungen. Auf der anderen Seite verlieren diese Götter erheblich an Bedeutung. Im Grunde bilden sie einen Teil der Weltvergangenheit. Die Zukunft gehört nun mehr und mehr den erleuchteten Menschen. Die menschlichen Eingeweihten können sich grundsätzlich weit über die Götterwelten erheben. Gotamo hat eine Stufe des spirituellen Lebens erreicht, die drei Ebenen über derjenigen des Gottes Brahma liegt, und der Erwachte erinnert den Gott in einer Unterredung an dieses Verhältnis. Buddhas Lehre definiert das Verhältnis von Mensch und Gott völlig neu. Sie bedeutet eine Emanzipation des Menschen auf höchster Ebene. Er überschreitet die Grenzen der Erde und des gesamten Planetensystems und wird ein Bürger des unendlichen Universums.

Dadurch gewinnt der Mensch eine höchste Würde im Weltganzen – eine Würde, die ihm von den Religionen vorenthalten wird. Der Mensch ist das einzige Wesen im Universum, das sich selbst schafft, nämlich sein Höheres Selbst. Dieser Würde steht die Verantwortung für sich selbst gegenüber. Der Mensch muß sich selbst voranbringen, nichts und niemand kann ihm diese Aufgabe abnehmen. Die Würde erhält nur der, welcher sich der Verantwortung stellt.

Eine dritte Gabe erhält der Mensch als Geschenk – die Gewißheit, daß gemäß den Schicksalsgesetzen alle Anstrengungen im Laufe seiner Erdenleben und im Leben nach dem Tode Früchte tragen werden. Die allerhöchste Errungenschaft aber besteht in der Bereitschaft, an der Erlösung aller Menschen mitzuwirken. Diese Bereitschaft kommt im Bodhisattva-Gelöbnis des späteren Buddhismus zum Ausdruck. Mit ihm verzichtet ein Strebender freiwillig auf seine eigene baldige Erlösung und nimmt alle Mühen auf sich, um in künftigen Erdenleben anderen Wesen zur Erlösung zu verhelfen. Darin besteht das selbstloseste und höchste aller menschlichen Ideale.

Als erster Mensch hat Gotamo die Mysterien öffentlich gemacht. Etwas Ungeheures, für die orientalischen und europäischen Eingeweihten Undenkbares war geschehen. Jeder Mensch konnte nun unabhängig von Geschlecht, Stand und Nationalität den Aufstieg ins Licht unternehmen. Mit allem dazu nötigen Wissen war er von diesem Meister ausgestattet worden. Mit den Worten „ich übergebe euch ein ewiges Besitztum" hatte er sich von seinen Jüngern verabschiedet. Im Laufe von zweieinhalb Jahrtausenden haben hunderte Millionen Menschen diese Botschaft gehört. In späteren Erdenleben werden für viele von ihnen die Früchte zutage treten. Das war die größte Tat, die ein Mensch auf Erden vollbracht hat. Gotamo hat den Absturz der Menschheit im Prinzip rückgängig gemacht und den Seelen einen Ausweg aus den Schluchten der Dunkelheit und des Vergessens gewiesen.

Gotamo der Erwachte war ein Mensch von höchster Integrität und

Glaubwürdigkeit. Seine Person und Lehre sind ein lebender Beweis für die Wahrheit und Wirklichkeit der Einweihung und der weltweiten Mysterien.

Tibet – Die Seele in den Jenseitswelten

Bereits lange vor der Ausbreitung des Buddhismus in Tibet gab es dort elementare Formen der Bewußtseinserweiterung, wie sie im nördlichen Asien auch bei den Schamanen verbreitet waren. Hier sollen nur außersinnliche Erfahrungen aus der buddhistischen Sphäre geschildert werden. Eine hervorragende Quelle dafür ist das „Tibetanische Totenbuch“ [15]. Die tibetischen Priester, die *Lamas*, hatten aus ihrer Einweihung und eigenen meditativen Erfahrungen eine intime Kenntnis der Vorgänge beim sogenannten Sterben, bei dem sich die Seele vom Körper löst. Sie konnten die Erfahrungen der „verstorbenen“, aber in der Seelenwelt höchst lebendigen Seelen auf übersinnlichem Wege verfolgen und haben sie schriftlich im „Totenbuch“ festgehalten. Diese Erfahrungen unterscheiden sich grundsätzlich nicht von den Erlebnissen, welche die Seele bei der Einweihung und Erleuchtung hat. Deshalb sind diese außergewöhnlichen Beschreibungen für das Verständnis der Einweihung höchst instruktiv. Die Begleitung einer verstorbenen Seele in der Seelenwelt und deren Erlebnisse sind in Tibet und im Alten Ägypten bis in Einzelheiten völlig identisch.

Zunächst erlebt die Seele das Verlassen des Körpers, was auch bei der Einweihung partiell geschieht. „Wenn dein Bewußtseinsprinzip (aus dem Körper) austritt, sagt es zu sich selbst: ‚Bin ich tot oder bin ich nicht tot?‘ Es kann es nicht bestimmen. Es sieht seine Verwandten und Angehörigen, wie es zuvor gewöhnt war, sie zu sehen. Es hört sogar das Wehklagen“ [15]. Hier muß ergänzt werden, daß es sich dabei nicht um physisches Sehen handelt, sondern um psychisches Sehen mit Hilfe der oben geschilderten übersinnlichen Wahrnehmungsorgane.

Die Seele erlebt sich jetzt als einen „Gedankenkörper“, als von der

Körperlichkeit abgelöstes reines Bewußtsein, als das Prinzip des Wissens, als ein „Wisser". In diesem geistigen „Körper" sind auch die „Neigungen" des vergangenen Lebens noch anwesend, die seine weiteren Erfahrungen in der Seelenwelt wesentlich bestimmen. Diese geistige Gestalt ist „nicht ein Körper von grobem Stoff, so daß du jetzt die Macht hast, durch jede Felsmasse, Hügel, Felsblöcke, Erde, Häuser und selbst durch den Berg Meru ohne Hindernisse einfach hindurchzugehen" [15]. Da die Seele ein Teil der unendlichen Weltseele ist, besitzt sie auch Allgegenwart. „Du bist fähig, in einem Augenblick die vier Kontinente rund um den Berg Meru zu durchschreiten. Oder du kannst unverzüglich an jedwedem Platz erscheinen, wo du auch wünschest. Es liegt in deiner Macht, innerhalb der Zeit dort zu erscheinen, die ein Mensch braucht, um sich zu bücken oder seine Hand auszustrecken" [15]. Die Seelengestalt ist nicht körperlicher Natur und kann deshalb nicht verletzt werden. „Da der Körper, den du jetzt besitzt, ein geistiger Körper aus Neigungen ist, kann er, auch wenn er geschlagen und (in Stücke) gehauen wird, doch nicht sterben" [15]. Mit diesem Satz wird auf Erlebnisse und Leiden während der Reinigungsphase der Seele angespielt.

Die Seelengestalt oder der „Gedankenleib" ist mit der Fähigkeit vielfältiger Wahrnehmungen ausgestattet, die ihm die oben geschilderten Wahrnehmungsorgane vermitteln. Alle Erscheinungen spiritueller Wesen und alle übersinnlichen Symbole und Vorgänge sieht er nun mit dem „Himmlischen Auge". Dasselbe gilt für das übersinnliche Schauen in der Meditation und bei der Erleuchtung. Ebenso sehen die Götter mit diesen „Himmlischen Augen". Die Wahrnehmung der großen Eingeweihten und Bodhisattvas reicht bis weit in ihre eigene und die Weltvergangenheit, viele Weltalter zurück bis zum Urbeginn der Schöpfung. „Ausgestattet mit allen Sinnesfähigkeiten und der Macht zu ungehinderter Bewegung bedeutet, daß, obgleich du während des Lebens blind, taub oder lahm gewesen bist, trotzdem deine Augen auf dieser Nach-Tod-Ebene Formen sehen und deine Ohren Töne hören und alle deine anderen Sinnesorgane ungeschwächt und sehr scharf und vollständig sein werden" [15]. Bereits im Leben besaß dieser „Wunschkörper" viele Wünsche sinnlicher Natur. Im leibbefreiten Leben äußern sich seine Wünsche nun im Ausleben ungehinderter Bewegung und in der Wahrnehmung der unermeßlichen Wunder und Schönheiten der Seelen- und Geisteswelt.

Mit dem „Himmlischen Auge" werden auch die vielfältigen Lichterscheinungen der Spirituellen Welt erblickt. „O Edelgeborener, als sich dein Körper und Geist trennten, mußt du einen Schimmer der Reinen Wahrheit erfahren haben, sanft, sprühend, hell, blendend, wunderbar und strahlend, ehrfurchterregend, anzusehen wie eine Fata Morgana, die über eine Landschaft im Frühling in einem ununterbrochenen Strom von Vibrationen dahinzieht" [15]. Bei der Trennung der Seele vom Leibe tritt sie sowohl beim Sterben als auch bei der Einweihung ein in eine Lichtwelt unermeßlichen Ausmaßes. Die wahrgenommenen Lichter und Farben strömen aus von den vergöttlichten Ur-Buddhas und Bodhisattvas, die eine kosmische Existenz besitzen. In Tibet werden fünf höchste Buddhas, die in der Meditation erlebten Dhyani Buddhas, mit Namen genannt und verehrt. Sie herrschen in ihren jeweiligen Reichen, die nach den vier Himmelsrichtungen verteilt sind, und besitzen unterschiedliche Formen der Weisheit: *Vajra-Sattva, Ratna-Sambhava, Amitabha, Amogha-Siddhi.* Zusammengefaßt sind ihre Kräfte in dem fünften, mittleren Buddha *Vairočana.* Die Erscheinungen der fünf Ur-Buddhas im erleuchteten Bewußtsein sind an Erhabenheit nicht mehr zu übertreffen. „Auf jenem Strahlungspfad scheinen herrliche Sternenwelten des Lichtes, blau an Farbe, Strahlen aussendend, die *Dharma-Datu*-Weisheit (selber) und jede sieht wie ein umgestülpter Türkiskelch aus, umgeben von gleichen Sternenwelten kleinerer Größe, herrlich und blendend, leuchtend und durchsichtig, und jede ist herrlicher gemacht mit fünf noch kleineren (Satelliten-)Sternenwelten, die mit fünfsternigen Lichtpunkten gleicher Natur umpunktet sind ..." [15].

Die fünf großen Buddhas, jeweils begleitet von zwei Bodhisattvas, erfüllen das Universum mit ihrem Licht und erleuchten alle Wesen, die sich ihnen nicht verschließen. „Aus dem Herzen *Vajra-Sattvas* scheint auf dich das weiße Licht der Spiegelgleichen Weisheit, weiß und durchsichtig, glorreich und blendend ... Aus dem Herzen *Ratna-Sambhavas* scheint auf dich der gelbe Lichtpfad der Weisheit der Gleichheit ... Aus dem Herzen *Amitabhas* scheint auf dich der durchsichtige hellrote Lichtpfad der Unterscheidenden Weisheit" [15]. „Die Urform der Gesamtheit des Wollens, die als das grüne Licht Alles Wirkender Weisheit scheint, blendend grün, durchsichtig und leuchtend, herrlich und schreckenerregend, geschmückt mit Sternenwelten, die von Satelliten-Strahlungssternenwelten umgeben sind, die aus dem Herzen des Göttlichen Vater-Mutter *Amogha-Siddhi* kommen, grün an Farbe, werden dein Herz treffen, (so wunderbar hell), daß du sie kaum anzusehen vermagst. Fürchte es nicht" [15]. „Das blaue Licht ist die Gesamtheit des in seinen Urzustand aufgelösten Stoffes. Die Weisheit des Dharma-Datu, blau an Farbe, leuchtend, durchsichtig, wunderbar, blendend, bricht aus dem Herzen *Vairotschanas* als Vater-Mutter hervor und trifft dich mit einem so blendenden Licht, daß du es kaum anzusehen vermagst" [15].

In der Spirituellen Welt erschaut die Seele diese fünf großen Buddhas mitsamt ihrem Gefolge von Bodhisattvas und erkennt ihre jeweiligen Eigenschaften und Aufgaben, welche durch die unterschiedlichen Farben symbolisiert werden. Ebenso erlebt sie die verschiedensten Götter und Dämonen. Alle diese übermenschlichen Wesen werden im Totenbuch beschrieben und erklärt. Sie gehören den verschiedenen Astralebenen an, die oben erwähnt wurden.

Bereits entwickelte Menschenseelen begeben sich auf die höheren Ebenen und leben dort als vergöttlichte Wesen mit den Göttern *(deva)* zusammen. Diese bewohnen die „heiligen Paradiesesreiche". Seelen, die sich schon im Erdenleben moralisch und spirituell vervollkommnet haben, „werden in die reinen Paradiesesreiche durch die Helden und Heldinnen und die Wissenshalter geführt" [15]. Die Seele erlebt auch die das ganze Universum durchdringende Sphärenharmonie. Diese Tonschwingungen werden mit kosmischen Instrumenten verglichen, „die (mit Musik) die ganzen Weltensysteme füllen und sie zum Vibrieren, zum Beben und Zittern bringen mit Tönen, die so mächtig sind, daß sie einem das Hirn betäuben ..." [15].

Der Geist kann aufsteigen in eine Welt, die symbolisch das „dichtgepackte Reich" genannt wird. Es enthält in essentieller Form die geistigen Samen aller Dinge und Kräfte im Universum. Es ist die Welt der göttlichen Urbilder und Vorbilder aller Dinge, die der antike Weise *Platon* eingehend beschrieben hat. Auf dieser Ebene gibt es kein „Abwärts" mehr, von dort ist der Zugang zur höchsten Ebene, die symbolisch *Nirvana* genannt wird, möglich.

Diese höchste Ebene kündigt sich an durch das „Klare Licht ... worin alle Dinge wie der leere wolkenlose Himmel sind und der nackte fleckenlose Intellekt wie ein durchsichtiges Vakuum ohne Umkreis oder Mittelpunkt" [15]. In diesem klaren Urlicht kann und soll der menschliche Geist sich selbst, sein eigenes Wesen erkennen. Dann wird er eins mit „dem Göttlichen Körper der Wahrheit, dem Unbegreiflichen, Unbegrenzten Licht" [15]. Dieses höchste Bewußtsein enthält zwar keine Formen mehr, ist jedoch keineswegs das Nichts. „Dein eigener Intellekt, der jetzt Leere ist, jedoch nicht als Leere des Nichts zu betrachten ist, sondern als Intellekt an sich, unbehindert, leuchtend, erregend und glückselig, ist das wahre Bewußtsein, der Allgute Buddha" [15]. Mit diesem höchsten Seinszustand wird das menschliche Bewußtsein, das ursprünglich aus ihm stammt, wieder eins. „Dein eigenes Bewußtsein, leuchtend, leer und untrennbar von dem Großen Strahlungskörper, hat weder Geburt noch Tod und ist das Unveränderliche Licht – Buddha Amitabha." Mit diesem Zustand ist das letzte und höchste Ziel für alle existierenden Wesen erreicht.

Die Mithras-Mysterien

Ursprung und Ziele der Mithras-Mysterien

Die Mithras-Mysterien waren *römische* Mysterien. Sie hatten ihren Mittelpunkt in Rom und anderen Städten Italiens. Von dort aus breiteten sie sich zusammen mit dem Vordringen der römischen Militärmacht im gesamten Römischen Reiche aus. Von Mesopotamien bis Nordengland, vom Rhein und Main bis in die östlichen Donauländer suchten die Menschen in den ersten nachchristlichen Jahrhunderten Erleuchtung bei Mithras. Die Römer waren ein unspirituelles Volk. Vor der Ausbreitung der Mithras-Mysterien waren sie darauf angewiesen, die Erleuchtung in den griechischen Mysterien von *Eleusis* und *Samothrake* zu suchen. Auch importierten sie den ägyptischen Mysterienkult der *Isis* ins Römische Reich. Kein Mysteriengott erwarb sich jedoch so große Sympathien bei ihnen wie Mithras. Das hatte tiefe Gründe in ihrer eigenen Mythologie. Die Römer gehörten wie Inder und Perser zur großen Völkerschaft der Indogermanen. Bestimmte Aspekte der indogermanischen Mythologie waren auch bei ihnen vorhanden und bekannt. Diese mythischen Wurzeln begünstigten die Ausbreitung des Mithras-Kultes bei ihnen.

Die Mithras-Mysterien kamen aus Persien zu den Römern. Dort gehörte *Mithra* ab einer bestimmten Zeit zu den wichtigen Göttern. Der persische Mithra bietet jedoch nur wenige Anhaltspunkte, um seine spätere Gestalt in den Mysterien in den Einzelheiten zu verstehen. Dazu müssen wir uns noch weiter nach Osten, nach Indien wenden. Der dortige *Mitra*, in seinem Doppelaspekt *Mitra-Varuna* genannt, identisch mit dem persischen *Mithra* und dem römischen *Mithras*, war einer der ältesten und meistverehrten Götter Indiens und wurde in den Veden oft erwähnt. Im alten Indien war Mitra-Varuna eine sehr komplexe Gestalt mit verschiedenen Aspekten. Nur durch eine differenzierte und zugleich ganzheitliche Erkenntnis seines Wesens können wir hoffen, die viel spätere römische Erscheinungsform zu verstehen. Mithras hat in der Tat eine Geschichte, die vom zweiten vorchristlichen Jahrtausend bis ins erste nachchristliche Jahrtausend dauert.

Der uns unbekannte Begründer der Mithras-Mysterien muß ein Eingeweihter auf einer hohen Stufe gewesen sein, dessen übersinnlicher Blick Jahrtausende zurückreichte und der zugleich das Wesen der ägyptischen und griechischen Mysterien und ihrer Gottheiten erkannt hatte. Die Mythologie der römischen Mithras-Mysterien bildet eine umfassende Synthese zahlreicher Mythologien und Mysterientraditionen, von Indien über Persien, Ägypten, den Vorderen Orient, Kleinasien und Griechenland. Selbst die Mythologien Mittelamerikas und des Pazifiks enthielten teilweise noch gleichartige Elemente. Die Mithras-Mysterien waren insofern Teil einer weltweiten Mysterientradition, die in diesem Buch in den Kernpunkten zum erstenmal aufgezeigt wird.

Herkunft – Ausbreitung – Organisation. – Die Mithras-Mysterien existierten im Römischen Weltreich neben denen der ägyptischen Isis und den alten griechischen Mysterien von Eleusis und Samothrake. Daneben gab es noch vereinzelte Einweihungsstätten, unter anderen diejenigen der Hekate. Der Zeitraum von 333 vor Chr., dem Beginn des von *Alexander* begründeten Weltreiches, bis 333 nach Chr., der Machtergreifung des Christentums im Römischen Kaiserreich, stellte eine einzigartige Blütezeit globaler Mysterienkulte dar. In dem von Alexander und später von den Römern geschaffenen Weltreich überwanden die Mysterienkulte die Schranken der nationalen Kulturen und Religionen. Und da alle genannten Mysterien die gleichen Ideale der Erleuchtung verkündeten und praktizierten, stellten sie in ihrer Gesamtheit die erste globale Menschheitsreligion dar.

Ihren Zielen nach waren die Mysterienkulte im wesentlichen identisch mit dem Erleuchtungsweg des Buddhismus, der sich auf seinen Siegeszug in weite Teile Asiens vorbereitete. Zählen wir noch alle damals bestehenden Einweihungsstätten der gesamten übrigen Welt und der Naturvölker dazu, so erhalten wir ein Bild der globalen spirituellen Menschheitsreligion, die überall auf den gleichen Erfahrungen und

Zielen beruhte – der Einweihung, der Erleuchtung und dem Aufstieg der Menschenseelen auf die Höheren Ebenen des Seins. Etwa bis zum Jahr 333 nach Chr. herrschten auf der ganzen Welt die gleichen spirituellen Prinzipien. Die Spiritualität konstituierte die innere Einheit des gesamten Menschengeschlechts. Die Eingeweihten aller Nationen der Erde konnten sich mühelos über die Grundprinzipien des spirituellen Lebens verständigen. Niemand zog die Erfahrungen der anderen Menschen und Völker in Zweifel. Die fremden Götter waren – unter anderen Namen – die gleichen wie die eigenen, wurden anerkannt und mit den vertrauten Göttern identifiziert.

Nur auf diesen Grundlagen – dem von Alexander und den Römern geschaffenen Weltreich und der Existenz übernationaler Mysterienkulte – konnte sich dann das Christentum in diese Räume ausbreiten. Ohne diese Grundlagen wäre es niemals eine Weltreligion geworden. Doch kaum hatte es die Macht im Römischen Reich errungen, löschte es alle bestehenden Mysterientraditionen aus. Mit ihnen zerfiel auch die weltweite spirituelle Einheit der Menschheit.

Der Mithras-Kult kam aus Persien zu den Römern. Ursprünglich ging er zurück auf spirituell geprägte Geheimbünde, welche sich dem Kampf gegen den „Drachen“ verschrieben hatten, hinter dem der finstere Gott Ahriman stand. Diese Mysterienbünde standen unter der Schirmherrschaft des persischen Gottes *Mithra*, der also der eigentliche Gegner Ahrimans war [16]. Von Persien aus hatte sich der Gott Mithra in die umliegenden kleinasiatischen Länder, zum Beispiel nach Armenien, Kommagene und Kilikien, ausgebreitet. Der erste Anknüpfungspunkt auf offizieller Ebene ergab sich durch den Besuch des armenischen Königs *Tiridates I.* in Rom im Jahre 66 nach Chr. In seiner Begleitung befanden sich auch einige Magier, das heißt wohl Mithras-Eingeweihte. Der römische Kaiser *Nero* war an okkulten Dingen sehr interessiert und ließ sich offenbar von den Magiern einweihen. Es dauerte jedoch noch drei oder vier Jahrzehnte, bis sich der Kult offiziell formierte und Mysterienstätten errichtet wurden. Um 100 nach Chr. wurden erste Mithräen an den Militärgrenzen des Römischen Reiches erbaut. Eine der ersten war eine Kultstätte im damaligen Militärstützpunkt *Nida* (heute Frankfurt-Heddernheim) südlich des Taunusgebirges, wo der große Grenzwall *(Limes)* verlief.

Im Verlauf der folgenden zwei Jahrhunderte dehnten sich die Mithras-Kultstätten überall in das Römische Imperium aus. Sie folgten der Ausbreitung der römischen Militärmacht sozusagen auf dem Fuße. Zunächst waren es römische Offiziere und Soldaten, die sich dem kämpferischen Helden Mithras zuwandten. Dann schlossen sich die in den Grenzstädten wohnenden Bürger ihnen an, zu denen Händler und Beamte gehörten. In den größeren Städten Italiens, wo sich unter Umständen mehrere Mithräen befanden, wandten sich viele Beamte dem Kulte zu. Er genoß das Wohlwollen späterer Kaiser, die sich teilweise selbst einweihen ließen, weshalb viele Funktionsträger ihnen nacheiferten. In den östlichen Gebieten des Reiches waren natürlich auch Einheimische vertreten. Aus Weihinschriften sind uns nicht wenige Namen von Mithras-Mysten bekannt geworden.

Die Weltkarte der über 400 Mithras-Kultstätten ist überaus beeindruckend. Im südlichen Teil des Imperiums erstreckten sie sich von der Atlantikküste über Spanien, Nordafrika mit Algerien und Tunesien bis nach Ägypten und Babylon. Mittelitalien bildete einen zentralen Bereich der Mithras-Verehrung. Auch die nördliche Schweiz und das südliche Gallien (Frankreich) beherbergten Kultstätten. Da die Römer den Rhein zur Ausbreitung benutzten, gab es im gesamten Gebiet dieses Flusses, vom Oberrhein bis zum Unterrhein bei Xanten zahlreiche Mithräen. Einen Ballungsraum bildete das Rhein-Main-Gebiet von Mainz und Wiesbaden über Frankfurt bis nach Stockstadt, Dieburg, Obernburg, Miltenberg und die Neckargegend. Die zweite große Verkehrsader bildete die Donau, an deren Rändern zahlreiche Mithräen bis hin zum Schwarzen Meer und zur Halbinsel Krim entstanden. Parallel dazu fanden sich Kultstätten auch an der Dalmatinischen Küste. Den nördlichsten Bereich bildete Britannien. Dort entstanden Mithräen von London bis zum Hadrianswall im Norden.

Die Mithräen, die im Inneren eine Grotte oder Höhle darstellen sollten, waren relativ kleine und unscheinbare Gebäude. Man durchschritt einen Vorraum und gelangte über sieben Treppenstufen abwärts in den langgestreckten Kultraum. Er war – um ein Beispiel zu geben – 12 Meter lang und 8 Meter breit. Rechts und links des 4-5 Meter breiten Mittelgangs befanden sich erhöhte Podien, die etwa 1,80 Meter breit waren. Auf ihnen lagen nach römischer Sitte die Teilnehmer beim Kultmahl. Am anderen Ende des Mittelganges führten einige Stufen zum Altar. Über ihm befand sich das große Kultbild, das Mithras auf dem Stier kniend zeigte. Mehr als 20-40 Mitglieder hatten im Kultraum nicht Platz. Vergrößerte sich die Zahl der Mitglieder, wurde ein neues Mithräum errichtet.

Auf dem breiten Mittelgang fanden sowohl Einweihungsriten als auch kultische Zeremonien statt. Beim gemeinsamen Kultmahl wurden den auf den Podien liegenden Mitgliedern Speisen serviert. Das Kultmahl erreichte seinen Höhepunkt mit dem Heiligen Trank, der bewußtseinserweiternde Wirkungen ausübte. Die individuelle Einweihung und Erleuchtung war die eine Seite, die andere das kollektive Erleben des Inneren Lichtes beim gemeinsamen Kultmahl. Die Mitglieder des Mysterienbundes bildeten über Jahre oder Jahrzehnte eine enge und intime Gemeinschaft, die einen starken inneren Zusammenhalt besaß. Ein solches Mysterienzentrum hatte deshalb eine intensive Ausstrahlung in die spirituelle Außenwelt. Die Riten der Aufnahme und Einweihung appellierten an die Demut, die Unerschrockenheit und das Durchhaltevermögen des Mysten. Da wir von ihnen nur Andeutungen besitzen, werden sie hier übergangen. – Zunächst soll Mithras selbst und sein komplexes Wesen in einem kurzen Überblick dargestellt werden.

Mithras – Doppelwesen und Mittler. – Mithras ist ein Doppelwesen. Er umfaßt Tag *und* Nacht, Morgen *und* Abend, Sonnenlicht *und* Sternenlicht, Feuer *und* Wasser. Sein Wirken vollzieht sich *zwischen* Himmel und Erde, er ist ein Mittelwesen, ein Mittler zwischen beiden Welten und zwischen Mensch und Gott.

In dieser Funktion trennt er jeden Morgen Himmel und Erde durch das erwachende Licht und vereinigt beide wieder am Abend in der sternenbesäten und monderhellten Nacht.

Mithras ist der Herrscher in der Seelenwelt, der Repräsentant der Weltseele, die zugleich das Reich der verstorbenen Menschenseelen bildet. Aus dem Verhaftetsein der Menschen im Leib und in der Materie führt er die Seelen wieder hinauf in die Weltseele, worin sein Aspekt als Befreier und Erlöser und seine Rolle in den Mysterien beruht.

Äußerer Ausdruck der Weltseele ist die *Sternenwelt* mit den Planeten und dem Fixsternhimmel. Mithras führt die Seelen in die kosmischen Weiten, durch die sieben Planetensphären bis zum Fixsternhimmel. Diese astralen Ebenen bilden den *Weltenbaum*, der für die große Weltseele und für Mithras' universales Wesen steht.

Die Weltseele ist die Quelle aller Bewegung im Universum. Mithras ist der große *Beweger* im Kosmos, eine durch und durch dynamische Macht. Alle Bewegungen am Himmel gehen auf ihn zurück, die Umdrehung der Erdachse und die scheinbare Bewegung des Sternenhimmels wie auch der Lauf der Planeten, des Mondes und der Sonne. Deshalb führt er auch den Tag herauf und wieder hinab ins Dunkel der Nacht.

Mithras hat eine besondere Beziehung zum *Mond*. Dieser ist ein spezielles Symbol für die Seelenwelt. Die Mondensphäre ist die erste Ebene der Seelenwelt, sie betreten die Verstorbenen und die Seelen bei der Einweihung. Symbol des Mondes ist der *Stier*. Er gehört untrennbar zu Mithras, er ist sozusagen sein zweites Ich.

Von den Mondenkräften werden auch die Pflanzen gebildet, die bewußtseinsverändernde Substanzen enthalten, wie die Somapflanze in Indien und die ihr entsprechende Haomapflanze in Persien. Solche und ähnliche Substanzen wurden in den indischen, persischen und den Mithrasmysterien als unterstützendes Mittel dazu verwendet, die Seele partiell vom Körper zu lösen, um ihr übersinnliche Erfahrungen zu ermöglichen. – Über den Mond ist Mithras auch mit dem *Wasser* verbunden, das unentbehrlich für das Pflanzenwachstum ist.

Als Lichtgott ist Mithras verbunden mit dem Morgen- und Abendlicht, mit der Morgen- und Abendröte, welche die alten Völker mit dem *Feuer* verglichen haben. Morgen- und Abendlicht werden durch die zwei fackeltragenden Begleiter symbolisiert, die Mithras immer zur Seite stehen. Aus diesem Verhältnis ergibt sich auch eine geheimnisvolle Beziehung Mithras' zum Morgen- und Abendstern. Die beiden Fackelträger unterstreichen symbolisch Mithras' Doppelnatur.

Mithras ist ein Lichtgott in doppelter Hinsicht. Am Himmel schenkt er den Menschen das Morgenlicht, und in ihrer Seele entzündet er das innere Licht, mit dem sie in der Seelenwelt sehen.

Bereits in dieser kurzen Zusammenfassung wird die vielseitige Natur dieses Gottes sichtbar. Uns obliegt es nun, die vielen Einzelheiten in seinem Bild auf die hier aufgeführten Grundprinzipien zurückzuführen. Dabei werden wir möglichst systematisch vorgehen. Der zentrale Anspruch, Ziel und Sinn der Mithras-Mysterien lag wie bei allen anderen Mysterien in der Einweihung, der Vermittlung eines erleuchteten Bewußtseins. Dieser zentrale Bereich muß uns deshalb als erster beschäftigen.

Die Urkatastrophe – Die Tötung des Stieres durch Ahriman. – Der Stier in den Mithrasmysterien symbolisiert den Mond. Sein spiritueller Aspekt besteht in der Vermittlung der übersinnlichen Wahrnehmung und eines erleuchteten Bewußtseins. Die Mondenweisheit äußert sich in einer symbolischen Bilderwelt, der auch alle Mythen entsprungen sind. Zugleich ist der Stier Mithras selbst, der als Repräsentant dieses übersinnlichen Bewußtseins den Menschen die Erleuchtung vermittelt. Der Stier wird von Mithras nicht getötet, sondern dieser entbindet aus ihm den „Trank der Unsterblichkeit".

Diesem Heilsgeschehen ging in der Vergangenheit aber *eine wirkliche Tötung des Stieres, also die Auslöschung des spirituellen Mondenbewußtseins*, voraus. Im Ursprung hatte *Ormazd (Ahura Mazda)*, der leitende Gott der Perser, den Urstier *Abudad* geschaffen, „weiß und glänzend wie der Mond". In ihn hatte er die Samen aller lebenden Wesen gelegt. Damit erscheint er als ein lebendes Symbol des Mondes, der Quelle aller Fruchtbarkeit. Dieser Urstier wurde von Ahriman getötet. Er nahte sich dem Stier in Begleitung zweier Dämonen in Schlangengestalt. Durch ihr Gift verlor der Stier sein Leben. Folge dieses Mordes war ein allgemeines Versiegen der Lebenskräfte auf der Erde. Das Wasser versiegte, Wüste breitete sich aus, die Bäume vertrockneten, die Felder verdorrten. Das war symbolisch gemeint und bezog sich auf das Versiegen der Seelen- und Geisteskräfte im Menschen und sein innerliches „Vertrocknen“ und „Verdorren“. Gleiches wurde im Demeter-Persephone-Mythos erzählt.

Dieser Vorgang entspricht sinngemäß vollkommen der Tötung der stiergestaltigen Götter Osiris und Dionysos-Zagreus sowie der Verbannung des stiergestaltigen Ba'al in die Unterwelt. Die dabei tätigen Götter Seth, Mot und die erdgeborenen Dämonen sind identisch mit Ahriman. Der Stier ist ein Symbol des Mondes, und dieser repräsentiert die Seelenwelt, die Weltseele und die übersinnliche Wahrnehmung. Auch die Perser waren sich also dieser Urkatastrophe bewußt, durch die das Bewußtsein der Weltseele im Menschen ausgelöscht und dem Schauen mit dem Dritten Auge und dem Inneren Licht ein Ende bereitet wurde.

Diese Tötung des Urstieres durch Ahriman darf keinesfalls mit der Tat des Mithras verwechselt werden. Dieser entbindet vielmehr aus dem Stier den „Trank der Unsterblichkeit“, das heißt das Innere Licht, mit der die Seelen in der Seelenwelt wieder sehend werden. Durch Mithras' Heilstat wird Ahrimans Mord an der Weltseele rückgängig gemacht. Der von Ahriman getötete Stier war gleichzeitig die Mondgottheit, mit der Mithras wesensgleich ist. Mithras ist der große Gegenspieler Ahrimans und hebt dessen zerstörerische Wirkung wieder auf. So wie Horus dem von Seth getöteten Osiris nachfolgte, so Mithras dem von Ahriman getöteten Stier, der Mondgottheit. Er ist der Erlöser des menschlichen Bewußtseins wie Horus und Iakchos.

„Der Trank der Unsterblichkeit“ – Bereits im alten Iran sprach man vom Sehen mit dem „Auge der Seele“, ein Ausdruck, der sich genauso bei dem antiken Philosophen *Platon* findet [16]. Mithilfe dieses speziellen „Schauens“ kann der Mensch die „Existenzformen der himmlischen Wesen“ wahrnehmen. Im Buddhismus spricht man entsprechend vom „Himmlischen Auge". Man unterschied deshalb im Iran zwischen einem Schauen mit dem Auge des Körpers *(tan čašm)* und einem solchen mit dem Auge der Seele *(gyan čašm)*. Man sprach vom „Öffnen des Auges der Seele, um Kenntnis zu erlangen" [16]. Diese „Kenntnis" bezog sich aber nicht auf Objekte der Sinnenwelt, sondern auf diejenige der Himmelswelt. Die spirituelle Sehkraft wird dem Menschen durch die ihm innewohnende Höhere Vernunft ermöglicht, die selbst bereits himmlischer Natur ist. Die Inder gebrauchen dafür das Wort *Manas* und bezeichnen es als „das göttliche Auge" des *Atman*, der Weltseele [16].

Im ersten vorchristlichen Jahrtausend bedurfte es bewußtseinsverändernder Substanzen, um die Seele von den Gehirnstrukturen zu lösen und das Sehen mit dem „Auge der Seele" zu ermöglichen. Die Abkoppelung von der Spirituellen Welt hatte bereits im zweiten vorchristlichen Jahrtausend begonnen und sich immer mehr verstärkt.

In Indien hieß die Pflanze mit bewußtseinserweiternder Funktion *Soma*, im alten Persien wortgleich *Haoma*. Haoma, auch als „Todabwender" bezeichnet, wurde zu den gleichen Zwecken wie in Indien verwendet und ebenso wie dort war sein Genuß eingebunden in einen umfangreichen rituellen Kultus mit acht Priestern. „Dem vedischen Hotar, dem die großen Rezitationen oblagen, entspricht der awestische Zaotar, der beim iranischen Somaopfer die Gathas vortrug. Auch die Namen und Funktionen der übrigen awestischen Priester weisen ganz auf die Sphäre der in der vedischen Somafeier wichtigen Handlungen hin, auf das Waschen, Pressen, Sieben des Soma, auf seine Vermischung mit Milch, das Herzubringen des zum Opfer erforderlichen Wassers, das Unterhalten des heiligen Feuers" [12]. Der Genuß des Haoma war im alten Persien mit einem Stieropfer verbunden; beim Rindermahl genoß man den „Trank der Unsterblichkeit" [17]. Der jüngere Zarathustra wollte beides verbieten, konnte sich aber auf Dauer damit nicht durchsetzen.

Die alten iranischen Schriften berichten von zwei prominenten Beispielen, bei denen solche Substanzen verwendet wurden, um ein

Schauen mit dem „Auge der Seele“ und einen Austritt der Seele herbeizuführen. Der Priester *Vištaspa* war ein Freund und Beschützer des jüngeren Zarathustra, der ungefähr im 7. oder 6. vorchristlichen Jahrhundert wirkte. Er nahm einen Trank zu sich, der Haoma und Hanf enthielt. Haoma ist wortgleich und identisch mit dem oben beschriebenen indischen Soma. Mithilfe dieses „erleuchtenden Trankes“, so der Bericht, löste sich seine Seele vom Körper und wurde in die Himmelswelt entrückt [16]. Dort erschaute er „die Existenzformen der himmlischen Wesen“, den „großen Glücksglanz“ und das „Mysterium“. Zarathustra kommentierte dieses Erlebnis so: „Vištaspa hat ... auf den Wegen Vohu Manahs die Čisti [Erleuchtung] gewonnen.“ Vohu Manah steht hier für den *Geist*, der dem Menschen die Erleuchtung ermöglicht. Er wurde durch Mithra repräsentiert.

Ebenso wird vom jüngeren Zarathustra selbst ein Einweihungserlebnis geschildert. Auch er nahm einen bewußtseinserweiternden Trank zu sich, worauf er in eine tiefe Versenkung fiel, die nicht weniger als sieben Tage und Nächte dauerte. In diesem Zustand nahm er die „Vernunft der Allwissenheit“ in sich auf, die ihn mit der göttlichen Weltvernunft verband [16].

Der „Trank der Erleuchtung“ in den Mithras-Mysterien. – Es kann kein Zweifel darüber bestehen, daß diese indisch-iranische Praxis sich in den Mithras-Mysterien fortsetzte. Daraus wurde auf den Abbildungen an den Altären auch gar kein Geheimnis gemacht. Bei ihnen geht es nämlich in verschiedener Weise um das *Trinken eines Saftes, der neues Leben verheißt*. Das Trinken eines „Unsterblichkeitstrankes“ steht immer und überall im Zentrum und ist auf zahlreichen Abbildungen zu sehen. Das zentrale, unentbehrliche Symbol jeden Altars war *der Stier, aus dem Mithras den Unsterblichkeit verheißenden Lebenssaft entbindet*. Der jugendliche Gott kniet auf dem Stier und stößt ihm ein Messer in den Leib (siehe Abbildung auf Seite 175). Dem Leib des Stieres entquillt daraufhin der Saft des neuen Lebens. Es ist kein Blut, sondern eine *Lebenssubstanz*, das Blut steht hier stellvertretend für Leben. Oftmals wird dieses neue Leben auch bildlich in der Form von

Getreideähren dargestellt, welche aus der Wunde wachsen. Auch der erhobene Schwanz des Stieres läuft in solche Ähren aus. Wie in den Mysterien von Eleusis symbolisiert die goldene Getreideähre das neue Leben, das aus der Erleuchtung erwächst.

Wesen drängen sich an den Stier heran, um von diesem Lebenssaft zu *trinken*. Es ist zum einen eine *Schlange*. Sie ist das weltweit verbreitete Symbol für das außersinnliche Bewußtsein, bei den Ägyptern für das Schauen mit dem Dritten Auge, für das „Horusauge", das gleichbedeutend mit der Uräusschlange an der Stirn der Götter und Pharaonen ist. Dieser Lebenssaft verleiht also die Kraft der übersinnlichen Wahrnehmung in der Seelenwelt, er öffnet das „Auge der Seele", das „Himmlische Auge". Auch ein *Hund* leckt an der Wunde. Er verweist symbolisch auf die Seelenwelt, dessen Wächter er in den alten Mythen ist, möglicherweise aber auch auf den Hund des Orion, den Stern Sirius.

Der Unsterblichkeitstrank wird auch noch in einer anderen Form symbolisch dargestellt, nämlich durch ein großes *Mischgefäß* (Kratér), das auf zahlreichen Abbildungen zu sehen ist und immer einen zentralen Platz einnimmt. Und auch da ist es eine Schlange, die aus dem Gefäß trinkt, was den uneingeweihten Betrachter ja zunächst sehr seltsam anmutet. Der Mischkrug, von der trinkenden Schlange umwunden, steht jeweils an einem charakteristischen Platz. Er kann in das Altarbild integriert sein und steht dann *unmittelbar unter dem Stier*. Er fängt also den aus dem Stier hervorquellenden „Lebenssaft" auf. Sodann bildet er den Mittelpunkt einer gesonderten Szene, die sich unter dem Hauptbild abspielt, also ebenfalls unter dem Stier. Eine Schlange trinkt aus dem Mischkrug, während ein Priester mit einem Becher aus ihm den Erleuchtungstrank schöpft. Diesen Trank, so ergänzen wir, reicht er an die Mysten weiter. Die Schlange repräsentiert in allen Mysterien die außersinnliche Wahrnehmung. Das wurde durch die Abbildungen plastisch unterstrichen. Indem der Myste den Heiligen Trank zu sich nimmt, wird er mit den Kräften der „Schlange", das heißt der übersinnlichen Wahrnehmung erfüllt.

Weiterhin ist der Mischkrug mit der Szene des Heiligen Mahles verbunden, das Mithras und der Sonnengott gemeinsam einnehmen. Vor ihnen ist das Fell des Stieres ausgebreitet, und davor steht der Mischkrug. Beide halten Trinkhörner in der Hand, mit denen sie, so muß ergänzt werden, den Erleuchtungstrank zu sich nehmen. – Diese Szene ist die symbolische Darstellung des Heiligen Mahles, das die Eingeweihten der Mithras-Mysterien gemeinsam einnahmen. Es fand sicher nur bei besonderen Gelegenheiten und Festen statt. Durch die Aufnahme des Erleuchtungstrankes wurden die Teilnehmer dabei in den Zustand des erweiterten Bewußtseins versetzt.

Daß dieser Trank *am Beginn* der Einweihung und Erleuchtung stand, wird ebenfalls durch Abbildungen ausgesagt. Das Mosaik mit den sieben Planetenfeldern, die in der Einweihung durchschritten werden, beginnt mit einem Feld, auf dem ein Mischkrug abgebildet ist. Auch auf dem Feld des ersten Grades ist ein *Becher* zu sehen. Der Trank leitete also durch seine bewußtseinserweiternde Funktion die Einweihung ein.

Zum Unsterblichkeitstrank gehören auch die zahlreichen *Becher* in den Mithräen, oft mit Henkeln in Form von Schlangen, aus denen die Mysten den bewußtseinserweiternden Trank zu sich nahmen. Die ebenfalls vorhandenen Räuchergefäße wurden während des Heiligen Mahles mit bewußtseinsverändernden Substanzen gefüllt. Die dichte spirituelle Aura im Mithräum, das nur durch die Himmelslichter erleuchtet war, die Räuchersubstanzen, der Erleuchtungstrank, die Anwesenheit des Hierophanten – alle diese Einflüsse sorgten dafür, daß bei den Teilnehmern während der feierlichen Zusammenkünfte eine Bewußtseinserweiterung auftrat.

Der Erleuchtungstrank wurde noch in einer andern Form dargestellt, durch das sogenannte „Wasserwunder“ des Mithras. Mit einem Pfeil seines Bogens entbindet er aus einer Felswand, die in Wirklichkeit den Himmel darstellt, das „Wasser des Lebens“, auf das die dürstenden Menschen bereits warten. Diese Szene spielt sich direkt unter dem Stier ab, der im Mondboot den Himmel überquert. Diese Szene ist nur ein anderer Ausdruck für das zentrale Stieropfer. In beiden Szenen reicht Mithras den dürstenden Seelen das „Himmelswasser“, den Trank, der zur Erleuchtung führt.

Erleuchtung. – Die in allen Mysterien vertretene Schlange symbolisierte das Dritte Auge und damit das *Innere Licht*, das jetzt in der Seele des Einzuweihenden zu leuchten begann. Auch die Erleuchtung wurde symbolisch abgebildet. In einem großen Tor, das beim Betreten der Seelenwelt durchschritten wird, hing von oben herableuchtend eine *Lampe*. Wir erinnern uns an eine Stelle im zweiten Band, an der ein Wissender von der Einweihung als *ellampsis* spricht, was im Griechischen *Aufleuchten* bedeutet und wovon im Deutschen die *Lampe* abgeleitet ist. Es ist nicht mehr das äußere Licht der Sonne, das den Mysten bescheint, sondern *Seelenlicht* oder *astrales Licht*, die einzige Form von Licht, mit der er in der Seelenwelt sehen kann. – Die Erleuchtung wurde noch durch ein anderes Symbol ausgedrückt – den *Feigenbaum*. Er ist engstens mit Dionysos verbunden, was im zweiten Band geschildert wird; den Menschen wurde er von Demeter geschenkt. Öfters wird Mithras im Feigenbaum gezeigt, oder er ist dabei, Feigen zu pflücken. Ein Spruch klärt uns über die geheime Bedeutung der Feigen auf: „Süß sind die Feigen, aber den Blinden beherrscht die Sorge!“ Die Feigen heben also – symbolisch gesprochen – die spirituelle Blindheit des Menschen auf und lassen ihn im Seelenlicht wieder sehend werden. Auch im Symbol des Feigenbaums wird die Identität der Mysteriengötter Mithras und Dionysos erkennbar.

Das Tor zur Anderen Welt. – Die Seele hat sich also von den physischen Augen und damit auch von der Körperwelt abgelöst. Sie beginnt nun eine weite Wanderung durch vorerst unbekannte Gefilde. Sie verläßt die physische Welt durch ein *Tor*, das sie in eine andere Welt führt. Nach Durchschreiten des Tores betritt sie eine andere Welt, welche die Ägypter das „Lichtland“ nannten. Eine Abbildung in einem Mithräum zeigt uns *sieben Tore*, die nebeneinander angeordnet sind. In der Mitte befindet sich das große zentrale Tor, von dessen Decke die eben beschriebene Lampe herabhängt. Die sieben Tore, von denen sich je drei links und rechts des Sonnentores befinden, symbolisieren die sieben astralen Ebenen der Planeten, welche die große Seelenwelt bilden. Diese Aufteilung der sieben Tore mit dem Sonnentor in der Mitte verweist auch auf den siebenarmigen Leuchter der alten Israeliten.

Der Aufstieg durch die sieben Planetensphären

Die Himmelsleiter und der Aufstieg durch die Sphären. – Vor dem Mysten lag nun eine fast unendlich weite Wanderung durch die Sphären. Darin bestand die große Verheißung der Mithras-Mysterien, ebenso wie heute noch im indischen Yoga und im Buddhismus. Auch die babylonische Göttin *Ištar* durchschritt die sieben Tore der Seelenwelt, bevor sie den Thronsaal der Göttin der Seelenwelt erreichte. Dieser Aufstieg durch die Sphären wurde noch auf andere Weise abgebildet. In Form eines Fußbodenmosaiks in einem Mithräum in Ostia wurden die sieben Planetensphären in senkrechter Folge, gleichsam als eine Himmelsleiter angeordnet. Die Mysten durchschritten also auf dem zentralen Gang des Mithras-Heiligtums in einem wörtlichen Sinn nacheinander die sieben Sphären. Deutlicher konnte man das Ziel wirklich nicht mehr ausdrücken!

Die Planetensphären und Einweihungsgrade. – Die klassische, immer gleiche Reihenfolge der Planetensphären lautete in der Antike:

Mond, Merkur, Venus – Sonne – Mars, Jupiter, Saturn

Die Sonne stand in der Mitte zwischen den „untersonnigen" und den „obersonnigen" Planeten, wie es auch astronomisch der Fall ist, wenn man von der Erde in Richtung Sonne blickt. Dort ziehen Mond, Venus und Merkur während der Hälfte ihres Umlaufs ihre Bahnen zwischen Erde und Sonne, also „unterhalb" der Sonne, während Mars, Jupiter und Saturn nur „jenseits" der Sonne kreisen können. (Im heutigen astronomischen Weltbild folgt auf die Mondbahn die Venusbahn. Die Menschen des Altertums blickten aber auf die seelisch-geistigen

Wirkungen der Gestirne, und in dieser Hinsicht sind die Venuskräfte den Merkurkräften *übergeordnet*).

Obwohl diese Folge den Mithras-Eingeweihten bekannt war, haben sie in zwei Fällen die Reihenfolge geändert, wodurch sich das ganze System verschoben hat. Die theologischen Gründe für diese Verschiebung werden wir noch behandeln. Hier besprechen wir die Planetensphären um der astronomischen Wirklichkeit willen und um die Leser nicht zu verwirren in ihrer vom Kosmos selbst vorgegebenen Reihenfolge. Die erste Stufe bildet die Mondensphäre, die der Erde am nächsten liegt und welche die Verstorbenen und Eingeweihten zuerst betreten.

Die Mondensphäre. – Die Mondensphäre, ausgestattet mit typischen Symbolen, ist auf allen Altarbildern zu sehen. Und auch der zu ihr gehörende Einweihungsgrad, der *Perses* (Perser), war mit typischen Mondsymbolen versehen. Auf den Altarbildern ist dem Sonnengott die Mondgöttin *Luna* gegenübergestellt, deren Gespann von Rindern gezogen wird. Zu ihr gehören Abend und Nacht und der Fackelträger *Cautopates*, der seine Fackel *gesenkt* hat und dadurch das Verlöschen des Tageslichtes andeutet. Zu ihm gehören auch die Vögel der Nacht, die *Eule* und die *Nachtigall*. Auf der erwähnten Planetenleiter ist die Mondsichel mit dem Grad *Perses* verbunden.

Neben der Mondsichel sehen wir das Symbol einer *Sense*. Sie steht für Ernte und Fruchtbarkeit, die in der Anschauung der alten Völker vom Monde kommt. Darüber hinaus gehört auch das vielfach gezeigte Leben der Hirten, die sich innerhalb der Tierwelt bewegen, zur Mondensphäre, ebenso wie Mithras bei der Jagd auf wilde Tiere. Zum Mond gehört schließlich auch das Wasser. Es wird durch den Delphin vertreten.

Warum trug dieser Grad den Namen „Perser"? Er steht für die Bezeichnung eines ganzen Volkes, aber nicht nur für das persische, sondern grundsätzlich für *jedes* Volk. Der Grund dafür liegt darin, daß die Mondenkräfte nicht autonome Einzelpersönlichkeiten hervorbringen, sondern gruppenbildend wirken. Sie beherrschen die natürlichen, auf gemeinsamer Abstammung und Vererbung beruhenden Verbände von

Familien, Großfamilien, Sippen, Stämmen, Völkern. Auf die Wirkung der Mondenkräfte geht alle Fortpflanzung und Vererbung zurück. In dieser kollektiven Sphäre ist der Mensch noch nicht zur vollen Individualität herangereift, sondern ein Gemeinschaftswesen und abhängig vom Gruppenbewußtsein und von vorgegebenen Verhaltensmustern und kollektiven Glaubenshaltungen. Erst im Verlauf seiner weiteren Wanderung durch die höheren Sphären emanzipiert sich der Mensch immer mehr von allen gruppenhaften Einengungen und wird schließlich auf der Saturnstufe ein völlig freies, selbstverantwortliches Individuum, das sich in seinem Tun und Lassen selbst die Richtung gibt.

Selbst auf der spirituellen Mondenebene ist der Mensch sozusagen noch „ein Kind Gottes". Die Religionen sind bestrebt, ihre Anhänger und die Menschen überhaupt auf immer in diesem Zustand relativer Unselbständigkeit zu lassen. Daß in den Mithras-Mysterien dieser erste Grad zum fünften Grad erhoben wurde, ist inhaltlich und in bezug auf die astronomische Stellung des Mondes und die fortschreitende Entwicklung der Seelen absurd. Auf die zugrunde liegenden Motive kommen wir noch zurück.

Die Merkursphäre. – Der römische *Merkur* entsprach dem griechischen *Hermes*, dem Götterboten, der mithilfe seiner Flügelschuhe vom Himmel zur Erde schwebt, um den Menschen die Botschaften der Götter zu überbringen. Er ist zugleich der Repräsentant des Verstandes, der verstandesmäßigen Klugheit, hat also zentral mit dem – intellektuellen – Denken zu tun. Der Gedanke durcheilt schneller als der Wind die geistige Welt. Er wurde deshalb symbolisch durch einen *Vogel* dargestellt. So besaß der germanische *Odin (Wotan)* zwei Raben, die ihm alle verborgenen Dinge der Welt mitteilten. Und aus demselben Grund wurde der Weihegrad Merkurs bildlich durch einen *Raben* symbolisiert. In der Tat überbringt er Mithras eine Botschaft, also einen *Gedanken*, von dem am Himmel weilenden Sonnengott. Die Botschaft dieses Symbols an den Mysten bedeutete also: Du befindest dich jetzt nicht mehr in der schweren und undurchdringlichen materiellen Welt, sondern in einer spirituellen Sphäre leichten, flutenden Gedankenlebens, das ebenso unbeschwert ist wie dein „Gedankenleib" (wie er von den Tibetern genannt wird). Die Mysten dieses Grades wurden innerhalb der Gemeinschaft deshalb auch „Raben" genannt.

Die Venussphäre. – Die Symbolik der Venussphäre, hier als der dritte Weihegrad beschrieben, ist äußerst tiefsinnig. Der Inhaber dieses Grades wurde *Nymphus* genannt. Dabei machte man sich die Doppelbedeutung dieses Wortes zunutze. *Nymphe* war in der antiken Biologie, zum Beispiel bei *Aristoteles*, die Bezeichnung für die Raupe oder Puppe der Bienen und Wespen [17]. Die Bienen beginnen ihre Entwicklung als Larven, spinnen sich dann im Puppenstadium ein und schlüpfen schließlich aus, wobei sie zum erstenmal ihre Flügel gebrauchen. Diese Entwicklung machen auch die Schmetterlinge durch, die zuerst Raupen, dann Puppen sind und sich schließlich mit ihren leuchtend-bunten Flügeln in die Luft erheben. Sowohl für den Schmetterling wie auch für die Seele verwendete man im Griechischen den Namen *Psyche*. Bei Ägyptern und Griechen wurde die Seele symbolisch als ein geflügeltes Wesen angesehen, das sich spätestens beim Sterben in die Seelenwelt erheben konnte.

Mit dem Wort *Nymphus* beschrieben die Eingeweihten folglich die nunmehr erworbenen Fähigkeiten der Seele. Sie konnte jetzt ihren Leib – symbolisch als Verpuppungszustand aufgefaßt – verlassen und sich in die große Seelenwelt aufschwingen. Sie war jetzt ein aus ihrer irdischen Gefangenschaft befreiter Schmetterling, der dem himmlischen Licht entgegenflog. Auf diesem Grad wurde der Myste bildlich als junger Mann mit Flügeln dargestellt, der von *Amor*, der Personifizierung der himmlischen Liebe, in die Venussphäre geführt wird [17]. Die gleiche Symbolik gebrauchte, wie wir bereits sahen, der eingeweihte *Apuleius* in seinem Mysterienroman. Der antike Neuplatoniker *Porphyrios* nannte *Nymphen* die Seelen, die aus dem Weltall zur Erde herabsteigen und nach dem Sterben wieder in die Sternensphären zurückkehren.

Daß Amor es war, der die Seele emporführte, hatte ebenfalls eine tiefere Bedeutung. Das griechische Wort *nymphios* nämlich bedeutete auch „Bräutigam". Die Seele des Mysten feierte also eine „himmlische

Hochzeit“, sie vereinigte sich mit der göttlichen Liebe, die durch *Venus*, die Göttin der Harmonie und Liebe repräsentiert wird. Auch in Apuleius’ Roman geht es ja um die Liebe und die Hochzeit zwischen Amor und Psyche. Zur Symbolik dieses Grades gehörte denn auch die Hochzeitsfackel.

Immer stärker begann nun im Mysten das himmlische Licht zu leuchten. Seine Mysteriengenossen, die sich untereinander „Brüder“ nannten, sprachen ihn so an: „Sei gegrüßt, Nymphus, sei gegrüßt, neues Licht!“ Das spirituelle Licht, das ihn umstrahlte, wurde durch ein Diadem symbolisiert, das jetzt lichtfunkelnd seine Stirn schmückte.

Die Sonnensphäre. – Die Sonne kann ihrem Wesen nach nur *in der Mitte* stehen. Die Sonnenwirkung ist grundsätzlich eine ausgleichende, koordinierende. Sie vollbringt ihre Aufgabe, indem sie entgegengesetzte Kräfte versöhnt. Die Synthese der Gegensätze ist ihre Tätigkeit. Dadurch stellt sie die Ordnung innerhalb der kosmischen Gewalten her. Sie begrenzt die einzelnen Kräfte, die in der Isolierung immer über das Ziel hinausschießen und dadurch störend oder zerstörend wirken. Dadurch vereint sie diese zu gemeinsamem Wirken. Ohne die Sonne würde im Planetensystem sofort das Chaos ausbrechen. Folgerichtig wurde sie durch das erwähnte *große mittlere Tor* mit der Lampe symbolisiert, rechts und links flankiert von der Dreiheit der ober- und untersonnigen Planeten. Den Mithras-Eingeweihten war also ihre *Mittelstellung* sehr wohl bekannt! Lassen wir sie also an ihrem angestammten Platz in der Mitte!

Der Eingeweihte auf der Sonnenebene hieß *Heliodromus*, der „Sonnenläufer“. Diese Übersetzung sagt aber kaum etwas über dessen wahre Bedeutung aus. Sinngemäß müßte Heliodromus übersetzt werden als „derjenige, der mit der Sonne seine Bahn zieht“. Gemeint ist damit noch mehr: Der Eingeweihte auf diesem Grad hat die spirituelle Sonnensphäre und die reale Gemeinschaft mit dem Sonnengott erreicht. Neben ihm im Sonnenwagen stehend zieht er zusammen mit ihm symbolisch über den Himmel. Den gleichen Sachverhalt drückten die Ägypter dadurch aus, daß sie den Verstorbenen oder den Eingeweihten zusammen mit dem Sonnengott in dessen Barke fahren ließen.

Diese Fahrt wird auf einem Relief aus Dieburg sehr schön angedeutet. Der Sonnengott *Sol-Helios* sitzt auf seinem Thron in der Sonnensphäre. Diener sind dabei, die vier weißen Pferde seines goldenen Wagens anzuspannen. Die Gestalten der Jahreszeiten und der Elemente ergänzen die Umgebung des Gottes. Vor ihm steht als nackte jugendliche Gestalt der Eingeweihte. Der Gott reicht ihm die Hand und lädt ihn dadurch zur gemeinsamen Wagenfahrt ein [17]. Nirgendwo sonst sind die Ideale der Mithras-Mysterien so klar und großartig dargestellt wie auf diesem Bild. Bereits auf dieser Stufe steigt der Mensch auf in eine Sphäre des Glanzes und Lichtes, von deren Erhabenheit sich der gewöhnliche Erdenmensch keine Vorstellung macht. Andere Abbildungen zeigen den Eingeweihten, wie er hinter dem Sonnengott auf den bereits in voller Fahrt befindlichen Wagen aufspringt, um gemeinsam mit diesem die Himmelsreise zu machen.

Bei der Einweihungszeremonie des Heliodromus wurde dem Mysten vom Priester die persische Mütze abgenommen und ein Strahlenkranz aufgesetzt. Mit einem solchen und der Peitsche für die Pferde wurde er auch symbolisch abgebildet.

Die Marssphäre. – Jenseits der Sonne ziehen, von der Erde aus gesehen, die drei obersonnigen Planeten ihre Bahn. Hier haben wir als erste die Marssphäre zu betrachten. *Mars* ist der antike Gott kriegerischer Stärke. Dementsprechend wurde der Eingeweihte dieser in Wirklichkeit fünften Stufe *Miles*, das heißt „Soldat“, genannt. Folgerichtig wurde er mit Helm und Lanze abgebildet. Ungeachtet der Tatsache, daß sich viele römische Soldaten den Mithras-Mysterien zuwandten, ging es hier natürlich nicht um physische Kriegsführung. Der Eingeweihte muß viele verschiedene Tugenden erwerben, um die Vollmenschlichkeit zu erlangen. Um in die höheren Sphären aufzusteigen braucht es auch beträchtliche Unerschrockenheit und Mut, ja sogar Durchsetzungskraft, denn die Menschen sind den Göttern erst einmal fremd und nicht unbedingt erwünscht, was gerade in den Mithras-Mysterien eine wohlbekannte Tatsache war. Zudem sind die „Soldaten Gottes“

aufgerufen, mannhaft für ihre Ideale und ihre spirituelle Gemeinschaft einzutreten und diese falls nötig mit Worten und Taten zu verteidigen. Die Marskräfte sind nicht unbedingt die sympathischsten im Kosmos, aber dennoch unentbehrlich!

In einer speziellen Einweihungszeremonie wurden dem Mysten die genannten Tugenden gleich zu Anfang abverlangt. „Dem Einzuweihenden wurde ein Kranz vorgehalten, den er gewinnen sollte; der Zugang zu diesem Kranz wurde aber durch eine Person versperrt, die mit einem Schwert bewaffnet war. Der Myste mußte diese Person im Zweikampf überwinden – gewiß nur in einem Scheinkampf; aber eine Mutprobe ist diese Zeremonie allemal gewesen. Nachdem der Kandidat den Kampf bestanden und seinem Gegner Schwert und Kranz entwunden hatte, setzte ein Mysteriendiener dem Mysten den Kranz auf" [17]. Bei aller eigenen Stärke darf der Mensch aber nicht dem Hochmut verfallen. Der Myste lehnte den Kranz ab mit den Worten: „Mithras ist mein Kranz!"

Die Jupitersphäre. – Jupiter repräsentiert eine sehr hohe Form umfassender Weisheit. Im eigentlichen Sinn handelt es sich dabei um die Sphäre der göttlichen Gedanken, der Urbilder und Vorbilder aller Dinge im Universum, wie sie von *Platon* beschrieben werden. Die Jupitersphäre ist die zweithöchste in der Stufenordnung der Planetensphären, in diesem Zusammenhang also die sechste. Unmöglich kann sie als die vierte Sphäre aufgefaßt werden, die zur Sonne gehört. Sonnenkräfte und Jupiterkräfte haben eine gegensätzliche Wirkung. Die Sonne bewirkt die äußere Erscheinung der Dinge und Wesen, deren Offenbarung. Jupiter führt in die unsichtbare Welt reiner Geistigkeit, in den ungeoffenbarten Bereich.

Der Eingeweihte der Jupitersphäre hieß *Leo*, der „Löwe". Das war kein passendes Symbol für Jupiter, sondern für die Sonne. Nur durch ein umfassendes Verständnis der alten Symbolik kann dieses Rätsel gelöst werden. Das durch den Löwen symbolisierte *Feuer* war ein sehr spezielles, nämlich das feurige Licht der *Blitze*, die auch Brände verursachen. Blitze wiederum sind die Waffen des griechischen *Zeus* und des römischen *Jupiter*. Deshalb wurde dieser Einweihungsgrad bildlich durch ein *Blitzbündel* symbolisiert.

Die Blitze Jupiters dienen ihm als Waffe gegen die *Giganten*. Im griechischen Mythos nahm der Gigantenkampf, die *Gigantomachie*, einen wichtigen Platz ein, und auch in den Mithras-Mysterien spielte er eine Rolle. Diese welterschütternde Auseinandersetzung, an der sich alle Götter beteiligten, ist im berühmten *Pergamon-Altar* in Stein verewigt. Wer waren die Giganten? Der Überlieferung nach hatte *Gaia*, die Erde, sie aus sich heraus hervorgebracht, was uns auf einen Zustand hinweist, in dem der Erdorganismus noch beseelt war. Dieses uralte Riesengeschlecht war der Vorläufer der späteren Menschheit. Die Giganten verweisen uns in eine uralte, längst verschüttete Vergangenheit. Im oberen Teil besitzen sie menschliche Gestalt und glänzendes, lang herabwallendes Haupt- und Barthaar. Im unteren Teil geht ihr Körper in einen Schlangenleib über, womit angedeutet wird, daß sie noch in hohem Maße die Kräfte außersinnlicher Wahrnehmung besaßen. Ihre hundert Arme oder tausend Hände sind Symbole ihrer gewaltigen Kräfte, die jedoch – so muß betont werden – nicht physischer, sondern magischer Natur waren. In der Urvergangenheit besaßen die Vorfahren der späteren Menschheit Hellsichtigkeit und magische Kräfte als natürliche Gabe.

Die eigentliche Gegnerin der Giganten ist die Göttin *Pallas Athene*, die Personifizierung der neuzeitlichen Intelligenz. Erst als diese aus dem Haupte des Zeus geboren worden war, konnten die Götter die Giganten besiegen. Diese Menschenvorfahren verblieben also im Banne der uralten Hellsicht und Magie. Sie konnten oder wollten nicht weiterschreiten zum abstrahierenden Denken. Dadurch bildeten sie für die Evolution eine Macht der Beharrung, die überwunden werden mußte. In den hier behandelten Mithras-Mysterien stehen die Giganten jedoch sehr viel allgemeiner für die den Göttern feindlich gegenüberstehenden Mächte. Ihr Verwachsensein mit der Erde interpretierte man im Sinne des Verfallenseins an die Materie, als die Macht des Materialismus. Im Gegensatz dazu repräsentiert Jupiter die Kraft der Höheren

Vernunft, die in der Weiterentwicklung zu einem neuen Schauen im Licht des Geistes führt und damit die Beharrungskräfte materialistischer Verblendung beseitigt.

Nur die hohe und umfassende Geistigkeit Jupiters kann den Menschen vor dem geistigen Dunkel des materialistischen Aberglaubens retten, der ihn von der spirituellen und göttlichen Welt für immer abschneiden will. Im menschlichen astralen Organismus ist die Jupitersphäre durch das Stirnauge präsent. Die „Blitze" des Zeus-Jupiter sind nichts anderes als die Kraft übersinnlichen Schauens mit dem Dritten Auge, welches das Sehen mithilfe spirituellen Lichtes ermöglicht. Dadurch werden alle materialistischen Täuschungen aufgehoben, die verdunkelnde Macht des Drachens wird gebrochen. In der Sprache der Mythen vernichtet die Lichtkraft des Dritten Auges, das Zeus und die ihm beistehenden Kyklopen benutzen, alle Feinde. Dasselbe Bild haben die alten Ägypter verwendet. Mit dem Feuer und Licht der Uräusschlange, das heißt des Stirnauges, vernichten Götter und Göttinnen die kosmischen Rebellen. – Nur aus diesem Grunde wurde hier der Jupitersphäre das Feuer beigegeben. Das wirklich zutreffende Symbol, das verwendet wurde, war der *Adler* des Zeus-Jupiter, welcher am Himmel schwebend ein Blitzbündel trägt.

Der Mithras-Eingeweihte wurde auf dieser Ebene aufgefordert, sich am großen Geisteskampf gegen die Mächte der Finsternis zu beteiligen. Der Kampf gegen die Giganten wurde auch bildlich dargestellt und in dramatischen Szenen aufgeführt. Die Mithras-Mysterien erzeugten also eine durchaus aktive Stimmung in den Teilnehmern, und der große Geisteskampf verwies sie in die Zukunft, in der er erst seine volle Intensität erreichen würde. Passive Beschaulichkeit und egoistische Erlösungssehnsucht wurden in diesen Mysterien jedenfalls nicht gezüchtet.

Die Saturnsphäre. – Im Planetensystem ist die Saturnsphäre die siebte, letzte und höchste Stufe. Das war sie notwendigerweise auch in den Mithras-Mysterien. Der entsprechende Einweihungsgrad hieß *Pater* („Vater"). Der Vater war das Haupt der jeweiligen Bruderschaft und verantwortlich für alle ihre spirituellen und weltlichen Belange. Er war der oberste Priester, Magier und Weise der Gemeinschaft. Der Stab in seiner Hand symbolisierte seine spirituelle und weltliche Macht. Er hatte die leitende Funktion bei jeder Einweihung inne und entsprach dem Hierophanten in Eleusis. Er entschied, ob neue Mitglieder aufgenommen wurden. Bei den Einweihungsriten jeden Grades war er zugegen, was einige Abbildungen zeigen. Die Schriftrolle in seiner Hand deutete auf sein umfassendes Wissen um die Prinzipien und Hintergründe der Mysterien. Dazu gehörte auch die Kenntnis ihrer astronomischen und astrologischen Grundlagen. Aus den zehn führenden „Vätern" wurde ein „Vater der Väter" *(pater patrum)* gewählt. Er mußte hohe Stufen des spirituellen Lebens und der Moralität erreicht haben und war der eigentliche Repräsentant der Mithras-Mysterien.

Saturn war neben Mithras der wichtigste Gott dieser Mysterien, was auf ihren persischen Ursprung zurückweist. Er wurde als Statue und auf Reliefbildern dargestellt. Die Deutung seiner symbolischen Attribute gehört zu den schwierigsten Problemen der Mythologie, führt uns aber in die Tiefen und die Uranfänge unserer Welt. Seine Gestalt ist mit wichtigen Prinzipien verbunden, der *Zeit*, dem *Feuer*, dem *Opfer*, dem *Schicksal* und der *Gerechtigkeit*.

Das abstrakte Wesen der *Zeit* darzustellen ist nicht einfach. Man mußte Sinnbilder für den Zeitverlauf finden. Dazu bot sich der Jahreslauf der Sonne mit der Folge der Jahreszeiten und ihr Gang am Himmel durch die zwölf Sternbilder an. Diesen zeitlichen Verlauf stellte man in Form einer aufrechtstehenden menschlichen Gestalt mit Löwenkopf dar. Von unten nach oben ist sie von einer Schlange mit sieben Windungen umgeben. Diese symbolisieren den spiralförmigen Lauf der Sonne um die Erde sowie die Umläufe der sieben Planeten. Zwei Schlüssel mit zwölf Löchern weisen hin auf die zwölf Sternbilder, deren Tore aufgeschlossen werden müssen, um die Sonne passieren zu lassen. Die Sternbilder können auch den Leib der Gestalt bedecken. Auf den vier Flügeln der Gestalt sind Symbole der vier Jahreszeiten angebracht. Diese Statue aus Ostia zeugt von gedanklicher Tiefe und großem handwerklichen Geschick. Der Bezug auf den Sonnenlauf ist nebensächlich, es geht nur um den *Zeitverlauf* als solchen. Dieser Gott der Zeit wurde mit dem griechischen Wort *Aion* benannt.

Der *Gott der Zeit* verkörperte sowohl in Persien als auch in Griechenland den *Anfang der Welt und damit den Beginn der Schöpfung*. Dieser Gott hat mit Mithras nichts zu tun, wohl aber mit wichtigsten Elementen der persischen und griechischen Mythologie. In Persien verkörperte der uranfängliche Gott *Zervan* das Prinzip der Zeit. Zugleich mit ihm und der von ihm personifizierten Zeit beginnt die Welt. Aus Zervan entstehen auf einer zweiten Stufe zwei Zwillingsgötter, der lichte, weise und gute *Ormazd*, auch *Ahura Mazda* genannt, und sein finsterer, lügenhafter und böser Bruder *Ahriman*. Beide ringen um den Vorrang und die Herrschaft. Als Herrscher über die Zeit weist Zervan ihnen die Zeitperioden zu, innerhalb derer sie jeweils herrschen. Die Dauer dieser Auseinandersetzung von 9000 oder 12000 Jahren ist symbolisch gemeint, umspannt aber in ihrer Gesamtheit den großen evolutionären Kampf zwischen Geist und Materie, Licht und Finsternis, Wahrheit und Irrtum, Gut und Böse.

In diesem Kampf ist auch Mithras ein wichtiger Mitspieler, das war schon den Persern bewußt. Er ist es, der die durch Ahriman bewirkte Verblendung durch die Sinne und das materialistische Denken aufhebt und die Seelen wieder in die Lichtwelten des Geistes zurückführt. Auf seiner Seite kämpfen die Eingeweihten, wie es mit dem Gigantenkampf angedeutet wird. Diese große Auseinandersetzung wirft auch ein Licht auf den Ursprung der Mithrasmysterien, denen im alten Persien kultische Geheimbünde vorangegangen waren, bei denen der Kampf gegen den Drachen der zentrale Bestandteil war [16]. Dadurch enthielten die Mithras-Mysterien in verdeckter Form einen Zug von Apokalyptik, die im iranischen Spiritualismus stark ausgeprägt war.

Die Konzeption des Zeitgottes Zervan zeugt vom Tiefsinn und dem hohen philosophischen Abstraktionsgrad der Wissenden im alten Persien. Dem Zeitgott und damit der Zeit als solcher wurden drei verschiedene Aspekte zugeordnet. Sie bezeichnen die Anfangsphase jeder

Schöpfung, ihre volle Blüte und ihren Untergang [16]. Den Wissenden war klar, daß es keine unendliche lineare Aufwärtsbewegung gibt, sondern daß alles Geschaffene auch wieder sein Ende findet. Dieses Konzept begreift jedes Werden als einen Kreislaufprozeß, was eine erhabene philosophische Idee darstellt.

Mit dieser Konzeption von Aufstieg, Höhepunkt und Abstieg ist zugleich der Gedanke des *Schicksals* angesprochen. Das Schicksal läßt einen ungebrochenen ewigen Aufstieg nicht zu. Im Laufe der Zeit häufen sich Schuld, Irrtum und Versagen an, die nach ewiger Gesetzmäßigkeit zum Niedergang führen. Zervan war für die Perser deshalb auch die Schicksalsgottheit, was von einer alten armenischen Quelle bestätigt wird. Die Schicksalsgesetze wirken, so ergänzen wir, im Sinne der göttlichen *Gerechtigkeit*. Indem Zervan den feindlichen Brüdern Ormazd und Ahriman bestimmte Zeitperioden zuwies, handelte er, so wurde im Mythos ausdrücklich festgestellt, nach Gesichtspunkten gerechter Zuteilung unter Abwägung berechtigter Ansprüche beider. Zervan, die höchste iranische Gottheit, repräsentiert also die Seinsprinzipien *Schöpfung, Zeit, Schicksal und Gerechtigkeit*. Auf der Ebene der Elemente gehört zu ihm das *Feuer*, wie sich im folgenden zeigen wird.

In der griechischen Mythologie entsprach ihm *Kronos*, der älteste der Götter, vor dem nur Himmel und Erde existierten. Er war der Führer der *Titanen*, der ersten Göttergeneration. Sechs, bei genauer Zählung aber *sieben Titanenpaare* haben die Welt erschaffen, so berichtet es *Hesiod*. Als erstes und führendes Titanenpaar gehörten Kronos und seine göttliche Gefährtin *Rhea* zur höchsten planetarischen Ebene, der Saturnsphäre. (Die Inder nennen die Gefährtin eines Gottes seine *Shakti*, seine wirkende Kraft). Und so wurde denn der griechische Kronos von den Römern mit ihrem Saturn identifiziert, und in dessen Gestalt war er in den Mithras-Mysterien gegenwärtig. Der Name Kronos wird abgeleitet von griechisch *kraino* in der Bedeutung von „reifen, vollenden", also in Kategorien der *Zeit* [7]. Hier sind die gleichen Vorstellungen bei den Persern unübersehbar. Wenn Pflanzen reif sind, folgt die Ernte, und so brachte man Kronos-Saturn auch mit der Ernte, das heißt mit der Erfüllung eines Wachstumszyklus in Verbindung. Deutlich wird hier der Bezug zur Zeit. Die lautliche Übereinstimmung von *Kronos* und *Chronos*, dem Wort für „Zeit“, führte zusätzlich zu einer Identifikation des Kronos mit diesem Prinzip.

Das kosmische Prinzip Zeit wurde auch noch durch den orphischen Gott *Aion* personifiziert, und mit diesem wurde wiederum der oben beschriebene löwenköpfige Gott ausdrücklich gleichgesetzt. Besonders treffend haben die Orphiker, die eigentlichen Spiritualisten mit dem größten Wissen in Griechenland, die Zustände bei der Weltschöpfung beschrieben. „Den Anfang bildete hier die Zeit, selbst ohne Anfang. Darauf entsteht das Chaos, ein tiefer Abgrund, in welchem Nacht und Nebel brüten, und der feurige Äther ...“ [7]. Diesen dunklen Abgrund kannten auch die altisraelitische und die germanische Mythologie. Saturn und die durch ihn repräsentierte Zeit existieren also *vor der Entstehung des Lichtes und der Sonne*. Die Erschaffung des Lichtes erfolgt erst auf einer zweiten Stufe der Schöpfung, wie es auch die Bibel berichtet.

Deshalb ist der Zeitgott in den Mithras-Mysterien wie auch in Persien und Griechenland nicht mit dem Licht, sondern mit dem *Feuer* verbunden. Damit ist das *lichtlose Wärmeelement* gemeint. Die oben beschriebene löwenköpfige Gestalt war auch mit den Symbolen des römischen Feuergottes *Vulcanus*, mit Hammer und Amboß, versehen. Auf einer anderen Abbildung steht er neben einem Altarfeuer und sein glühender Atem vereinigt sich mit diesem. Die zwei Fackeln, die er in Händen hält, stehen dabei nicht für Licht, sondern für Feuer [17]. Auch andere Darstellungen zeigen ihn neben einem Altarfeuer. Manche Löwenköpfe hatten einen offenen Rachen, der von der Rückseite mit loderndem Feuer ausgefüllt wurde, so daß der Gott den Mysten im dunklen Mithräum als ein feuerspeiendes Wesen erschien.

Im griechischen Mythos war *Hestia*, die Göttin des Herdfeuers, *die Tochter des Kronos*. Saturns erste Hervorbringung ist also das Feuer. Der Hestia entsprach in Rom lautgleich die Göttin *Vesta*. Ihr war das ewige Feuer des römischen Staatskultes gewidmet, das von den Vestalinnen betreut wurde und niemals verlöschen durfte. Mit größter

Wahrscheinlichkeit bezog sich auch der persische Feuerkult, der eine zentrale Bedeutung hatte, auf den Gott Zervan-Kronos-Saturn. Den Gott des Feuers als den ersten und obersten zu akzeptieren bereitete den Römern also keinerlei Schwierigkeiten, sondern erleichterte sogar die Ausbreitung des Kultes im Römischen Imperium.

Das Feuer des öfters dargestellten Altars weist auf das Prinzip des *Opfers* hin. Der Altar ist der Ort des Opfers. Das Altarfeuer verzehrt das Opfer und leitet es in die Sphäre der Götter. Ein Symbol des „Vaters" war neben dem Stab die Opferschale. Das *Opfer* gehört also zum Wesen des göttlichen Vaters, zu Saturn. Darin liegt eine äußerst tiefsinnige, auf höchste philosophische und theologische Ebenen führende Konzeption. In diesem Sinne ist die Weltschöpfung ein Opfer der Gottheit. Sie opfert einen Teil ihrer eigenen Substanz, um die Welt zu schaffen. Im Zervan-Mythos wird gesagt, daß der Gott tausend Jahre opferte, um den künftigen Weltschöpfer Ormazd ins Leben zu rufen. Entsprechende Opfer bringen auch die indischen Weltschöpfer. Dieses Opfer göttlicher Substanz begründet den Pantheismus, die Vorstellung, daß Gott und die Welt eins sind. Wir ersehen aus allen diesen Darstellungen, daß den Mithras-Mysten durch die vielen Symbole ein umfassendes, äußerst tiefsinniges Weltbild vermittelt wurde. Das Mithräum war auf seine Weise auch für die noch nicht Erleuchteten eine inhaltsreiche spirituelle Lehrstätte.

Zeitzyklen – Die Planetenwoche. – Überall waren die Mithras-Mysten von den Symbolen des Himmels umgeben. Die Planetensphären bildeten für sie die Verheißung ihrer zukünftigen Existenz. Alle Gottheiten hatten einen kosmischen Charakter und Ursprung. Die Kräfte der Sternbilder und Planeten formten ihre Seele und lenkten ihr Leben. In der gesamten Schöpfung konnte ihre Wirksamkeit wahrgenommen werden. Aus diesem Sternenwissen heraus entstand in den Mithras-Eingeweihten das Bewußtsein von einer vom Kosmos gelenkten Evolution. Der Verlauf der Geschichte war für sie nicht zufällig und regellos. Das göttliche Prinzip der Zeit lenkte die Evolution und ließ sie nach einem kosmischen Plan verlaufen. Die Zeit hatte einen kosmischen

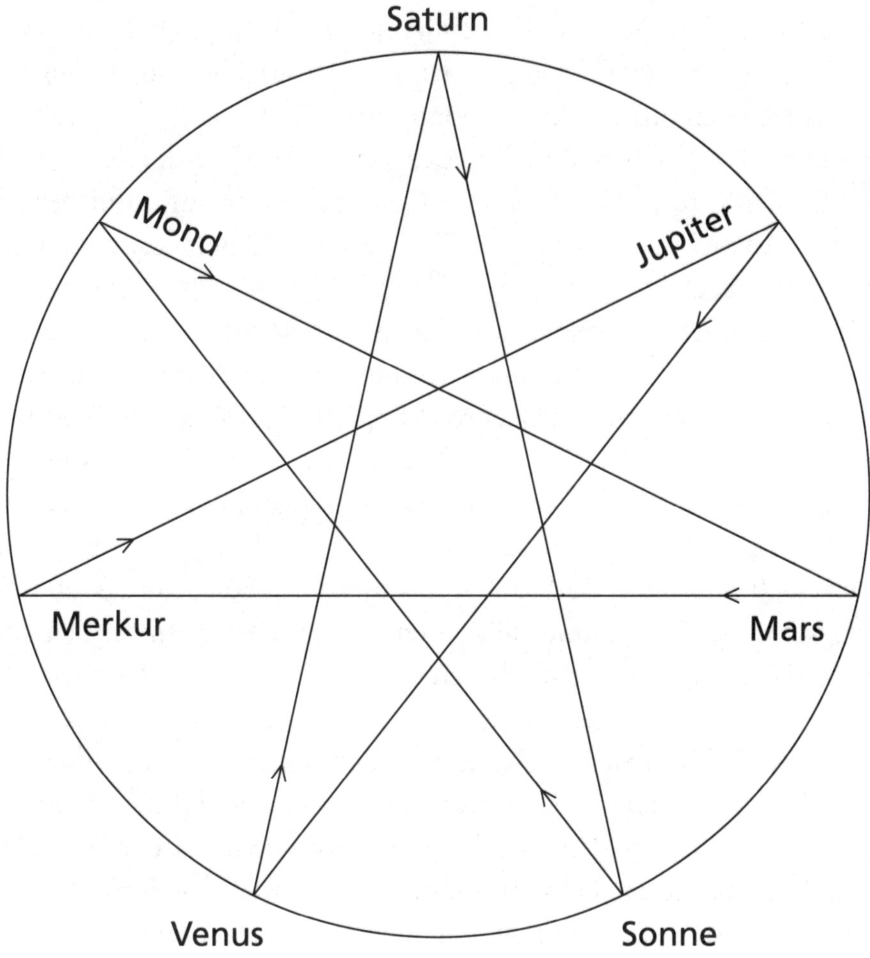

Ursprung und verlief in aufeinander folgenden Stadien. Hiermit nähern wir uns der Konzeption der *Planetenwoche* als einer allgemeinen Idee der Zeit, die in getrennten Stadien verläuft.

Diese antike Konzeption hat sich bis heute in der Aufeinanderfolge der Wochentage erhalten. Da zu Beginn der Schöpfung die Zeit mit Kronos-Saturn begonnen hatte, steht Saturn am Anfang der Woche als der englische *Saturday* (Samstag). Es folgen *Sonntag* (Sonne) und

Montag (Mond), darauf der französische *Mardi* (Mars, Dienstag) und *Mercredi* (Merkur, Mittwoch), schließlich *Jeudi* (Jupiter, Donnerstag) und *Vendredi* (Venus, Freitag). Im römisch besetzten Gallien, dem späteren Frankreich, haben sich die römischen Wochennamen am reinsten erhalten. Diese Konzeption der Woche war schon vor der Ausbreitung des Mithras-Kultes bekannt und in Gebrauch, aber aufgrund der kosmischen Ausrichtung wurde sie dort besonders hervorgehoben und verallgemeinert.

Diese Reihenfolge weicht von der oben besprochenen senkrechten Stufenfolge ab, beruht aber dennoch auf ihr. Die Planeten wurden in ihrer astronomischen, „senkrechten" Reihenfolge *kreisförmig* angeordnet. Ausgehend vom Saturn wird dann im Kreis eine Verbindungslinie zum jeweils *gegenüberliegenden Planeten* gezogen, nämlich zur Sonne, von dort zum Mond, von dort zum Mars, von dort zum Merkur, von dort zum Jupiter, von dort zur Venus und von dieser zurück zum Saturn. Aus diesen Verbindungslinien entsteht ein *Siebenstern*. Er ist das geometrische Symbol für die Stadien nicht nur der Wochentage, sondern der großen, kosmisch gelenkten Evolution. In dieser Reihenfolge wurden die Namen der Planeten in den Mithräen aufgeführt, zum Beispiel in Ostia, einer Hafenstadt mit zahlreichen Mysterienzentren. Dieser Kreis mit dem Siebenstern entstand offenbar aus der erwähnten Vorstellung, daß Zeit nicht ein linear verlaufender, sondern ein kreisförmiger Prozeß ist. Damit ist der Siebenstern auch ein Symbol der Zeit als solcher und des Zeitgottes Saturn. In vielen Mythen der alten Völker wurden besonders zeitliche Prozesse durch die Siebenzahl und ihre Vielfachen bezeichnet.

Den Planeten wurde in den Mithras-Mysterien eine universale Wirksamkeit zugeschrieben. So ordnete man die wichtigsten Metalle den sieben Wandelsternen zu. Dem Saturn entsprach das Blei, der Sonne das Gold, dem Mond das Silber. In dieser Konzeption wird die ganze Welt bis in die Materie hinein von Sternenwirkungen, das heißt von den gestaltenden Kräften der Weltseele durchdrungen. Der antike Philosoph *Platon* hat dieses Wirken der Weltseele im einzelnen ausgearbeitet.

Die göttliche Ur-Dreiheit. – Schließlich muß noch geklärt werden, warum die Mithras-Eingeweihten zwei der Planetengrade an eine andere Stelle verschoben haben. Obwohl die Eingeweihten genau wußten, daß die Sonne in der Mitte steht – was in der bildlichen Darstellung der sieben Planetentore auch zum Ausdruck kam –, haben sie die Sonne zum sechsten, zweithöchsten Planetengrad erhoben. Und jeder intelligente Mensch der Antike wußte, daß der Mond der Erde am nächsten ist und an der dritthöchsten Stelle des Planetensystems nichts zu suchen hat. Was also waren die Motive für diese schwerwiegende Verschiebung, durch die ja auch alle anderen Grade außer dem Saturngrad ihre Stellung vertauschen mußten?

Im Endergebnis rückten durch die Verschiebung die drei Himmelskörper Saturn (7. Grad), Sonne (6. Grad) und Mond (5. Grad) an die Spitze des Systems. Diese drei Kräfte repräsentierten damit drei höchste kosmische Mächte und Prinzipien: Saturn als Vater der Welt die Gerechtigkeit, die Sonne die Weltordnung, der Mond die auf Erleuchtung beruhende Weisheit. Darüber hinaus stehen diese drei Mächte *am Beginn* der hier besprochenen Planetenwoche bzw. der kosmischen Zeitzyklen. Die Verschiebung beruhte offenbar auf einer Kombination verschiedener Lehrtraditionen. Auf diesem Wege ließ man die Welt und die Evolution aus drei kosmischen Mächten des Urbeginns hervorgehen. Wir haben es also mit einer göttlichen Ur-Dreiheit Saturn – Sonne – Mond, einer Art kosmischer Trinität zu tun. Dabei steht die Sonne wiederum *in der Mitte* zwischen dem äußersten der obersonnigen und dem äußersten der untersonnigen Planeten. Sollte dies beabsichtigt gewesen sein, ließe sich ein solches Vorgehen gerade noch rechtfertigen.

Durch die Konstituierung einer göttlichen Ur-Dreiheit gewann das gesamte System der Mithras-Mysterien eine neue und höhere Dimension. Es ging nicht mehr ausschließlich um die mit den Mondenkräften zu realisierende Erleuchtung. Der Blick der Mysten wurde auch auf die anderen Kräfte im Universum gelenkt, die mit der Erleuchtung nichts zu tun haben. Es wurde an das Göttliche selbst appelliert, das sich als eine höchste Dreiheit offenbart, deren Kräfte der Strebende sich anzueignen hatte. Diese Dreiheit entsprach mit gewissen Nuancierungen den göttlichen Dreiheiten anderer Religionen einschließlich des Christentums. Es ist nicht einmal auszuschließen, daß dieses Vorgehen mit Blick auf solche andere Religionen geschah. Die Mithras-Mysterien gewannen damit eine Ganzheitlichkeit, die sie von anderen Mysterien unterschied.

Diese Ganzheitlichkeit kam auch durch den ethischen Anspruch der Mithras-Mysterien zur Geltung. Die Mysten wurden aufgefordert, alles zu unterlassen, was anderen Menschen Leid und Schaden bringen könnte. Sie sollten ihre Hände, aber auch ihre Zunge von allem rein halten, was andere verletzen würde. In einer symbolischen Handlung wurden die Hände des Mysten mit Honig übergossen. Er war nun ein „Melichrisus", ein „mit Honig Gesalbter", dessen Hände andere nicht verletzten.

Die Fixsternwelt. – Mit der Saturn-Ebene war das höchste Ziel der Jenseitsreise jedoch noch nicht erreicht. Einige wenige Mysten konnten den Bereich der planetarischen Sphären verlassen und sich in die Sternenwelt aufschwingen, wie es auch die ägyptischen Totenliturgien schildern. Diese achte Sphäre über den sieben planetarischen Ebenen wurde im Altertum das *Empyreum* genannt. Es ist der Bereich reiner Geistigkeit und des Ur-Lichtes, ein unendlicher Bewußtseinsraum von ewiger Existenz. Auf ihn beziehen sich die achte und neunte Stufe des Buddha-Weges. Diesen insgesamt neun Ebenen entsprechen auch die von mehreren Völkern genannten neun Himmel und die neun Engelhierarchien des christlichen Mittelalters. Die achte und neunte Stufe entsprechen dort den Spirituellen Wesen, welche *Cherubim* und *Seraphim* genannt werden.

Wer und was war Mithras?

Nach der Besprechung der Einweihung und ihrer Stufen wenden wir uns nun dem Spirituellen Wesen Mithras als solchem zu. Dabei sagt der geschilderte Aufstieg in die Planetensphären, in die Reiche des Himmels, bereits sehr viel über sein Wesen und seine Rolle im Weltgeschehen aus.

Um in diese Sphären führen zu können, muß dieser Gott naturgemäß selbst ein *kosmisches Wesen* sein! Zahlreiche Elemente im Mithras-Kult bringen diese Verwandtschaft mit der Sternenwelt zum Ausdruck.

Mithras und die Sternenwelt. – Da ist zunächst der Kultraum als solcher. Er ist überall in seiner Form als eine *Grotte* oder *Höhle* konzipiert. Die Höhle war im Altertum ein Bild des Himmelsraumes. Ihre gewölbte Form entspricht dem „Himmelsgewölbe". Im Inneren herrscht wie in der Sternennacht nur Halbdunkel. Dieser Raum ist zugleich ein Symbol für die Seele, die den „Innenraum" des Menschen bildet, und deshalb auch für die Weltseele, von der sie ein Teil ist. Auch die *Hekate-Mysterien* fanden in einer Höhle statt. Die symbolisch in einer Höhle wohnende Hekate war bei den Griechen, wie im zweiten Band beschrieben, die Göttin der Seelenwelt. Abbildungen von ihr fanden sich auch in Mithräen. Weil Schlangen in *Erdhöhlen* hausen, wurden sie symbolisch mit der Seelenwelt in Verbindung gebracht. Sie sind im Mithras-Kult überall anwesend.

Die Baumeister verliehen den Mithräen deshalb eine gewölbte Decke. Wenn die Mysten und Eingeweihten das Heiligtum betraten, sollten sie sich gleichsam inmitten der Sternenwelt fühlen. „Die gewölbte Decke war blau ausgemalt, denn sie stellte den Himmel dar und war mit Sternen übersät. Die ganze Mithrashöhle war ein Abbild des Weltalls" [17]. Außerdem waren an diesem gemalten Himmel die zwölf Sternzeichen angebracht. Sie begannen mit dem Widderzeichen und folgten in ihrer richtigen Reihenfolge mit Stier, Zwillingen, Krebs, Löwe, Jungfrau, Waage, Skorpion, Schütze, Steinbock, Wassermann, Fischen. An anderen Stellen wurden diese astralen Kräfte als zwölf kosmische Gottheiten abgebildet.

Der Sternenhimmel bildet Mithras' eigentliches Wesen. Das wurde dadurch ausgedrückt, daß sich sein Mantel zum Sternenhimmel erweiterte und diesen gleichsam im kleinen darstellte. „Der Mantel des Mithras ist immer weit nach hinten aufgebauscht. Mehrfach sieht man auf seinem Mantel sieben Sterne, also die sieben Planeten. Es ist ein Sternenmantel. Wenige farbige Fresken sind erhalten; auf ihnen ist der Mantel entweder himmelblau, so in Capua und in Marino, oder feuerrot, wie im Mithraeum Barberini, was ebenfalls den Himmel (das Empyreum) bedeutet. Wir werden sagen: Aus dem Mantel des Mithras entstand der Himmel. Diese Deutung wird zur vollen Sicherheit gebracht durch einige Darstellungen, auf denen der Mantel sich zu einer Kugel ballt ..." [17]. Das hier genannte Empyreum ist die höchste Sternensphäre weit über den Planetensphären, erfüllt vom Licht der Ewigkeit.

Das Mithräum hatte keine Fenster. Das konnte nicht anders sein, da die Mysten sich dort unter dem nächtlichen Sternenhimmel befanden. Das einzige Licht, das sie erreichte, kam von den Himmelslichtern im Innern des Tempels. Auf steinernen Reliefs befanden sich die ausgesparten Symbole von Sonne und Mond, die von der rückwärtigen Seite aus beleuchtet wurden. Ebenso erstrahlte über den beiden immer anwesenden Fackelträgern an Mithras' Seiten jeweils ein Stern mit flackerndem Licht. Hier und da leuchtete auch aus dem Rachen des löwenartigen Gottes das Urfeuer der Welt. Mehr als einige zusätzliche Öllampen waren im Mithräum nicht notwendig. Man kann sich die Wirkung dieses erhabenen Lichtfirmaments auf die Mysten vorstellen, in das sie im Mithräum versetzt wurden. Allein dieser Vorgeschmack auf die himmlischen Sphären verschaffte ihnen ein außergewöhnliches Erlebnis und erhob sie über die Öde des täglichen Lebens.

Befanden sich die Mysten in ihrem Tempel, dann waren sie sozusagen symbolisch „bei Mithras", in seiner ihm zugehörigen Sphäre. Durch die ganze Anlage des Heiligtums und seine vielen astralen Symbole sollten ihre Seelen hier aus ihrer irdischen Umgebung herausgehoben werden in die große Seele der Welt.

Mithras – Die Weltseele. – Der Sternenhimmel repräsentierte für die Wissenden aller alten Kulturen die Weltseele. Nach dem lateinischen Wort für die Sterne (astra) ist der Sternenhimmel ein astraler Raum, durchpulst von zahlreichen seelischen Kräften kosmischen Ursprungs. Dieser astrale Raum mit seinen seelischen Kräften bildet in seiner Gesamtheit die Weltseele. Die individuelle Seele ist ein Teil der großen

Weltseele und trägt deren Kräfte in sich. Ohne die Kräfte der Weltseele hätte die Einzelseele keinerlei Antriebe, Empfindungen, Gefühle, Emotionen, sie wäre völlig passiv, wie tot. Das, was die Seele in vielfältiger Art *bewegt und antreibt*, sind die astralen Kräfte. Die Seele ist in der großen und in der kleinen Welt das Prinzip der *Bewegung*. Mit einem modernen Wort wird die Weltseele oder der astrale Raum als die *Astralwelt* bezeichnet.

Die zwölf Sternzeichen bilden den sogenannten „Tierkreis", weil dessen Kräfte meist durch ein Tiersymbol ausgedrückt werden. Der Tierkreis, auch Zodiak oder Zodiacus genannt, leitet sich vom griechischen *zodion* her, was „beseeltes Wesen" bedeutet. Im Tierreich tritt in der Evolution zum erstenmal *Seele* auf, bereits das Tier ist ein „beseeltes Wesen". Dadurch wird auch das vielfältige Vorkommen von Tieren in der Symbolik der Mithräen erklärt. Auch innerhalb der Tierwelt befinden wir uns im Bereich der Weltseele.

Mithras als Herrscher in der Seelenwelt, dem Reich der Verstorbenen. – In den meisten alten Kulturen sah man die Himmelswelt als die Region an, in der die Verstorbenen leben. Dafür gibt es unzählige Beispiele. Die ägyptischen Vorstellungen vom Aufstieg der Verstorbenen durch die Planetensphären bis in die Sternenwelt, die bereits beschrieben wurden, gehören dabei zu den ausführlichsten und erhabensten Schilderungen. Die Eingeweihten unternehmen diesen Aufstieg bereits im Erdenleben, die anderen Menschenseelen nach dem sogenannten Sterben. Da es nur *eine* Weltseele gibt, ist diese große Welt der Seelen zugleich das Reich des Mithras. Er ist dadurch der Herrscher im Reich der Verstorbenen, der leibbefreiten Seelen, so wie auch *Osiris* und *Dionysos-Zagreus*, der identisch mit dem griechischen *Hades* ist.

Den Eingeweihten der Mithras-Mysterien war diese Seite im Wesen des Gottes bekannt. Sie haben ihn deshalb mit dem ägyptischen Gott *Serapis (Sarapis)* identifiziert, von dem es schöne gemeißelte Porträts in den Mithräen gab. Sein edles Antlitz, das eine milde Wehmut ausstrahlte, wurde von langen Locken und einem gewellten Bart eingerahmt. Serapis war mit Osiris in dessen Form des *Osiris-Apis* identisch. Durch

Serapis wurde die Gestalt des Osiris als Jenseitsgottheit im ganzen Mittelmeerkreis bekannt und verehrt. Meist erschien er verbunden mit *Isis*, der Gattin des Osiris. Beide wurden oft zusammen dargestellt, auch als ein Schlangenpaar mit menschlichen Köpfen, was sie als Gottheiten der Seelenwelt und der übersinnlichen Wahrnehmung erscheinen ließ. In ägyptischen Serapistempeln hielten sich Menschen auf, welche die Gabe übersinnlicher Wahrnehmung besaßen, Wahrträume hatten und Weissagungen verkündeten. Der Isis- und Serapiskult breitete sich bereits Jahrhunderte vor den Mithras-Mysterien in der Mittelmeerwelt aus. Später existierten beide Kulte im Römischen Reich nebeneinander. Durch die Identifizierung des Mithras mit Serapis wurde die Brücke zu den ägyptischen Mysterien geschlagen. Bei beiden Mysteriengottheiten handelt es sich um die Personifizierung der Weltseele, den Herrscher der Seelenwelt, in der alle Seelen ihre Heimat haben. – Der enge Zusammenhang des Serapis mit dem Apisstier, der die „Seele des Osiris" verkörperte, unterstreicht diese Identität, denn auch Mithras und der Stier waren durch ihre Verbindung mit den Mondenkräften eines Wesens.

Mithras – Der Stier. – Die gesamte irdische Umgebung, in der sich Mithras bewegt, ist auf den Abbildungen geprägt von der Tierwelt sowie von Menschen, die in enger Verbindung mit Tieren leben. *Hirten* sind Zeugen seiner Geburt oder greifen ihm dabei helfend unter die Arme. Man sieht Hirten auf der Weide, umgeben von liegenden und stehenden Tieren. Es sind Hirten, die vom Himmelswasser, dem Nektar des ewigen Lebens trinken, den Mithras symbolisch aus dem Felsen schlägt.

Bevor Mithras das Blut – als Nektar des ewigen Lebens – aus der Wunde des Stieres fließen läßt, spielen sich noch andere Szenen zwischen ihm und dem Tier ab. Dieses gegenseitige Verhältnis zwischen Gott und Tier wird von den Künstlern mit sichtlichem Interesse in Szene gesetzt. Zunächst muß der Gott den Stier einfangen. Dazu schwingt er sich auf den Rücken des in schnellem Lauf befindlichen Tieres. Dann trägt er den ermüdeten Stier auf seinem Rücken zu einem Stall und fesselt das starke Tier mit Gurten. Dort liegt der offensichtlich gezähmte Stier und harrt der kommenden Dinge. Schließlich kniet sich der Gott auf den Rücken des halb liegenden Tieres. In dieser Haltung ist Mithras mit dem Stier ganz eins geworden, und es ist deutlich wahrzunehmen, daß die Künstler diese innere Einheit empfunden und in ihrer Darstellung zum Ausdruck gebracht haben. Während Mithras dem Stier die blutende Wunde beibringt, wendet er den Kopf ab. Den Stier *verletzen* ist das Letzte was er will, schließlich ist dieser doch ein Teil seines eigenen Wesens! In den beschriebenen Abbildungen erscheint Mithras gleichsam selbst als *Hirte*. Ein Teil seines Wesens ist mit der Tierwelt verwachsen. Mithras ist ein Gott der Tiere. In der Gestalt des Hirten gleicht er vor allem Osiris, der durch seine Symbole, Hirtenstab und Geißel, als Hirte ausgewiesen ist.

Mithras – Der Jäger. – Doch ist Mithras auch *Jäger*. Auf einem Pferd reitend jagt er Tiere. Es sind Wildschweine, Hirsche, Antilopen. Er fängt sie mit dem Lasso ein oder erschießt sie mit Pfeilen. Bei diesen Jagden wird er von einem Löwen und einer Schlange oder einer Hundemeute begleitet. Auch in diesen Szenen, die eine starke Dynamik ausstrahlen, bewegt er sich inmitten der Tierwelt. – Mithras als Jäger hat größte Ähnlichkeit mit dem griechischen Jagdgott *Dionysos-Zagreus*, aber auch mit den „Jägern" *Rudra-Shiva* und *Horus*. Sie alle geben lebenden Wesen den Tod und lassen deren Seelen in die Seelenwelt eingehen. In dieser Funktion sind beide Bringer des Todes und in dieser Funktion Herrscher im Reich der entkörperten Seelen.

Als Hirte, Jäger und Bezwinger des Stieres ist Mithras ein Gott der Tierwelt. Auch hier ist das, was wirklich gemeint ist, die Seelenwelt. Das Tier ist Träger einer Seele. In der tierischen Seele sind Triebe und Emotionen noch sehr stark ausgeprägt. Die Seelen der Tiere befinden sich noch im Zustand ungezähmter Wildheit. Der Jäger in seinem „Jagdfieber" nimmt bei der Jagd selbst Züge des Wilden an. Auch Mithras selbst und die ihm verwandten Jagdgötter sind in einem Teil ihres Wesens offenbar noch wild. Dionysos stand mit seiner ungehemmten Dynamik in stärkstem Gegensatz zu dem immer abgeklärten, maßvollen

Apollon. In den Mysterien von Rudra-Shiva, Horus, Dionysos und Mithras mußte der Mensch eine gewisse Vorsicht walten lassen. War noch selbst Wildheit in ihm, würden die genannten Mächte diesen Zug noch verstärken. Das ist auch dem einen oder anderen römischen Kaiser zum Verhängnis geworden.

Mithras – Das Wasser. – Die Beziehung Mithras' zum Element des Wassers ist in den Mithräen nur angedeutet. Das sogenannte „Wasserwunder" bezieht sich dabei weniger auf das Wasser, als vielmehr auf den „Nektar des ewigen Lebens", der identisch mit dem Somasaft ist. Auch der hin und wieder dargestellte Gott *Oceanus* bedeutet nicht den Ozean, sondern das die Erde umgebende Äthermeer als universales Lichtelement.

In den Mithräen wird öfters der *Delphin* dargestellt. Er vor allem deutet auf das Wasser hin. Er erscheint im Zusammenhang mit *Cautopates*, dem Repräsentanten des Abendlichts, der seine Fackel senkt und hinunterführt in die vom Mond erhellte Nacht. Entsprechend ist der Delphin auch mit dem Grad des „Persers" und auch da mit dem Mond verbunden. Mond und Wasser haben in der Mythologie der Völker einen fundamentalen Bezug zur Fruchtbarkeit.

Über die enge Beziehung Mithras' zum Wasser geben uns die alten indischen und persischen Urkunden wichtige Aufschlüsse. In den Veden wird meist das Paar *Mitra-Varuna* zusammen angerufen. Es handelt sich, wie noch ausführlich zu besprechen ist, dabei um eine einzige Gottheit mit einem Doppelaspekt. An Mitra-Varuna wandte man sich, wenn die Dürre übermächtig und Regen herbeigesehnt wurde. „Mitra-Varuna, ... besteigt den Wagen! Wem ihr beisteht hier, dem läßt der Regen Süßigkeit vom Himmel strömen ... Wir gehen euch an um eure Gabe: Regen und Nicht-Sterben ... Zwei Stiere, Mitra, Varuna, ausgezeichnet beide, mit glänzenden Wolken hebt ihr Gedröhne an und läßt den Himmel regnen durch des Asura [des Regengottes Parjanya] Wunderkraft ... Die Sonne ... verbergt ihr am Himmel durch Wolken, durch Regen, o Parjanya, Tropfen von Süßigkeit stürzen hervor ... Durch die Dunsträume eilen schimmernd die Donnerer. Mit des Himmels Milch beträufelt uns, ihr Oberkönige! ... In Wolken kleideten die Marut [die Sturmgötter] sich mit Wunderkraft. Laßt regnen, ihr beide, den fahlen Himmel reingefegt!" [13].

Im Doppelaspekt des Gottes Mitra-Varuna ist es vor allem Varuna, der Wasser und Regen repräsentiert. „Das Faß mit der Öffnung nach unten hat Varuna ausgegossen, über Himmel und Erde und den Luftraum; damit benetzt der König der ganzen Welt die Erde wie ein Regenguß die Gerste. Er benetzt die Erde, die breite, und den Himmel, wenn Varuna Gemolkenes [Regen] haben will; mit der Wolke verhüllen sich die Berge ... Dies große Wunderwerk des weisesten Gottes, dessen hat sich noch keiner erkühnt: daß die schimmernden Flüsse das eine Meer, darein sie münden, nicht füllen mit ihrem Wasser" [13]. Varuna hüllt sich in die Flüsse wie in ein Kleid. „Durch die Wasser, die Meere geht Varuna." Überall, wo es Wasser gab, war auch dieser Gott. Und so beteten selbst die Wassersüchtigen zu Varuna um Heilung. Die weitaus meisten Gebete um Regen in den Veden richteten sich an Mitra-Varuna.

Auch im alten Persien sah man Mithra als den Spender des Regens an. Dort war er nicht verbunden mit Varuna, sondern er allein wurde um Regen angerufen. In ihm sah man denjenigen Gott, „der die Gewässer voll werden läßt, der die Anrufungen erhört, der Regen fallen und Kräuter wachsen läßt" [17]. Der Regengott Mithra ragt bis in eine graue Vorzeit hinein. Er muß schon bekannt und verehrt worden sein, bevor sich die Siedlungsgebiete des indo-arischen und iranischen Volkes trennten. Beide Völker waren sich auch sprachlich sehr ähnlich. Das trifft auch auf die sprachliche Identität von *Soma* und *Haoma* und anderer Götternamen und Begriffe zu. Wir blicken hier zurück in eine Jahrtausende alte Vorgeschichte der indogermanischen Völkerschaften. In diese sind auch Griechen und Römer einbezogen, was sich im weiteren noch bestätigen wird. Alle diese Völkerschaften hatten ursprünglich ein gemeinsames Siedlungsgebiet im östlichen Mitteleuropa und trennten sich dann auf ihren Wanderungen nach Süden und Südosten.

Mithras – Der Mond. – Alle hier angeführten grundlegenden Funktionen lassen erkennen, daß Mithras wesentliche Bezüge zum Mond und dessen Kräften hat. Er ist jedoch nicht ausschließlich auf die Rolle eines Mondgottes festgelegt, sondern besitzt noch andere Züge, die ihn mit dem Sternenhimmel als ganzem und dessen Bewegungen, dem Licht und dem Morgen- und Abendstern verbinden. Er ist eine sehr vielseitige Gestalt.

Wasser und Mond wurde in den Mythen der Völker meist zusammen gesehen. Die Vorstellung, daß der Mond den Regen bringt, war weit verbreitet. „Aus dem Monde entsteht der Regen", heißt es in den Brahmanas.

Ebenso war der Mond als Aufenthaltsort der verstorbenen Seelen bekannt. Dadurch war der Mond ein Symbol für die Seelenwelt als solche. Bildnisse von *Hekate* und *Serapis* wurden von den Mithräen in Auftrag gegeben und in den Tempeln aufgestellt. Beide sind Gottheiten der Seelenwelt, Herrscher in der Welt der „Verstorbenen", der nichtverkörperten Seelen. Der Mondencharakter der Hekate ist im zweiten Band ausführlich geschildert worden. Der Bezug des Serapis zum Mond ist gegeben durch seine Identität mit Osiris.

Daraus ergibt sich auch der Bezug der Tierwelt als ganze zum Mond, denn das Tier ist – im Gegensatz zu den Pflanzen – Träger einer von Trieben und Emotionen erfüllten Seele. Die griechische *Artemis* als große Göttin der Natur war eng mit den Tieren einerseits und dem Mond andererseits verbunden.

Die Verbindung des Mondes mit der Seelenwelt führt auch zu den Ausnahmezuständen des Seelenlebens. Die Mondenwirkung löst das Bewußtsein von der sinnenhaften Wahrnehmung der Außenwelt ab und führt es in die inneren Bereiche. Daraus können Zustände entstehen wie Schlafwandeln, Hypnose, Ekstase, Erlebnisse unter Drogeneinfluß, aber auch Wahnzustände. Solche Phänomene führten die Griechen auf die Mondgöttin *Hekate* zurück. Bei der Einweihung in den Mysterien benutzte man, wie geschildert, Substanzen der Somapflanze zur Unterstützung der Bewußtseinserweiterung. Auch viele andere bewußtseinsverändernde Substanzen verdanken ihre Wirkung den Mondenkräften, so etwa die „Heiligen Pilze". Im alten Indien wurde der Gott Soma, wie bereits geschildert, mit dem Mond identifiziert.

Mithras steht auf den Altarbildern immer in der Mitte zwischen dem Sonnengott und der Mondgöttin *Luna*. Deren Gespann wird von *Rindern* gezogen. Weiterhin ist der Stier nicht nur das zentrale Tier des Altarbildes, sondern fährt auch oft im sichelförmigen Mondboot am Himmel. Direkt unter ihm vollzieht sich das „Regenwunder". Aus der Sphäre des Mondes also fließt der Somasaft, der Nektar der Unsterblichkeit, der dem Menschen die Erleuchtung bringt. Mond, Stier und Soma sind eins. Sie alle bilden einen Teil des spirituellen Wesens, das Mithras genannt wird. Alle genannten Symbole und der Gott selbst bezeichnen hierbei nichts anderes als den Zustand des erweiterten Bewußtseins. Zugleich ist die Mondensphäre die erste spirituelle Ebene, welche die Seele bei ihrer Jenseitswanderung betritt.

Der indische Lichtgott Mitra

Mitra-Varuna – Das Morgen- und Abendlicht. – Mithras steht auf allen Abbildungen immer *zwischen* Sonne und Mond, *zwischen* Tag und Nacht, was auch seiner allgemeinen Bedeutung als *Mittler* entspricht. Er repräsentiert kosmisch einen *Zustand zwischen Licht und Finsternis*, so wie er auch auf der geistigen Ebene die Menschenseelen aus der Finsternis ins Licht führt. Diese Doppeldeutigkeit gehört fundamental zu seinem Wesen. Wie die folgenden Untersuchungen ergeben werden, repräsentiert Mithras deshalb das *Entstehen und Vergehen des Lichtes*. Am Morgen entsteht das Licht, am Abend vergeht es wieder. Das Morgenlicht und das Abendlicht, die Morgendämmerung und die Abenddämmerung bilden zusammen das Lichtwesen Mithras. Diesen Doppelaspekt haben bereits die alten Inder erkannt und ihm deshalb den Doppelnamen *Mitra-Varuna* gegeben, durch den Mitra dem Morgenlicht, Varuna dem Abendlicht zugeordnet wurde. Zu diesen Phänomenen erhalten wir bereits durch die altindischen Veden eine wahrhaft erleuchtende Aufklärung.

Mit Mitra-Varuna ist in den Veden die Göttin der Morgenröte *Ushas* engstens verbunden. Die Anrufungen der Morgenröte in den Veden gehören zu den schönsten und poetischsten Zeugnissen der Mythologie überhaupt. Die dichterische Begeisterung in diesen Preisliedern ist unüberhörbar. Wenn es wahr ist, daß Poesie die Ursprache der Menschheit ist, dann stehen diese Lieder an erster Stelle. Aus mehreren Liedern seien hier einige Kostproben ausgewählt!

„Schön zu schauen weckt sie die Leute auf, sie geht voran und macht die Wege gut gangbar; auf hohem Wagen, die Hohe, die alles in Bewegung setzt, die Morgenröte reicht Licht dar am Anfang der Tage" ... „In leuchtender Fahrt strahlt umher die erhabene Göttin, die hellrotfarbig rechtzeitig kommt nach heiligem Recht, die Morgenröte, und bringt das Sonnenlicht herbei" ... „O Morgenröte, unsterbliche Göttin auf lichtem Wagen, strahle ringsum, Freigebigkeit erweckend! Herfahren sollen dich lenksame Rosse, goldfarbig, von breiter Lichterscheinung!" ... „Die Brust entblößest du, zeigst dich verlockend schön, in Herrlichkeit leuchtend, Göttin Morgenröte" ... „Die lieblich Wundermächtige bringt hervor das Sonnenlicht und hat sich ausgebreitet zu des Himmels und der Erde Enden" ... „Uralt, doch immer jung, o Göttin, füllegebend wandelst du, All-Ersehnte, nach der Satzung" ... „Strahlend ist sie genaht, wie eine junge Frau, regt alles an was lebt, daß es sich rührt" ... „Die strahlende Geschenke-Bringerin erglänzte, die Glänzende hat uns die Tore aufgetan" [13].

In diesen poetischen Liedern machen die Veden auch wichtigste Aussagen über den Zusammenhang des Morgenlichtes mit Mitra. Er und Varuna gehören zu den *Adityas*, den sieben Söhnen der Göttin *Aditi*. Zusammen mit ihr werden sie angerufen, und zwar um *Licht*. „Wer erbittet heute der Götter Segen? Wer preist die Adityas und Aditi um Licht?" ... „Der Aditi, der Ordnungsstarken Licht, das nicht versehrt, des Gottes Savitar Ruhm künden wir" ... „Vor jeglicher Drangsal schütze uns Aditi; sonniges Licht, gefahrenfreies mögen wir erlangen" [12]. Aditi ist also eine Göttin des Lichtes, eines Lichtes, das nicht „versehrt", eines milden Lichtes, nicht das der Gluthitze des Mittags.

Dieser Zuordnung entsprechend wird Ushas, die Morgenröte, in den Veden „der Aditi Antlitz" genannt – in unserem Zusammenhang eine Aussage von größter Bedeutung [12]. Die Lichtgöttin Aditi zeigt ihr Antlitz also in Gestalt der Morgenröte! Das gleiche gilt auch für ihren Sohn Mitra. Ein „Sohn" ist in den Mythen immer gleichen Wesens wie der Vater oder die Mutter. Wenn Mitra der Sohn der Lichtgöttin Aditi ist und die Morgenröte deren Antlitz, dann ist Mitra gleichzeitig der „Sohn" der Morgenröte!

Ein weiterer Vers bestätigt dieses Verhältnis: „Heute, ihr Götter, bei der Sonne Aufgang rettet uns vor Bedrängnis und Schmach! Das sollen uns Mitra und Varuna gewähren, Aditi, Sindhu, die Erde und der Himmel." Dieser enge Zusammenhang wird in den Veden mehrfach bekräftigt. In der Fortsetzung der Zeilen, welche die Morgenröte als Antlitz der Aditi bezeichnen, heißt es: „Das schimmernde Gut, das die Morgenröten bringen, das Glück für den Menschen, der sich opfernd bemüht, damit sollen uns Mitra bereichern und Varuna, Aditi und Sindhu, Himmel und Erde." Auch hier werden die Morgenröte, Aditi und Mitra in einem Atemzug genannt. Mitra bringt den Menschen also „das schimmernde Gut" der Morgenröte. Wie die Sonne verbreitet er am Morgen Glanz: „Groß ist des Mitra und Varuna Zaubermacht: wie die Hellglänzende hat seinen Schein er vielseits ausgebreitet." In dieser Aussage wird Mitra nur mit der Sonne *verglichen*, aber er ist nicht identisch mit ihr. Mitra leuchtet, solange die Sonne noch nicht über dem Horizont aufgestiegen ist. Mitra als Morgendämmerung geht der Sonne *voraus*. Das Licht der Sonne, die den Namen *Surya* trug, folgt der Morgendämmerung nach: „Surya geht hinter der leuchtenden Morgenröte her wie der Jüngling hinter einem Mädchen." Kann man es noch poetischer ausdrücken? Einer der besten Kenner der vedischen Religion faßt diese Aussagen zusammen: „ Sie (Mitra, Varuna) besteigen ihren Thron beim Aufleuchten der Morgenröte, beim Aufgang der Sonne ... Mitra und Varuna lassen die Sonne am Himmel emporsteigen: Varuna hat ihr die Wege geöffnet: oft ist in Liedern an die Adityas vom Sonnenaufgang die Rede" [12].

Bei genauer Betrachtung sind die Sphären der beiden Brüder jedoch getrennt: Mitra wird mit der Morgendämmerung, Varuna mit der Abenddämmerung und der von den Himmelslichtern erleuchteten Nacht identifiziert. Deshalb gehorchen Mond und Sterne dem Befehl Varunas: „Jene Bären, die dort droben hingesetzt sind [die Sternbilder Großer und Kleiner Bär], die man nachts sieht, sie sind bei Tage fortgegangen, wohin auch immer. Untrüglich sind Varunas Gebote. Der Mond geht einher durch die Nacht blickend" [12]. Die Anschauung, daß Mitra den Tag, Varuna die Nacht beherrscht, war allgemein verbreitet. „Am Abend wird er Varuna, Agni; Mitra wird er morgens aufgehend" ... „Was Varuna zusammengedrückt hat [Himmel und Erde], soll Mitra am Morgen auseinanderbiegen" [12]. „Und dann durch die ganze Brahmanaliteratur zahlreiche Stellen, welche dieselbe Vorstellung wiederholen, daß Mitra den Tag, Varuna die Nacht geschaffen hat: wozu es stimmt, daß überhaupt nicht selten und in verschiedenen Formen bei Varuna im Unterschied von Mitra Züge des Düsteren, Unheimlichen, Gefährlichen hervortreten. Damit steht auch im Ritual die öfters begegnende Vorschrift im Einklang, daß man Mitra ein helles, Varuna ein dunkles Opfertier, oder daß man beiden Göttern zusammen ein ‚zweigestaltetes' darbringen soll" [12]. Hierbei werden wir an das schwarze Antilopenfell bei der oben geschilderten Diksha erinnert, das auch mit Shiva in Verbindung gebracht wird.

Varuna als der Abendaspekt dieses Gottes wird in den Veden weit ausführlicher behandelt als Mitra. Er vereinigt in sich zahlreiche Eigenschaften. Seine fundamentale Beziehung zum Wasser wurde bereits geschildert. Er personifiziert den *Sternenhimmel* und läßt die Sternbilder kreisen. Durch diese Nähe zum Sternenhimmel, zur Nacht und zum Mond erscheint er als Personifizierung der Weltseele. Er ist der Herrscher im großen Reich der Seelen. Deshalb ist er Totengott und wird auch „Tod" genannt [19]. Mit seiner *Schlinge*, die auch der Totengott *Yama* besitzt, zieht er beim Sterben die Seelen aus dem Leibe in sein Seelenreich. Er sendet den Menschen Krankheiten, verfügt aber auch über viele Arzneimittel. Die Ähnlichkeit mit *Rudra* ist unübersehbar.

Den Menschen im alten Indien war der kausale Zusammenhang zwischen Sünde und Krankheit bereits bewußt. Deshalb betete man zu Varuna, er möge die menschlichen Vergehen nicht mit Krankheit und Tod strafen. Man sah in ihm den Gott, der Unrecht straft, einen Hüter des Rechts. Auch aus einem anderen Grund sah man in Varuna den Hüter der kosmischen Ordnung, der *Rta*. Da er den Impuls für alle Bewegungen im Kosmos gab, glaubte man ihm auch die kosmische Ordnung zuschreiben zu dürfen. Beide Zuordnungen waren unzutreffend. Mitra-Varuna als Repräsentant der Weltseele ist zwar die Quelle aller kosmischen und seelischen Bewegungen, aber eben gerade deshalb nicht die Ordnungsmacht der Welt. *Die Ordnung der Welt stammt aus dem Geist*, einer Sphäre außerhalb und über der Weltseele.

Die Bewegungen am Himmel als solche, die aus einem *Bewegungsimpuls* hervorgehen, sind strikt zu trennen von ihrer gesetzmäßigen Ordnung. Jede Kraft innerhalb der Weltseele hat die Tendenz, sich ungehemmt auszubreiten, zu erweitern, zu verstärken. Das gilt besonders von einem Bewegungsimpuls. Einem solchen Impuls muß, um das Gleichgewicht im Kosmos zu erhalten, ein Maß, eine Grenze gesetzt werden. Dieses Maß liegt niemals in einem Impuls als solchem, es muß vielmehr von außen an ihn herangetragen werden. Das ist die Tätigkeit des Geistes. Indem er allen Kräften Maß und Begrenzung verleiht, wirkt er ordnend und das Gleichgewicht bewahrend.

Mitra-Varuna repräsentiert in keiner Hinsicht eine Ordnungsmacht. Diese gehört zum Geist und zur Sonne. Durch den inneren Zusammenhang mit dem Mond und den seelischen Trieben, die in der Tierwelt ihren speziellen Ausdruck finden, ist auch Mitra-Varuna in diese subjektive Sphäre mit einbezogen. Auch darin hat er größte Ähnlichkeit mit Rudra-Shiva und Dionysos. Dem Gott Shiva stehen *Brahma* und *Vishnu* als kosmische Ordnungsmächte gegenüber, dem Dionysos in gleicher Funktion als Wahrer der Weltordnung *Zeus* und dessen Sohn *Apollon*.

Diesen fundamentalen Unterschied zu erkennen ist von größter Wichtigkeit für das Verständnis der Mysterien, der mit ihnen verbundenen Spirituellen Wesen und des Einweihungsweges. Die Mysteriengottheiten führen die Seelen in die jenseitige Welt, sie schenken ihnen die Erweiterung des Bewußtseins, aber sie vermitteln der Seele keine „Ordnung", das heißt keine Disziplin und Moralität. Ohne Aufgabe des Egos und ohne Ausbildung zahlreicher Tugenden ist der Weg in die außersinnlichen Welten aber ein gefährlicher. Dieser Weg seelischer Läuterung und geistiger Disziplin ist angedeutet mit dem Entwicklungsgang des *Herakles*, der im zweiten Band geschildert wird. Der antike Philosoph *Platon* hat im Abendland zum ersten Mal eine klare Trennung von Weltseele und Weltgeist getroffen und ein grundlegendes Verständnis für ihre Unterschiedlichkeit vermittelt. Im indischen Spiritualismus gehört die Weltseele in den Bereich der *Prakriti* genannten kosmischen Macht, welche den Geist mit der Welt verbindet.

Die hier beschriebenen altindischen Vorstellungen von Mitra-Varuna als dem Gott des Morgen- und Abendlichtes fanden in den römischen Mithras-Mysterien eine vollständige Umsetzung in bildlich-symbolische Darstellungen. Die Gleichartigkeit der zugrunde liegenden Ideen ist so weitgehend, daß sie auf den Betrachter geradezu atemberaubend wirkt.

Mithras – Der Morgenstern der Seele

Mithras – Das neugeborene Licht. – Auf zahlreichen Reliefs wird die Geburt des Mithras aus dem Morgenlicht im Osten dargestellt. Auf diesen Skulpturen hat der Gott die Gestalt eines Knaben. Dieses Himmelskind symbolisiert das Geborenwerden des Lichtes am Morgen, die Morgendämmerung. Dementsprechend hält das Lichtkind eine Fackel in der Hand, Symbol des aufsteigenden Lichtes. Es können aber auch Getreideähren sein, die durch ihre goldgelbe Farbe ebenfalls an das Licht erinnern. In den Mysterien von Eleusis war die goldene Getreideähre ein Bild für die Erleuchtung. Die Haare des Lichtkindes sind gleichsam zu einem Strahlenkranz angeordnet. Auf einer Abbildung steigt der junge Mithras über einem Altarfeuer auf; er erhebt sich des

Morgens also inmitten von flammendem Licht. Das ist eine genaue Umsetzung der Funktion des altindischen Gottes *Agni*, der als das himmlische Feuer den Morgen- und Abendhimmel färbt. Im Mithras-Hymnus des persischen Avesta wird beschrieben, wie Mithra als Sonne über einem „Berggipfel im Osten" aufgeht. Dort heiß es auch, „daß der Gott morgens die vielen Erscheinungen hervorbringt, sobald er seinen Leib leuchten läßt" [17]. – Neben oder über dieser Geburtsszene erscheint öfters der *schlafende und träumende* Saturn. Wenn Mithras sich am Morgenhimmel zeigt, ist also noch Schlafenszeit, das heißt die Stunde der allerersten zarten Morgendämmerung. Bis die Sonne am Himmel aufsteigt, dauert es noch mehrere Stunden. Mithras repräsentiert das Frühlicht, das Zwielicht, *nicht* die Sonne. Er ist wie der ihm entsprechende toltekische Quetzalcoatl der „Herr der Dämmerung".

Das Lichtkind. – Das Lichtkind erhebt sich auf den Abbildungen aus einem kleinen Felsen. Dieser erinnert zum einen an eine Landschaft, über deren Bergen im Osten das Licht aufgeht. Zum anderen steht der Fels in der persischen Mythologie für den Himmel. Ihn dachte man sich so hoch und so dauerhaft wie einen großen felsigen Berg. Dieser Fels ist aber auch gestaltet wie ein Pinienzapfen. Diese Darstellung bildet eine Parallele zu den Bäumen, aus denen Mithras öfters herauswächst. Hier wird der Himmel als der *Weltenbaum* aufgefaßt. Seine Äste symbolisieren die planetarischen Ebenen, seine Krone den Sternenhimmel. – Um den kleinen Felsen kann sich auch eine Schlange winden. Hier steht sie für das Tier, das seine Haut abwirft und sich so erneuert. Der Lichtgott hat die Nacht und den vorangegangenen Tag hinter sich gelassen, er verjüngt sich jeden Morgen aufs Neue, wie, in einem anderen Bilde, der ägyptische Vogel Phönix.

Mithras – Der Morgen- und Abendstern. – Mithras regiert die Zeiten des Tagesanbruchs und des Anbruchs der Nacht. Der Beginn des Tages wird dabei durch den Sonnengott, der Beginn der Nacht durch die Mondgöttin dargestellt, die mit ihrem Rindergespann in die Sternennacht fährt. Auf allen Abbildungen wird Mithras von zwei jugendlichen *Fackelträgern* flankiert. Sie symbolisieren zugleich das *Doppel-*

wesen Mithras. Der eine Fackelträger steht auf den Abbildungen direkt unter dem Sonnengott, der andere unter der Mondgöttin (siehe Abbildung Seite 175). Der unter dem Sonnengott stehende Fackelträger *hebt* seine Fackel empor, der unter der Mondgöttin stehende *senkt* sie. Die beiden Fackeln stehen, was leicht zu erraten ist, für das auf- und untergehende Licht, die erhobene Fackel für das Morgenlicht, die gesenkte Fackel für das Abendlicht. In der Sprache der Mithras-Mysterien heißt der morgendliche Fackelträger *Cautes*, der abendliche *Cautopates*. Zusammen mit Cautes wird oft ein *Hahn* abgebildet. Er symbolisiert das erste zarte Morgenlicht, das er mit seinem Krähen begrüßt und mit dem er die Menschen aufweckt. Zu Cautopates dagegen gehört die *Eule*, der Vogel der Nacht.

Über den beiden Fackelträgern erscheint in den Abbildungen oftmals ein Stern. Bei ihm handelt es sich um den Stern, der noch vor der Morgenröte erscheint und am Abend der Sonne und der Abendröte nachfolgt – den Morgen- und Abendstern. Die beiden Fackelträger stehen also in einem engen Zusammenhang mit dem Morgen- und Abendstern, ja sie verkörpern geradezu seine beiden Aspekte. Der Morgenstern wurde griechisch *Phosphoros* und römisch *Lucifer* genannt, während der Abendstern griechisch *Hesperos* und lateinisch *Vesper* hieß. Hesperos erinnert uns an den Baum der Hesperiden im Abendrot des fernen Westens, der die goldenen Äpfel der Erleuchtung trägt und von einer Schlange umwunden ist. Abgebildet wurden Phosphoros und Hesperos auf antiken Bildwerken jeweils mit Fackeln in den Händen. Die Fackelträger in den Mithras-Mysterien stammen also aus der griechischen Mythologie.

Mithras – Der Lichtträger. – Phosphoros leitet sich ab von dem griechischen Wort *phos* für Licht, Lucifer vom lateinischen *lux*, worauf das deutsche *Licht* zurückgeht. Die jeweiligen Endungen *-phor* und *-fer* sind stammverwandt und bedeuten *tragen*. Phosphoros-Lucifer bedeutet also wörtlich „Lichtträger". Das ist eine zutreffende Namensgebung für den hellsten Planeten und Stern des Himmels, der als einziger einen Schatten wirft. Phosphoros hieß auch *Heosphoros* oder *Eous*, was beides auf den Namen der Morgenröte *Eos* zurückgeht. Der Morgenstern ist der Stern, der sich in der Morgenröte darbietet. Die Göttin Eos, lateinisch *Aurora*, ist also in diesen ganzen Komplex mit einbezogen. Den Phosphoros faßten die Griechen als den Sohn der Eos auf, sein Vater war *Astraios*, der Sternenhimmel. Der Sohn der Eos hieß auch *Phaëton* und ist mit Phosphoros identisch. Bei den antiken Dichtern erfreute sich der Morgenstern großer Beliebtheit. „Er ist der glänzende Stern, der vor Anbruch der Morgenröte am Morgenhimmel in unvergleichlicher Helle und Schönheit strahlt, der einzige Stern, der Schatten wirft" [4]. Phosphoros schreitet der Morgenröte voran und ruft ihr Licht herbei. Er verscheucht die Sterne, deren Licht er beschließt, und ist der Vorbote der Sonne, der er auf weißem Pferde mit der Fackel in der Hand voranreitet.

Der Morgen- und Abendstern, der Venusplanet, wurde auch „Stern der Aphrodite" genannt, die mit *Venus*, der Göttin der Schönheit, identisch ist. Die Morgenröte Eos ist selbst wunderschön und bevorzugt wie Aphrodite nur die schönsten Männer. Auch ihr Sohn Phosphoros oder Phaëton war so schön, daß er sogar mit Venus einen Wettstreit um die Schönheit einging. Nach einer anderen Erzählung hat Aphrodite den jugendlichen Phaëton um seiner Schönheit willen entführt und ihn zum nächtlichen Hüter ihrer Tempel bestellt. Phosphoros-Lucifer rückt sowohl astronomisch als auch im Mythos in engste Beziehungen zum Venusstern und zur Göttin Venus-Aphrodite.

Aus der gesamten Symbolik ergibt sich ein enger, unlösbarer Zusammenhang zwischen dem römischen Mithras und dem Morgen- und Abendlicht, der Morgen- und Abendröte, dem Morgen- und Abendstern. Man kann mit vollem Recht sagen, daß er diese astronomischen Erscheinungen geradezu repräsentiert. Er ist der Gott des Lichtes, der „Lichtträger", aber in der *von der Sonne losgelösten Form*. Er ist das Licht, welches das Erscheinen der Sonne *ankündigt*. Mithras ist auf keinen Fall der Sonnengott. Dieser tritt in den Abbildungen und Erzählungen stets als deutlich getrennte, völlig selbständige Person auf, und zwar auch neben Mithras selbst.

Daß Mithras von den Römern hin und wieder als Sonne und Sonnengott bezeichnet wurde, lag im Zuge der damaligen Zeit. Aus diesem Grunde wurde der 25. Dezember, der Tag der Sonnenwende und des zunehmenden Lichtes, sowohl dem Sonnengott als auch Mithras als Geburtstag zugeordnet. Die Stellung als Sonnengott beanspruchten auch einige römische Kaiser. Die Römer haben den Unterschied zwischen der Sonne als solcher und dem von der Sonne abgelösten Licht nicht verstanden. Diese Unterscheidung ist aber fundamental für das richtige Verständnis von Mithras und dem Sonnengott. Schließlich haben auch die Inder und Griechen das Licht der Morgen- und Abendröte nicht mit ihrem Sonnengott gleichgesetzt.

Aus allem ergibt sich die vollständige Identität des indischen Doppelwesens Mitra-Varuna mit dem römischen Doppelwesen Mithras, das durch die Zweiheit der Fackelträger repräsentiert wird. Sein lichter, morgendlicher Aspekt entspricht dem indischen Mitra, sein abendlicher, dunkler Aspekt dem Varuna. Mit dem lichten, morgendlichen Aspekt korrespondiert das Prinzip der *Schönheit*, welche alle Dinge auf Erden verklärt. Der abendliche Aspekt weist hin auf das Verlassen der äußeren Welt der Schönheit, auf den Seelenflug in die Weiten der Sternenwelt, auf das Sehen mit dem Inneren Licht, auf den Garten der Hesperiden und die Erleuchtung.

Ebenso ist das Doppelwesen Mithras identisch mit den ägyptischen Doppelwesen, welche die beiden Horizonte und das Morgen- und Abendlicht personifizieren: Harachte, Aker, Isis-Nephthys, Schu-Tefnut. Mit dem Lichtwesen Schu-Tefnut ist Mithras auch als Himmelsträger identisch. So wie vom „Horus der Horizonte“ könnte man ebenso von einem „Mithras der Horizonte“ sprechen. Auch die ägyptischen Doppelwesen besitzen die zwei Aspekte des äußeren und inneren Lichtes. In dem Paar Schu-Tefnut repräsentiert Schu den Morgenaspekt, das äußere Licht, während Tefnut das Schauen mit dem Dritten Auge im Inneren Licht verkörpert.

Mithras – Der Himmelsträger. – In den Mithräen wird Mithras auch als „Himmelsträger“ dargestellt. Reliefs zeigen den Gott, wie er mit den Armen Erde und Himmel auseinanderstemmt [17]. Die entstehenden zwei Welthälften können auch als ein großes Ei versinnbildlicht werden, wobei eine obere und eine untere Eierschale entstehen. Dieses Symbol geht zurück auf die Orphiker. Sie waren die wirklich Wissenden in Griechenland und hatten die alte Urweisheit bewahrt. Sie nannten den Gott, der die Welt in zwei Hälften teilte, *Phanes*, das heißt sinngemäß übersetzt „der alles zur Erscheinung bringt". Inmitten der Dunkelheit, die herrschte, als Erde und Himmel noch nicht getrennt waren, entstand ein silbernes Ei. Es teilte sich in zwei Hälften, und aus ihm leuchtete nun der jugendliche Lichtgott auf. Es ist also das *Licht*, das den Himmel von der Erde trennt und dadurch auch alle Dinge zur Erscheinung bringt. Dieser Vorgang wiederholt sich jeden Morgen, wenn das Morgenlicht den Himmel über die Erde erhebt. Derselbe Vorgang wurde in Ägypten durch den Himmelsträger Schu symbolisiert, der seine abendliche Entsprechung in seiner Schwester Tefnut hatte. Der orphische Lichtgott Phanes, der das kosmische Ei in zwei Hälften trennt, wurde in den Mithräen auch plastisch dargestellt.

Mitra-Varuna als Himmelsträger und die „Himmelskuh" Aditi. – Auch Mithras als Himmelsträger geht zurück auf die altindische Doppelgottheit Mitra-Varuna. Von Varuna (Mitra-Varuna) wird nämlich berichtet, daß er Himmel und Erde auseinandergestemmt habe [19]. Aus dieser Zuordnung wird noch einmal deutlich, daß Mitra-Varuna als eine einzige Gottheit mit zwei Aspekten zu betrachten ist. Eigenschaften, die in den Veden Varuna zugeschrieben werden, gelten im zentralen Bereich auch für Mitra bzw. den späteren Mithras.

Mitra-Varuna als Himmelsträger wirft nun auch ein erleuchtendes Licht auf seine Mutter *Aditi*. Sie wurde bereits als das Morgenlicht beschrieben, deren Antlitz die Morgenröte ist. Aditi wurde von den alten Indern noch unter einem anderen Symbol gesehen, nämlich dem der *Kuh*. Dieses Symbol ist nur auf den ersten Blick befremdlich, wird aber durch die hier behandelten Himmelsaspekte sozusagen von selbst erklärt. Als *Morgenlicht* und eines Wesens mit ihrem Sohn und Lichtgott Mitra-Varuna ist Aditi selbst die kosmische Macht, die den Himmel erhebt. Damit rückt sie in die Funktion der „Himmelskuh“, welche auf ihren vier Beinen – den Himmelspfeilern – den Himmel „trägt“. Die „Himmelskuh“ Aditi ist vollkommen identisch mit der oben beschriebenen ägyptischen Himmelskuh *Methyer (Mehet-weret)* oder der Göttin *Hathor* als Himmelskuh, welche die Sonne am Morgen über den Horizont heben. Diese alte Himmelssymbolik läßt nun auch die Verehrung der Kuh in Indien verstehen. Sie leitet sich zweifelsohne von diesem uralten Symbol her. „Tötet nicht die schuldlose Kuh, die Aditi“, heißt es in einem alten Ritualvers [12]. „Im späteren Ritual ist die Anrede Aditi für eine im Zusammenhang der heiligen Handlungen auftretende Kuh gewöhnlich“ [12]. Indem Aditi als Morgenlicht Himmel und Erde voneinander trennt, schafft sie einen weiten *Lichtraum*. Aus diesem Grunde wurde Aditi mit den Kategorien von *Weite* und unbeschränkter Ausdehnung verbunden. „Sie vertritt die Ideen der Breite, Weite, Unbeschränktheit ..., der Befreiung und Freiheit ... Sie steht nämlich im Gegensatz zu aller Enge und Beschränktheit“ [19]. Wie sie erlöst auch ihr Sohn Mitra-Varuna die Seelen aus der Enge und Finsternis und führt sie empor ins ewige Licht und in die unbegrenzten Weiten der Weltseele.

Die Gottheiten des Morgenlichts und die „Himmelsträger“ in ihren verschiedenen Gestalten sind in Indien und Ägypten völlig identisch. Mitra-Varuna als Himmelsträger ist identisch mit dem Doppelaspekt des Himmelsträgers Schu-Tefnut. Der spirituelle Aspekt des Schu ist Horus in seinem Doppelaspekt der beiden Horizonte. Horus ist Gatte der Hathor, der „Himmelskuh“. Mitra-Varuna ist Sohn der „Himmelskuh“ Aditi. Mitra-Varuna und der „Horus der Horizonte“ stehen hinter der Gestalt des Mithras mit seinem Doppelaspekt des Morgen- und Abendlichtes. Diese Identität erweist sich auf zwei verschiedenen Ebenen, der astronomischen und der spirituellen. Mitra-Varuna und Horus schenken dem Menschen sowohl das Morgenlicht als auch die Erleuchtung der Seele, und beide Aspekte werden auch durch Mithras repräsentiert. – Diese Identität zentraler indischer und ägyptischer Mythen wirft für die Altertumsforscher natürlich mannigfaltige und schwerwiegende Fragen auf.

Mithras – Atlas. – Die Erhebung des Himmels wird auch dargestellt in Szenen, in denen Mithras oder ein ihm entsprechender Hirte in der Gestalt des griechischen Himmelsträgers *Atlas* erscheint. Auf der Erde kniend hebt er das Himmelsrund als schwere Last auf seinen Schultern empor. Oder er hält den Himmelsglobus in seiner erhobenen Hand. „Auch im Mithräum bei dem Palazzo Barberini in Rom ist Atlas auf einem Paneel abgebildet. In dieser Darstellung ist die auffällige Variante, daß er wiederum auf einem Knie ruhend die Linke auf die Erde stemmt und mit der hocherhobenen Rechten den Himmelsbogen berührt. Zu seinen beiden Seiten wächst je eine Zypresse. Nur im Tragen des Himmelsgewölbes zeigt sich in all diesen Bildern die griechische Auffassung von Atlas; der große Unterschied besteht darin, daß er hier das Gewand des Mithras und dessen phrygische Mütze trägt. Es ist also Mithras selbst, dem die Last des Globus aufgebürdet ist" [18].

Die beiden Zypressen neben Mithras symbolisieren die Säulen, die den Himmel tragen, und die nach Homer von Atlas aufgerichtet werden. In Wirklichkeit wird der Himmel durch das Morgenlicht „erhoben" und ist ein dynamischer Vorgang. Die Bäume oder Säulen wurden in Ägypten durch die vier oder acht Heh-Götter repräsentiert. Auch bei den Tolteken wurden die Himmelsstützen durch zwei Bäume symbolisiert.

Hier müssen wir die Gestalt des griechischen Atlas noch näher betrachten. Man dachte ihn sich weit im Westen stehend, und deshalb wurde auch das „Atlasgebirge" in Marokko nach ihm benannt. Im Westen, in der Region des Sonnenuntergangs, befand sich auch der Garten der Hesperiden und der Baum mit den goldenen Äpfeln der Erleuchtung, der von einer Schlange umwunden wird. In seiner unmittelbaren Nähe dachte man sich Atlas stehend. Dieser wurde auch als Vater der Hesperiden angesehen, eine in diesem Zusammenhang äußerst wichtige Zuordnung. *Herakles*, der sich auf dem Weg zu den Hesperiden befand, begegnete ihm dort, was im zweiten Band beschrieben wird. In dieser Erzählung enthüllt sich uns eines der tiefsten Geheimnisse der griechischen Mythologie. Es ist nämlich nicht Herakles selbst, der die goldenen Äpfel vom Hesperidenbaum pflückt, sondern *Atlas*, der Himmelsträger. Zu diesem Zweck muß er die Last des Himmels für kurze Zeit an Herakles übergeben, der sie auf seine eigenen Schultern nimmt. Dabei handelt es sich um eine berühmte Szene, die Gegenstand bildlicher Darstellungen war. *Atlas pflückt also die goldenen Äpfel* und bringt sie Herakles. Mit anderen Worten: *Herakles empfängt die Erleuchtung, das Spirituelle Bewußtsein vom Himmelsträger Atlas!* Dieser ist also auch im griechischen Mythos der Gott der Einweihung, der Mysteriengott. Sowohl astronomisch in Gestalt des Himmelsträgers als auch in seiner Funktion als Mysteriengott ist er identisch mit Mithras. Beiden entspricht in Ägypten Schu-Harachte-Horus. Bereits viele Jahrhunderte vor Entstehung der römischen Mithras-Mysterien haben die alten griechischen Eingeweihten das Geheimnis des Himmelsträgers und Mysteriengottes erkannt und im Herakles-Mythos formuliert. Staunend steht der Betrachter vor der Tiefe dieses Mysterienwissens. Es stammt aus uralten Zeiten, als die indogermanischen Stämme sich noch nicht auf ihre verschiedenen Siedlungsgebiete verteilt hatten und war, wie gezeigt, auch den Indern und Persern bekannt. Zugleich stimmt es sachlich und wörtlich mit dem Wissen der alten Ägypter überein.

Atlas – Aphrodite – Dionysos. – Wenn sowohl Hesperos als auch Atlas als Vater der Hesperiden genannt werden, so muß zwischen ihnen Identität angenommen werden. Damit rückt Atlas als Repräsentant des Abendsterns in die Sphäre der Venus-Aphrodite. Auf diese und Atlas führt auch die Abstammung des zweiten, irdischen *Dionysos* zurück. Seine irdische Mutter *Semele* stammt von dem großen Heroen *Kadmos* aus Theben ab. Dieser wiederum hatte Vorfahren und direkte Verwandte im Orient, nämlich *Belos*, der für den Gott Ba'al steht, und *Phoenix*, eine Personifizierung des Vogels Phönix, welcher Morgen- und Abendröte repräsentiert und zu Osiris gehört [7]. Kadmos heiratete *Harmonia*, eine Tochter der Aphrodite, aus deren Verbindung Semele, des Dionysos Mutter, stammte. Harmonia hatte die Pleiade *Elektra*, die „Strahlende", zur Pflegemutter. Elektra und ihre sechs anderen Pleiadenschwestern wiederum waren Töchter des Atlas.

Hier bewegen wir uns im Umkreis der Mysterien von *Samothrake*, in denen Dionysos der Mysteriengott war. Um Dionysos ranken sich also lauter Gestalten aus dem astronomischen Umkreis von Morgen- und Abendlicht, Morgen- und Abendstern. Dionysos ist, wie im zweiten Band beschrieben, der thrakisch-griechische Mysteriengott. Als solcher ist er sowohl grundsätzlich als auch in wichtigen Attributen mit Mithras verwandt. Einige Darstellungen in Mithräen zeigen Symbole des Dionysos, dessen Identität mit Mithras damit angedeutet wurde. Aber auch die hier in Kurzform aufgezählten Bezüge weisen auf den gleichen astronomischen Hintergrund.

Mithras – Orion. – Hier knüpfen wir noch einmal an die oben behandelte Geschichte von Orion an. Als großer Jäger, als „Riese" der Urvergangenheit, der noch das Dritte Auge und die Hellsicht besaß, diese aber verlor und wiedergewann, ist er eine Entsprechung zu Horus. Aber es ergeben sich auch Entsprechungen zu Mithras und dem hier behandelten astronomischen Hintergrund. „Vor kurzem hat M. P. Speidel in einer kleinen Monographie darauf hingewiesen, daß die Figur des Mithras auf Szenen mit dem Stieropfer auch den Orion darstellt, den großen Jäger der griechischen Mythologie. Die gespreizten Beine des Mithras, sein Gürtel, seine Schultern passen genau zu den Figuren des Orion auf den antiken Himmelskarten; Orion führt auch das Schwert; und vor allem, auch Orion hat den Kopf immer nach rückwärts gewendet, ganz wie Mithras auf den Reliefs. Mithras ist also gleichzeitig der griechische Heros Orion; man muß ja immer mit doppelten Deutungen rechnen. Gesichert wird die Beobachtung Speidels durch das kleine Relief von Heddernheim, wo die beiden Beine des Mithras durch Sterne markiert sind. Dies gibt nur Sinn, wenn man die Figur auf das Sternbild des Orion bezieht" [17].

Diese Gleichsetzung ist nach allem hier Gesagten nicht mehr verwunderlich. Der Jäger Orion entspricht den ägyptischen Jägern Haroëris, Onuris und Horus, die eine Einheit bilden. Seine Erblindung und die Wiedergewinnung des Augenlichts hat seine Parallele in der

Erblindung des Horus. Horus und Mithras wiederum sind Herrscher des Sternenhimmels, der großen Seelenwelt und damit auch die Mysteriengötter.

Hinzu treten die astronomischen Entsprechungen. Orion ist der Geliebte der Eos, der Göttin der Morgenröte. Den schönsten aller Männer entrückt diese zu sich in die himmlischen Höhen. Mit ihr zusammen leuchtet Orion deshalb auch am Morgenhimmel, so können wir ergänzen. Seine innere Verwandtschaft zu Phosphoros-Phaëton, dem „Sohn" der Morgenröte, der als schönster aller jungen Männer von Aphrodite entführt wurde, ist unübersehbar. Diese Verwandtschaft erklärt nun auch das eigenartige Phänomen, daß sowohl Orion als auch Mithras auf den Darstellungen grundsätzlich nach *rückwärts* blicken. Als Repräsentanten der Morgenröte und des Morgensterns *blicken sie zurück auf die hinter ihnen aufgehende Sonne*, der sie ja vorausgeeilt waren! Wie sagen es die indischen Veden: Die Sonne folgt der Morgenröte wie ein Jüngling dem Mädchen! Und das Mädchen Morgenröte, so ergänzen wir nun, blickt zurück auf den ihr folgenden strahlenden Freund. Orion gewinnt das durch die Blendung verlorene Augenlicht wieder, indem er nach *Osten*, also in Richtung des Osthorizontes wandert. Indem er dort seine Augen dem *Frühlicht der Sonne* aussetzt, gesunden diese und er wird wieder sehend. Auch in dieser Episode *blickt er zurück*, nämlich nach Osten. Astronomisch gesehen macht dieses Zurückblicken nur Sinn, wenn Orion hier das Morgenlicht oder den Morgenstern repräsentiert, der auf die nachfolgende Sonne „zurückblickt".

Mithras – Der kosmische Beweger

Aus den bisherigen Schilderungen ergibt sich die Rolle von Mitra-Varuna als Verursacher der kosmischen Bewegungen von selbst. Varuna ist der Gott, „der das erhabene Firmament da droben, zwiefach das Gestirn, hat angetrieben" [13]. Der Gott bewirkt also die scheinbare Umdrehung des Sternenhimmels innerhalb von 24 Stunden. Wir hörten bereits, daß Varuna den Kreislauf der Sternbilder verursacht, ebenso wie den Lauf des Mondes. Er ermöglicht auch der Sonne ihren zweifachen Lauf am Tag und in der Nacht, ebenso wie auch ihren Jahreslauf, und deshalb „kennt er die Monate". Das bedeutet, daß Mitra-Varuna der *Verursacher aller Bewegungen am Himmel* ist. Diese Tätigkeit korrespondiert mit seiner Herrschaft innerhalb der Weltseele, die überhaupt *alle Bewegungen innerhalb des Universums* bewirkt.

Mitra-Varuna ist der Sohn der *Aditi*. Von dieser Lichtgöttin wird gesagt, daß *der Nabel der Erde ihr Schoß sei* [19]. Der „Nabel", auf den hier angespielt wird, weist hin auf zwei Dinge: Er ist zum einen *punktförmig*, und zum andern bezeichnet er eine *Mitte*. Die punktförmige Mitte der Erde kann nichts anderes bedeuten als die *Erdachse*. Damit macht der indische Mythos eine Aussage von kaum abzuschätzender Bedeutung, daß nämlich zwischen der Erdachse und der Entstehung des Tages und der Nacht ein innerer Zusammenhang bestehen muß! Astronomisch gesehen entstehen Tag und Nacht aus der einen zugrundeliegenden Drehung der Erde um ihre Achse innerhalb von 24 Stunden. Mit dieser mythischen Aussage standen die alten indischen Seher vor 4000 Jahren unmittelbar an der Schwelle zu der modernen astronomischen Erkenntnis, daß die scheinbare tägliche Bewegung der Sonne und des Sternenhimmels aus der Rotation der Erde um ihre Achse entsteht. Mit dem Bild des „Nabels der Erde" haben sie sich zugleich dem Begriff einer *Erdachse* genähert!

Die tägliche Drehung der Erde um ihre Achse haben die alten indischen Seher noch weiter präzisiert. Erinnern wir uns an die oben zitierte Anrufung: „Der Aditi, der Ordnungsstarken Licht, das nicht versehrt, des Gottes Savitar Ruhm verkünden wir!" Dieser in den Veden wohlbekannte Gott *Savitar* wird hier in einem Atemzug mit der Göttin des Morgenlichts genannt, deren Schoß der „Nabel der Welt" und deren Söhne Mitra und Varuna sind. Er personifiziert die eigentliche Antriebskraft der täglichen Erdbewegung und wird regelrecht „der Antreiber Savitar" oder „der Gott Beweger" genannt. „Wie dreimal täglich [morgens, mittags, abends], o Antreiber Savitar, dein Antrieb Tag für Tag das Glück antreibt, so soll ... Aditi uns mit den Adityas Schutz gewähren!" Dieser enge Zusammenhang mit den Adityas Mitra und Varuna wird in einem weiteren Preislied noch bekräftigt: „Ich rufe als ersten Agni [das Morgenfeuer] uns zum Heil, ich rufe Mitra-Varuna hierher zu Hilfe, ich rufe die Nacht, die, was sich rührt, zur Ruhe bringt, ich rufe Savitar, den Gott, auf daß er helfe" [13]. In immer neuen Wendungen beschreiben die Veden die tägliche Wagenfahrt Savitars um die Erde, durch die Morgen und Abend erzeugt werden. „Erhoben hat sich Savitar, der Wagenfahrer, jetzt wie immer, der Gott Beweger, um Bewegung zu bewirken ... Auf goldenem Wagen fährt Gott Savitar, und schaut auf Welt und Wesen; der Gott fährt niederwärts, fährt aufwärts, der Opferwürdige fährt mit zwei prächtigen Falben ... Den perlenbedeckten hohen Wagen, den allfarbigen mit goldenen Zapfen, hat Savitar bestiegen, der opferwürdige mit buntem Schein fährt durch den schwarzen Raum, mit Kraft sich rüstend; auf die Menschen haben die Rappen geblickt, die weißfüßigen, die den Wagen mit goldener Deichsel ziehen; immerdar sind die Völker, sind alle Wesen in des göttlichen Savitar Schoß geborgen ... Die acht Ecken der Erde [die Himmelsrichtungen] hat er überblickt" [13].

Am Abend bringt Savitar die ganze Welt und alle Wesen wieder zur Ruhe: „Durch den schwarzen Dunstkreis rollt er heran und läßt zur Ruh Unsterbliches und Sterbliches sich legen ... Auch wer schnell fährt, soll jetzt ausspannen, den Wandrer auch läßt er vom Gehen ausruhn ... Auf das Gebot des Savitar ist die Abendruhe gekommen ... Es kehrt zurück, wer auf Gewinn war ausgezogen, heimwärts gewandt ist aller Wandrer Wunsch; jeder verläßt sein noch ungetanes Werk ... Die Vögel und die Tiere alle gehen in ihr Gehege." Neben einer genauen Beobachtung des täglichen Lebens in seinen Abläufen enthalten diese unsterblichen Verse eine einzigartige Poesie, die ebenso alt wie jugendfrisch ist und jedem Abendlied eines europäischen Dichters würdig an die Seite gestellt werden kann.

Dieser „Gott Beweger" steht in den Veden in einem untrennbaren Zusammenhang mit der Göttin Aditi und ihrem Antlitz, der Morgenröte, sowie den Adityas Mitra-Varuna. Diese enge Beziehung mit ihrem zwingenden astronomischen und logischen Hintergrund unterstreicht noch einmal mehr die Rolle, die Mitra-Varuna als Verursacher der kosmischen Bewegungen spielt.

Da Mitra-Varuna alle Bewegungen im Weltall verursacht, kann er selbst „der Gott Beweger" genannt werden. Und so bietet sich Mithras auch in seinen römischen Mysterien dar. Die beiden Fackelträger zu seiner Linken und Rechten symbolisieren Morgen- und Abendlicht, bilden also die tägliche Drehung der Erde um ihre Achse und den damit verbundenen Wandel des Lichtes ab. Sonnen- und Mondwagen, vor allem Luna auf ihrem Rindergespann, befinden sich auf der Fahrt am Himmel. Auch die Überkreuzungen der Bahnelemente weisen auf die Bewegungen der Himmelskörper hin. Die Fackelträger mit ihren gekreuzten Beinen deuten auf die Schnittpunkte der Bahnen von Sonne oder Venus mit dem Ost- und Westhorizont hin. Auch auf dem abgebildeten Himmelsglobus schneiden sich Sonnenbahn (Ekliptik) und Himmelsäquator. Der Himmelsglobus, den Mithras in Händen hält, ist deshalb von Bewegung erfüllt zu denken. „Wenn also in den Mithraeen Fixsterne, Planeten und Zodiacus abgebildet sind, so bedeutet dies, daß der Himmel mit seinen Lichtern nicht nur erschaffen, sondern auch in Bewegung gesetzt wurde: Der Fixsternhimmel – der Mantel des Mithras – begann sich zu drehen, und die Planeten begannen ihren Lauf in der entgegengesetzten Richtung" [17]. Sehr treffend faßte der antike Schriftsteller *Claudian* dieses Verhältnis zusammen: „... *volventem sidera Mithram* ... der die Sterne in Umlauf versetzende Mithras!" Diese Tätigkeit trifft auch auf die Weltseele zu. Mithras setzt die Sterne in Bewegung, weil er die bewegende Macht der Weltseele repräsentiert.

Staunend steht man vor dem astronomischen Weltbild innerhalb der Mithras-Mysterien und der Konsequenz, mit dem die Eingeweihten diese Sternenweisheit in Kunst und Kultus haben lebendig werden lassen. Die persische Theologie allein hat ihnen dieses Wissen nicht vermitteln können. Die astronomischen Kenntnisse als solche stammten aus Babylonien und der antiken Welt. Mithras als den Verursacher der kosmischen Bewegungen aber gab es nur in Indien, und zwar in dem damals schon *sehr alten Indien*. Das erweiterte Bewußtsein der Mithras-Eingeweihten mußte also sehr weit in die Vergangenheit und in eine andere Kultur reichen. Anders ist diese durchgehende Systematik und die schlagende Übereinstimmung mit den alten indischen Vorstellungen nicht zu erklären.

Himmelsreise – Ein Einweihungserlebnis

Die Eingeweihten aller Mysterien des Altertums waren zum strengsten Stillschweigen über ihre Erfahrungen während der Einweihung verpflichtet. Es existieren deshalb keine ausführlicheren Originalberichte von Einweihungserlebnissen. Wir sind allerdings im Besitz eines Dokuments, welches einen überraschenden Einblick in bestimmte Erlebnisse der Mithras-Eingeweihten vermittelt. Es handelt sich um die sogenannte „Mithras Liturgie“ [20]. Sie ist Teil des umfangreichen „Großen Zauberpapyrus von Paris“, einer Sammlung von magischen Texten des Altertums, die in der französischen Nationalbibliothek zu Paris aufbewahrt wird. Alle folgenden Zitate stammen aus diesem Werk. Diese Schriften wurden in der altägyptischen Stadt Theben aufgefunden und im 19. Jahrhundert erstmals publiziert. Die Liturgie stammt ungefähr aus dem dritten nachchristlichen Jahrhundert. In Ägypten gab es zur Zeit der römischen Herrschaft drei oder vier Mithras-Kultstätten, eine davon in Memphis. Im Text tritt ein starkes Interesse an der Stundenastrologie zutage. Es kann deshalb angenommen werden, daß der Text entstand, nachdem der berühmte ägyptische Astronom *Claudius Ptolemaios* aus dem zweiten Jahrhundert sein großes Astrologiewerk verfaßt hatte, mit dem er zum wissenschaftlichen Begründer einer systematischen, mathematisch fundierten Astrologie geworden ist. Abgesehen davon bildete die Astrologie generell einen wichtigen Bestandteil dieser Mysterienlehren.

Im Text spricht ein eingeweihter Lehrer zu einem Mysten und vermittelt ihm Verhaltensmaßregeln für den Aufstieg in die planetarischen Sphären. Der erste Teil der Liturgie schildert Erlebnisse allgemeiner Natur, der zweite Teil gewährt Einblicke in die Motive des Mysten und die speziellen Zwecke, die er verfolgt. Die Liturgie spricht freimütig aus, daß zur Unterstützung der Einweihung und zur Loslösung der Seele vom Leibe ein Trank bzw. eine Salbe aus bestimmten Kräutern gebraucht wurde. Die dabei wichtigste Pflanze wird als *Kentritis* benannt. Zusammen mit Rosenöl entfaltete sie offenbar durch Auftragen auf das Gesicht starke Wirkungen.

Zu Anfang, bereits im Zustand des erweiterten Bewußtseins, bittet der Myste Gott um Licht, denn er selbst lebe „in einer Welt ohne Licht" [20]. Er bittet zugleich um die Gewährung von „Unsterblichkeit". Er hofft, „als ein Adler zum Himmel zu fliegen". Im Gebet wendet er sich „an den ersten Ursprung", der ihm zur Existenz verholfen hat. Er weiß, daß Gott, der Ursprung von allem, auch in den Elementen Feuer, Luft, Wasser und Erde, die seinen Leib bilden, anwesend ist.

Dann folgt die Bitte um spirituelle Wiedergeburt: „Geleite mich zur unsterblichen Geburt!" Diese Neugeburt vollzieht sich nicht auf der physischen Ebene, sondern in der Welt der göttlichen Gedanken. „Gewähre mir Wiedergeburt, damit der heilige Geist in mir atmen kann ..., daß ich das heilige Feuer bewundern kann ..., daß der lebenspendende und alles umgebende Äther mich erhört!" „Möge ich in der Vision den unwandelbaren Ursprung zusammen mit dem unsterblichen Geist schauen!"

Die Seele des Mysten wird nun vom Einweihenden aufgefordert, soviel wie möglich von dem astralen Licht, das ihn umgibt, „einzuatmen". „Dann wirst du feststellen, daß du erhoben wirst und zur Höhe aufsteigst, so daß du zu schweben scheinst!" In diesem Zustand kann der Himmelswanderer „alle unsterblichen Dinge" erblicken, ebenso die Götter und die Sonne in ihrer astralen Gestalt.

Der Himmelswanderer erreicht nun den ersten kritischen Punkt seiner Reise. Die Götter zeigen sich nämlich keineswegs begeistert von dem Neuankömmling in ihren heiligen Reichen. Überrascht und mit einer gewissen drohenden Aufmerksamkeit wenden sie ihre Blicke diesem allzu kühnen Erdenmenschen zu – so schildert es der Text. Dann bewegen sie sich auf ihn zu, was einen einschüchternden Eindruck hervorruft. Bewahre Ruhe, schärft der Einweihende dem Mysten ein! Berufe dich auf die göttliche Stille, das unergründliche Schweigen des Absoluten! Der Myste nimmt daraufhin Zuflucht zu der Formel: „Stille! Schweigen! Symbol des lebendigen, unvergänglichen Gottes, schütze mich, Stille!" Mit dieser Anrufung hat sich der Myste geistig mit der höchsten Sphäre des Absoluten verbunden, die selbst den Göttern unerreichbar ist. Wie ein schützender, undurchdringlicher Mantel legt sich die Stille des Absoluten um die Seele. Die Götter sind nun besänftigt und lassen von dem Eindringling in ihre Sphären ab.

Aus diesem Vorgang wird deutlich, daß sich der Mensch den Zugang zu den Höheren Ebenen erkämpfen muß. Auch dort wird ihm nichts geschenkt. Aufbegehren, Trotz und das Bestehen auf eigenen „Rechten" würde dabei aber nicht weiterhelfen – im Gegenteil! In dem hier geschilderten Fall ist es vielmehr eine passive Eigenschaft, die Kraft der Stille und des Schweigens nämlich, welche beruhigend wirkt. Vor jedem neuen Tor der Spirituellen Welten werden sich ähnliche Szenen abspielen, und nur weises Verhalten wird sie öffnen. Auch ein Donnergrollen – als eine Warnung gemeint –, das den Mysten zunächst erschreckt, wird durch Stille und Schweigen besänftigt sowie durch die Worte: „Ich bin ein Stern, der mit dir zusammen wandert und aus der Tiefe aufscheint!"

Von der Sonne in ihrer astralen Gestalt gehen zahlreiche fünfstrahlige Sterne aus und erfüllen den spirituellen Raum. Dann öffnet sich vor dem Mysten die astrale Gestalt der Sonne und gibt den Blick frei auf einen grenzenlosen Lichtkreis mit Toren von Feuer. Angesichts dieser erhabenen Lichtvision preist der Myste den Gott der Sonne. Er belegt den „Lichtschöpfer" mit zahlreichen Namen, die Licht und Feuer variieren. Nun offenbart sich dem Himmelswanderer der Sonnengott selbst. Im Zentrum des Strahlenscheins, der von der astralen Sonne ausgeht, erblickt er „einen jugendlichen Gott von schöner Erscheinung mit Haaren aus Feuer, in einer weißen Tunika und einem scharlachroten Umhang, eine goldene Krone tragend".

Vom Sonnengott erbittet sich der Myste den Zugang zum „größten Gott“, der alle anderen Götter und auch den Sonnengott erschaffen hat. Daraufhin erschließt sich ihm der Weg zum Himmelspol. Dort treten ihm aus Toren sieben Jungfrauen entgegen. Es sind die Schicksalsgöttinnen mit goldenen Szeptern in den Händen. Sie wachen auch über „die vier Pfeiler“ des Himmels. Neben ihnen erscheinen sieben Götter, gekrönt mit goldenen Diademen. Es sind die „Herren des Himmelspols“. Sie repräsentieren offenbar die sieben Sterne des „Großen Bären“ neben dem Polarstern. Der Myste begrüßt sie als „die Wächter des Angelpunkts der Himmelssphäre“, welche „die kreisende Achse des Himmelsgewölbes bewegen“. Auch üben sie die Funktion von Schicksalsgottheiten aus, indem sie die Vergehen der Menschen und Völker mit Naturkatastrophen strafen.

Aus spirituellen Höhen steigt nun der leitende Gott herab; sein leuchtendes Angesicht und die Gestalt von ungeheurer Ausdehnung werden von Blitzen erhellt. Er repräsentiert offenbar das Sternbild „Großer Bär“ und den Himmelspol, denn er verleiht dem Himmelsgewölbe die kreisende Bewegung. In dieser Bewegung wurzelt das ewige Auf und Ab der Zeiten und des Schicksals. Aus diesem Grund wendet sich der Myste an den Verursacher des Zeitenlaufs. Er erbittet von ihm eine Offenbarung über sein künftiges Schicksal auf Erden. In der Begriffswelt der Mithras-Mysterien haben wir in ihm den Göttlichen Vater zu sehen, doch als kosmischer „Beweger“ trägt er auch Züge von Mithras; in der Liturgie bleibt er ohne Namen.

Der Himmelswanderer hat die sieben planetarischen Sphären oder Götterwelten durchschritten. Ermöglicht wurde ihm dieser Aufstieg durch „das Göttliche in ihm selbst“. Auf diesem Wege offenbaren ihm „die sieben unsterblichen Götter des Universums“ ihre jeweiligen Welten. Tore öffnen sich vor ihm, und er kann „die Welten der Götter, die sich innerhalb der Tore befinden“, wahrnehmen. Beflügelt von der überirdischen Freude, die in den Himmelswelten herrscht, steigt sein Geist immer weiter empor.

Wir können nicht daran zweifeln, daß dieser Text Erlebnisse widerspiegelt, wie sie bei der Einweihung in den Mithras-Mysterien auftraten. Als nicht typisch zu werten ist es, daß ein Myste hier mit einem bestimmten Anliegen die Höheren Welten betritt. Wenn es auch im Rahmen des Erlaubten bleibt, etwas über sein zukünftiges Schicksal in Erfahrung zu bringen, so ist es doch auch wahr, daß ein solches Motiv für eine Einweihung nicht ausreicht. Wissensdrang soll keineswegs unterdrückt werden, aber seine Richtung darf nur von selbstloser Gesinnung vorgegeben werden. Das Interesse an den „Konstellationen" des Himmels und an Voraussagen gehörte allerdings in den ersten nachchristlichen Jahrhunderten zum herrschenden Zeitgeist.

Mysterienwissen in Amerika und Ozeanien

Quetzalcoatl – Der Gott der Einweihung

Ganz Mittelamerika stellt eine uralte und bedeutende Kulturlandschaft dar. Die Zeugnisse dieser indianischen Hochkulturen erstrecken sich über einen Zeitraum von nicht weniger als dreitausend Jahren. Ab der Mitte des zweiten vorchristlichen Jahrtausends entwickelten die *Olmeken* ihre Kultur mit den charakteristischen Riesenskulpturen. Im letzten Viertel des ersten vorchristlichen Jahrtausends erbaute ein unbekanntes Volk die berühmte Metropole *Teotihuacan* mit ihren riesigen Pyramiden, die zu einem Mittelpunkt kulturellen und religiösen Lebens wurde. Um die Mitte des ersten nachchristlichen Jahrtausends erreichte die Kultur der *Maya* ihren glanzvollen Höhepunkt. Ende dieses Jahrtausends traten die *Tolteken* in Erscheinung, die in der Stadt *Tula* ihren Mittelpunkt hatten. Sie wurden später abgelöst von den Azteken, den „Mexikanern", deren Hauptstadt *Tenochtitlan* später zu

Mexiko-Stadt wurde. Ihre Kultur fiel im 16. Jahrhundert den spanischen Invasoren zum Opfer.

Die indianischen Völker Mittelamerikas haben auf vielen Gebieten der Kultur Großes geleistet. Dabei muß berücksichtigt werden, daß sie die Eisenverarbeitung noch nicht kannten. Umso höher sind ihre Leistungen in Baukunst und Skulptur zu bewerten. Astronomie, Zeitrechnung und Kalenderwesen gehörten zu den bevorzugten Forschungsgebieten. Die indianischen Völker hatten ein sehr ausgeprägtes Bewußtsein von der Zeit und ihrem Verlauf, von Geschichte und Evolution. Ihr Bewußtsein reichte weit in die Vergangenheit zurück, was sich in ihren Aufzeichnungen über ihre langen Wanderungen niederschlug. Die Evolution war für sie kein geradliniger Prozeß, sondern immer wieder unterbrochen von gewaltigen Erdkatastrophen, die zum Untergang der bestehenden Menschheit führten. Ausgeprägt war auch ihr religiöses Leben und die Überzeugung von der Existenz der Götter. Ihre eingeweihten Priester verkehrten unmittelbar mit den Göttern und übermittelten deren Weisungen an das Volk, nicht anders als *Moses* es getan hatte.

Die zentrale Gestalt der toltekischen Mythologie war *Quetzalcoatl*. Sein Name bezieht sich auf den Quetzal-Vogel und bedeutet die „Gefiederte Schlange". Für die Tolteken war er sowohl Schöpfergott als auch Priesterkönig, und die Überlieferungen bewegen sich dementsprechend auf einer himmlischen und einer irdischen Ebene. Quetzalcoatl war bereits in Teotihuacan bekannt. Da er später von den Azteken übernommen wurde, hatte er eine Lebensdauer von mindestens zweitausend Jahren, wenn er nicht schon viel älter war. In Teotihuacan war die „Gefiederte Schlange" an einer Tempelwand abgebildet, und ein Palast war ihm geweiht. – In unserer Darstellung der toltekischen Mythen folgen wir *Rudolf Jockel*, einem profunden Kenner der weltweiten Mythologien, der die vorhandene Literatur ausgewertet hat [21]. Seine Darstellung wird dem mythischen Hintergrund des Gottes am besten gerecht.

Betrachten wir zunächst Quetzalcoatls Wirken auf der himmlischen Ebene als Schöpferwesen! Die männliche und weibliche Gottheit des höchsten Himmels zeugten vier göttliche Söhne. Der älteste hieß der *„rote Tezcatlipoca“*, womit der Sonnengott gemeint war. Der zweite war der *„schwarze Tezcatlipoca“*. „Das war der größte und schlimmste von allen, denn er herrschte und vermochte mehr als die anderen drei, da er im Mittelpunkt aller Wesen und Dinge entstanden war. Er war bei seiner Geburt schwarz“ [21]. Dieser Charakterisierung nach scheint es sich bei ihm um den Sonnendämon zu handeln, dem Seth und Typhon ähnlich. Der dritte Sohn war *Quetzalcoatl*, der mit anderem Namen „Nacht und Wind“ genannt wurde; der vierte hieß *Uitzlipochtli*, die „zwölfköpfige Schlange“.

Quetzalcoatl als Schöpfer von Tag und Nacht. – Quetzalcoatl und Uitzlipochtli wurden von ihren Brüdern mit der weiteren Schöpfung betraut. Als erstes schufen sie das Feuer. Die Sonne, die sie als nächstes hervorbrachten, war nur *halb* und leuchtete deshalb nur schwach. Quetzalcoatl erscheint hier von Anfang an als ein Lichtgott, aber als ein unvollkommener. Möglicherweise ist mit der „halben“ Sonne die Morgendämmerung gemeint. „Weiter erschufen die beiden Götter die Tage und verteilten sie auf die Monate, auf einen jeglichen zwanzig, so daß es achtzehn Monate und dreihundertsechzig Tage im Jahr gab.“ Wenn das Brüderpaar die *Tage* erschuf, war damit auch die dynamische Abfolge von Tag und Nacht, von Morgen und Abend gegeben. Da Quetzalcoatl mit der „Nacht“ identifiziert wurde, gehört er zur Abend- und Nachtseite, zum Mond und zum Sternenhimmel. Uitzlipochtli, die „zwölfköpfige Schlange“, repräsentierte offensichtlich den Sternenhimmel mit den zwölf Sternbildern, welche die Sonne im Jahreskreislauf durchwandert.

Quetzalcoatl – Der Himmelsträger. – Die weitere Geschichte der Welt verlief in aufeinander folgenden Zeitperioden, die jeweils durch Wasser- und Feuerkatastrophen beendet wurden. Wieder einmal war die Welt zusammengebrochen, so daß der Himmel einstürzte und auf der Erde lag. Das war ein Zustand, den auch andere Mythologien beschrieben haben. Damit die Schöpfung weitergehen konnte, mußten zuerst Himmel und Erde wieder voneinander getrennt werden. Die vier Urgötter beschlossen also, den Himmel wieder zu erheben. „Und als ihre Helfer zur Aufrichtung des Himmels schufen sie vier Männer. Danach verwandelten sich die beiden Götter Tezcatlipoca und Quetzalcoatl in große Bäume: Tezcatlipoca in einen Baum, den man ‚Spiegelbaum' nennt, Quetzalcoatl in einen Baum, der ‚Große Quetzalfederblume' heißt. Mit Hilfe der vier Männer, der beiden Bäume und der übrigen Götter wurde der Himmel mit den Gestirnen emporgehoben, so wie er heute ist. Weil Tezcatlipoca und Quetzalcoatl den Himmel emporgehoben hatten, machte sie ihr Vater, der ‚Herr des Fleisches', zu Herren des Himmels und der Gestirne; und da nach der Aufrichtung des Himmels Tezcatlipoca und Quetzalcoatl an ihm dahinzogen, machten sie den Weg, der am Himmel sichtbar ist. Auf ihm begegnen sie sich, auf ihm befinden sie sich und haben dort ihren Sitz" [21].

Tezcatlipoca und Quetzalcoatl „ziehen am Himmel dahin" und markieren dort einen „Weg". Damit können nur Sonne (Tezcatlipoca) und Mond gemeint sein, der also von Quetzalcoatl repräsentiert wird. Auf den Bahnen dieser Gestirne treffen die beiden Götter manchmal zusammen. An anderer Stelle bezeichnet Quetzalcoatl seinen Bruder direkt als „Sonne"; beide hatten sich in den vorangegangenen Schöpfungsperioden als Sonnengötter abgewechselt. Die beiden Götter wurden „zu Herren des Himmels und der Gestirne". Diese Aussage trifft auch wörtlich auf Horus, Mitra und Mithras zu.

Die Übereinstimmung dieser Schilderung mit den ägyptischen Vorstellungen von der Erhebung des Himmels ist überwältigend. Die vier Helfer entsprechen den vier ägyptischen Heh-Göttern, welche, aufgeteilt auf die vier Himmelsrichtungen, die vier Himmelspfeiler symbolisieren. Auf der Abbildung der Himmelskuh stützen sie zusätzlich deren vier Beine. Die Heh-Götter sind Emanationen des Himmelsträgers *Schu*, die ihm bei der Erhebung des Himmels helfen. Die hier genannten vier Männer sind Helfer von Quetzalcoatl. Die vier Urgötter und ihre vier Helfer ergeben zusammen *acht* den Himmel stützenden Kräfte, die den acht ägyptischen Heh-Göttern entsprechen, womit die acht Himmelsrichtungen gemeint sind.

Der Beiname „Nacht" für Quetzalcoatl bezeichnet den nächtlichen Sternenhimmel. Sein Beiname „Wind" kennzeichnet ihn wie den ägyptischen Schu als Luftgott. Es ist ja auch der Luftraum, welcher den Himmel „trägt". Der Name „Gefiederte Schlange" nähert ihn dem Falkengott Horus an, der wiederum untrennbar mit der Stirnschlange verbunden ist. – Die beiden Bäume, in die sich Quetzalcoatl und Tezcatlipoca verwandelten, verweisen auf die Rolle der Bäume und Obelisken im alten Ägypten als Himmelsstützen. Zu Osiris gehörte der Djed-Pfeiler, der ursprünglich ein Baum war. Neben dem Himmelsträger Mithras wurden zwei Zypressen abgebildet.

Quetzalcoatl hat, ungewöhnlich genug, auch eine Schwester mit Namen *Quetzalpetlatl*. Sie teilt später sein irdisches Schicksal, erblindet spirituell wie ihr Bruder durch die Wirkung des Alkohols und verläßt mit ihm zusammen die Tolteken [22]. Ihrem ganzen Wesen nach entspricht sie der ägyptischen *Tefnut*, der Schwester des Himmelsträgers Schu. Diese repräsentierte das „Mondauge", das ebenfalls erblindete. Das „Mondauge" war wiederum identisch mit der Stirnschlange, die der „Gefiederten Schlange" entspricht. In dem Bruder-Schwester-Paar Quetzalcoatl-Quetzalpetlatl haben wir somit eine vollkommene Entsprechung zu dem ägyptischen Paar Schu-Tefnut zu sehen.

Als „Herr des Himmels und der Gestirne" repräsentiert Quetzalcoatl den astralen Raum, die Weltseele. Er ist dadurch der Herrscher in der Seelenwelt, die auch die Welt der Verstorbenen ist. Es existiert eine Abbildung, die Quetzalcoatl als einen Aspekt des Unterweltgottes zeigt. Sie stammt aus aztekischer Zeit, ist im *Codex Vaticanus* abgebildet und wiedergegeben in der umfassenden mythologischen Untersuchung „Die Große Mutter" von Erich Neumann [22]. Auf diesem Bild sitzt Quetzalcoatl Rücken an Rücken mit dem Todesgott, mit dem er zu einer einzigen Figur verschmolzen ist. Zudem wurde berichtet, daß er zusammen mit Uitzlipochtli den Unterweltgott erschuf. Auch seine Bezeichnung als „Schlange" weist in diese Richtung, denn diese symbolisiert das Bewußtsein innerhalb der übersinnlichen Welt, das heißt der

Weltseele. Als Herrscher der Seelenwelt entspricht Quetzalcoatl dem ägyptischen Osiris. Diesem gleicht er auch in seinem Mondaspekt.

Quetzalcoatl übergab dem Menschen bei dessen Erschaffung etwas von seinem eigenen Wesen. Der „Edelsteinknochen", der aus der Sphäre des Totengottes stammte, wurde zermahlen, und dieser mineralischen Substanz mischten zuerst Quetzalcoatl und dann die anderen Götter etwas von ihrem Blute bei [21]. Aus dieser Substanz wurde der Leib des Menschen gebildet. Das Blut steht dabei für die göttlichen Wesensbestandteile des Menschen. Mithilfe dieser von Quetzalcoatl stammenden spirituellen Erbschaft kann sich der Mensch – so muß hinzugefügt werden – in die Höheren Welten erheben. Eine gleichlautende Aussage machte auch der sumerische Mythos von der Erschaffung des Menschen. In der Bibel dagegen ist es nur Erdenstaub, aus dem der Mensch entsteht.

Nachdem der Mensch geschaffen worden war, mußte er sich ernähren. Die Götter grübelten über dieses Problem nach. Es war Quetzalcoatl, der Abhilfe schuf. Er befragte die rote Ameise, die ihn mit zum „Lebensmittelberg" nahm. In Gestalt zweier Ameisen trugen sie ein Maiskorn aus ihm heraus. Nun konnten sich die Menschen vom Mais ernähren. In dieser Geschichte erscheint Quetzalcoatl als Gott des Getreides wie Osiris. – Dieser war gleichen Wesens wie der griechische Dionysos, und auch ihm ähnelt Quetzalcoatl. Der zweite, *irdische* Dionysos brachte den Menschen den Wein. Auch die toltekischen Götter grübelten darüber nach, wie sie die hart arbeitenden Menschen erfreuen könnten. Es war Quetzalcoatl, der zum erstenmal die Agave pflanzte, aus der man berauschenden Wein bereitet. Was Dionysos und Quetzalcoatl dabei nicht bedachten, war der Umstand, daß ihre eigene Schöpfung ihnen selbst den Untergang bereiten würde.

Quetzalcoatl – Der eingeweihte Priesterkönig. – Auf der irdischen Ebene wurde von Quetzalcoatl als dem wichtigsten Priesterkönig der Tolteken gesprochen. Seine ganze Tätigkeit war auf die Verbindung mit der jenseitigen Welt gerichtet. Zu diesem Zweck errichtete er Fastenhäuser, Kultstätten und Bethäuser. „Vier solcher Häuser baute er sich: ein mit Türkismosaik belegtes Balkenhaus, ein Haus aus roter Muschelschale, eines aus weißer Muschelschale und eines aus Quetzalfedern. In ihnen betete er, diente Gott und brachte seine Zeit mit Fasten zu" [21].

Quetzalcoatl lebte in strenger Abgeschlossenheit als der eingeweihte Lenker seines Volkes, der auf übersinnlichem Wege das dazu nötige Wissen erhielt. „Solange er lebte, zeigte er sich nicht vor seinen Untertanen. An einem schwer zugänglichen Ort im Innern des Palastes lebte er streng bewacht. Seine Herolde hüteten ihn, indem sie ihn mit vielen Mauern umgaben; und so viele Mauern ihn umgaben, so viele Scharen von Herolden waren da. Er selbst saß auf einer Matte aus grünen Edelsteinen, Quetzalfedern und Gold" [21].

Als Eingeweihter übte Quetzalcoatl strenge Askese, fastete und kasteite sich mit scharfkantigen Edelsteinen. Er verkehrte mit den Göttern, die im Inneren des Himmels thronen, mit den Göttern „Sternenrock" und „Sternensonne", mit den beiden Urschöpfern, mit dem Gott, „der die Erde gegründet hat". Bis zur höchsten aller Himmelssphären erhob er seinen Geist. Die dort wohnenden Götter betete er in tiefer Demut an. Seine Frömmigkeit und Milde wurden auch dadurch dokumentiert, daß es unter seiner Herrschaft keine Menschenopfer gab, die von ihm strikt abgelehnt wurden.

Bereits durch seinen Namen „Gefiederte Schlange" war Quetzalcoatl als ein Eingeweihter gekennzeichnet. Wir kennen Bilder von mittelamerikanischen Königen, die aus dem Rachen einer Schlange sprechen. Dadurch sind sie als Eingeweihte gekennzeichnet, die erleuchtetes Wissen verkünden. Überall auf der Welt hatte die Schlange die Bedeutung einer Vermittlerin des übersinnlichen Bewußtseins und Wissens. Die Federn des Quetzalvogels wiederum weisen auf den Seelenflug hin wie die entsprechenden Vögel in Ägypten. Man muß davon ausgehen, daß die mittelamerikanischen Priesterkönige ähnlich wie die Pharaonen spätestens beim Antritt ihrer Herrschaft eingeweiht wurden. Auf der übermenschlichen Ebene repräsentiert Quetzalcoatl als „Schlange" die Weltseele, von der die menschlichen Seelen ein Teil sind und von der sie erleuchtet werden. Ihm entsprechen die Mysteriengötter Horus und Mithras, die ihm auch auf der astronomischen Ebene gleichen.

Das Verschwinden Quetzalcoatls. – Die Erzählungen der Tolteken berichten davon, daß Quetzalcoatl alt und krank wurde und sein Volk verließ. Dieser Bericht ist ein Reflex des Urmythos, dem zufolge die himmlische Weisheit im Laufe der Entwicklung starb und die Erde verließ. Das wird auch aus den Einzelheiten der Erzählung deutlich. Es kam eine Zeit, da sich Quetzalcoatl schwach und krank fühlte. Diese „Schwäche" bedeutete in Wahrheit, daß die Kraft der Erleuchtung in der Menschheit abnahm. Ein Dämon in Gestalt eines alten Mannes kam zu ihm und bot ihm eine Medizin an. Zunächst wies Quetzalcoatl den Trank zurück, denn er wußte: „Ich werde davon sterben!" Doch als er davon kostete, fühlte er sich im Leibe gesünder. Also trank er mehr von dieser Medizin. Davon wurde er trunken, denn es war der weiße Wein, den man aus dem süßen Saft der echten Agave bereitet. „Er begann zu weinen, und tiefe Niedergeschlagenheit ergriff ihn. Nun erst machte er sich mit dem Gedanken vertraut, fortzugehen; seine Entschlußkraft wurde gebrochen, und er vergaß diesen Gedanken nicht mehr" [21].

Wir kennen diesen Vorgang bereits aus den griechischen Erzählungen von den Riesen Polyphem und Orion. Durch den Alkohol wird ihr Drittes Auge geblendet und sie erblinden innerlich. Auch der ägyptische Horus erblindet, was auf das Wirken des Dämons Seth zurückging. Durch den Alkohol ist die Verbindung mit den Höheren Ebenen der Weltseele unterbrochen worden, das war auch den Tolteken klar. Das Höhere Bewußtsein zog sich nun von den Menschen zurück, die menschlichen Seelen blieben allein und ohne Trost zurück. Quetzalcoatl verließ sein Volk, wie das Höhere Bewußtsein die Menschheit insgesamt verließ.

Damit beginnt eine jener ausführlichen Wandersagen, die in Mittelamerika so beliebt waren. Auf dieser Reise ins Nirgendwo ließ Quetzalcoatl auch die gesamte Kunstfertigkeit der Tolteken zurück, die zum Raub der Dämonen wurde. Der Mythos sagt uns damit, daß es ohne Höheres Bewußtsein auf Dauer auch keine Kunst geben wird. Wenn die Seele erstirbt, dann stirbt das Volk und seine gesamte Kultur – das ist die Essenz dieses toltekischen Berichts. Auf seiner Wanderung wurde Quetzalcoatl erneut von Dämonen gezwungen, Wein zu trinken. Daraufhin fiel er in einen tiefen Schlaf. Es war der Schlaf der Materie, in den die Menschheit nun gefallen war. Dann kam er an das Ufer des Meeres, und dort baute er sich ein Schlangenfloß. Das Meer steht hier für das die Erde umgebende Äthermeer, das die Griechen den *Okeanos* und die Ägypter den *Nun* nannten. Über dieses Äthermeer segeln heißt – auch für den Verstorbenen – das Reich der Materie zu verlassen und in die Seelenwelt aufzusteigen. „So fuhr er von dannen und wurde auf dem Wasser entrückt."

Quetzalcoatl als Morgenstern. – Nach einer anderen Erzählung gelangte Quetzalcoatl ans Ufer des Himmelswassers, legte seinen Schmuck ab und verbrannte sich dann selbst. Dabei erschienen alle möglichen Vögel mit kostbarem Gefieder, die zum Himmel aufflogen, unter ihnen Reiher, Papageien, Araras und andere Schmuckvögel. „Nachdem die Asche ganz verflogen war, stieg das Herz Quetzalcoatls vor aller Augen empor. Er ging zum Himmel und in den Himmel ein. Die Alten erzählen, das Herz Quetzalcoatls habe sich in einen Stern verwandelt, der in der Morgendämmerung erscheint und zum ersten Mal sichtbar wurde, als Quetzalcoatl starb." In dieser himmlischen Erscheinung nannte man ihn den „Herrn der Dämmerung".

Diese Verwandlung in den Morgenstern haben die Azteken auch bildlich dargestellt; sie ist im *Codex Borgia* abgebildet. Im Zentrum der Darstellung befindet sich der große, vielstrahlige Morgenstern, wiedergegeben in „Die Große Mutter" [22]. Innerhalb des Morgensterns ist Quetzalcoatl in der Gestalt einer Schlange zu sehen. Sie besitzt jeweils an ihren beiden Enden einen Kopf. *Ihre zwei Köpfe blicken in entgegengesetzte Richtung, das heißt nach Osten und Westen!* Diese Darstellung entspricht vollkommen derjenigen des ägyptischen Horizontgottes *Aker*, dessen zwei Löwenköpfe in entgegengesetzte Richtungen nach Osten und Westen blicken. Mit dieser geradezu sensationellen Darstellung ist Quetzalcoatl eindeutig als Gott der Morgen- und Abenddämmerung gekennzeichnet wie alle anderen hier besprochenen Mysteriengötter.

„Quetzalcoatl ist der sterbende und wiederauferstandene Gott, aber er ist auch der Heldenkönig und Kulturbringer als irdisch-göttlicher Vertreter des Lichtprinzips und der Menschen. In seiner Doppelheit verbindet er die West- und Todesseite als Abendstern mit der Ost- und Lebensseite als Morgenstern, ein positives Symbol der aufsteigenden Macht, die zur männlichen Geist-Himmel-Sonnenseite gehört" [22].

Der Morgen- und Abendstern ist der Venusplanet. Die Selbstverbrennung gleicht derjenigen des Vogels *Phönix* in Ägypten, und so fliegen denn auch hier viele Vögel zum Himmel auf. Das „Feuer", in dem der Phönix verbrennt, ist die Abendröte. In ihr wird der Abendstern sichtbar. Der Phönix erneuert sich in der Morgenröte, die das Erscheinen des Morgensterns begleitet. Phönix, Morgenröte und Morgenstern sind Symbole der Auferstehung. Auch Osiris erhob sich als Phönix zum Himmel, und ebenso Hathor, die ägyptische Venus-Aphrodite. Der Venusplanet wurde sogar „Osiris" genannt. Morgenlicht, Morgenröte und Morgenstern sind vor allem mit den oben besprochenen Mysteriengöttern verbunden, mit Mitra, Mithras und Horus in dessen verschiedenen Erscheinungsformen.

Mit dem Fortgang von Quetzalcoatl ist für die Menschen auch das Paradies verschwunden. Diese Tatsache wurde den Menschen im alten Mexiko schmerzlich bewußt, und sie haben diesem Schmerz in Liedern Ausdruck verliehen. Symbol für das Paradies war der Yuccabaum, wie die Bäume im biblischen Garten Eden ein Symbol der kosmischen Lebenskraft, der Ätherwelt, deren Wahrnehmung jetzt erloschen war. In einer Liedstrophe wird der ganze Schmerz der verlassenen Seelen über den Verlust des Paradieses fühlbar: „Gebrochen ist der Yuccabaum." Noch ein letztes Mal wird die Rückkehr des Paradieses und des Lebensbaumes beschworen: „Laßt uns ihn (wieder) sehen!" Aber die Menschen können nur noch trauern über das Verschwinden des Mysteriengottes und seiner Schwester: „Laßt uns über sie weinen!" [22]. Es ist die gleiche verzweifelte Trauer, wie sie auch Isis und Demeter empfunden haben.

Die vielfältige Symbolik, die sich um Quetzalcoatl rankt, ist völlig identisch mit derjenigen der anderen Mysteriengötter. Dabei ist die Übereinstimmung mit den ägyptischen Mythen so außerordentlich, daß sie fast beunruhigend wirkt. Wie Horus ist Quetzalcoatl ein Gott des nächtlichen Sternenhimmels. In seiner astronomischen Gestalt als „Himmelsträger" ist er wie Schu-Tefnut zusammen mit seiner Schwester Quetzalpetlatl ein Doppelwesen. Wie auch Schu repräsentiert Quetzalcoatl den Luftraum. Als „Schlange" entspricht Quetzalcoatl der Schlangengöttin Uto, welche die Stirnschlange, das Dritte Auge repräsentiert. Sie steht Horus am nächsten, der im Besitze des „Horusauges" ist, das die Erleuchtung verleiht. Horus als Jäger (Onuris etc.) ist identisch mit Orion, dessen Stirnauge durch den Alkohol geblendet wurde, wie es auch Quetzalcoatl geschah. Indem er den Menschen den Mais brachte, entspricht Quetzalcoatl dem Osiris als Vegetationsgott. Wie Dionysos und der ihm entsprechende Osiris erfand er auch den Wein. Schließlich verbrannte er sich selbst wie der ägyptische Phönix im Abendrot, wurde in den Himmel entrückt und erschien neu als Morgenstern. Dieses Bild wurde auch für Osiris gebraucht. Wie diesem ist auch ihm eine Schwester beigegeben, was ebenso für den wesensgleichen Ba'al zutrifft. Und wie diese beiden trägt auch Quetzalcoatl mondenhafte Züge.

Angesichts dieser vollkommenen Übereinstimmung altägyptischer und altmexikanischer Mythen steht die Geschichtswissenschaft vor einem fast unlösbaren Rätsel. Auch die Einwanderung sibirischer Stämme nach Amerika vor etwa zwölftausend Jahren würde diese Übereinstimmungen schwerlich erklären können. Oder sollte es in der Urvergangenheit von einem asiatischen Zentrum aus eine Ausbreitung dieser Mythen über Indien nach Ägypten einerseits und nach Amerika andererseits gegeben haben?

Daß wir aus diesen schriftlosen Zeiten keine Aufzeichnungen besitzen, kann als Gegenargument nicht gelten. Oder stoßen wir hier vielleicht auf Traditionen des sagenhaften, untergegangenen Kontinents „Atlantis"? Die Berichte von Erdkatastrophen und langen Wanderungen aus dem alten Mittelamerika müßten hierbei einmal gründlich überprüft werden! In jedem Fall belegen diese Übereinstimmungen die Wirklichkeit der weltweiten Mysterien und des durch die Einweihung erkannten Mysterienwissens.

Hainuwele – Die begrabene Gottheit

Die Inselvölker des pazifischen Ozeaniens haben ihr spirituelles Urwissen lange bewahren können. Auch bei ihnen existierten Geheimbünde, in denen die Mysterien gepflegt und Menschen eingeweiht wurden. Das Wissen dieser Völker erstreckte sich auf Themen, die auch in den spirituellen Traditionen anderer Kontinente lebendig waren. Eine wichtige Erzählung aus Indonesien vereint in sich die griechischen Mythen von der Entführung der Persephone in die Unterwelt und der Zerstückelung des Dionysos-Zagreus, die auch Osiris betroffen hatte.

Wir werden zurückgeführt in die Urzeit der Entstehung der Menschheit, zum „Berg der Entstehung". Neun Familien von Menschen waren entstanden. Von ihrem Ursprungsort stiegen die Menschen herab, wanderten aus und kamen nach West-Ceram.

Unter den Menschen lebte auch *Ameta*. Er war ein Jäger und ging eines Tages mit seinem Hund im Walde auf die Jagd. Dort verfolgte er einen Eber. Ameta entdeckte, daß dieser mit seinen Hauern eine Kokosnuß aufgespießt hatte. Bis dahin war die Kokosnuß auf der Erde unbekannt. Im Traum befahl ihm ein Mann, sie in die Erde zu pflanzen. In kurzer Zeit entstand daraus eine Kokospalme und in ihrem Wipfel ein kleines Mädchen. Im Traum wurde ihm befohlen, das Mädchen von der Palme herunterzuholen und mit nach Hause zu nehmen. Ameta nannte das Mädchen *Hainuwele*, das heißt „Kokospalmzweig". Bereits nach drei Tagen war Hainuwele ein heiratsfähiges Mädchen. Aus ihrem Leib, so die symbolische Erzählung, sonderte sie wertvolle Dinge ab, wie Porzellanteller und Gongs. Damit wurde ihr Pflegevater sehr reich.

„Zu jener Zeit fand in *Tamene siwa* ein großer Maro-Tanz statt, der neun Nächte hindurch dauerte. Die neun Familien der Menschen nahmen daran teil. Sie bildeten beim Tanz eine große neunfache Spirale. Wenn nun die Menschen in der Nacht Maro tanzen, sitzen in der Mitte die Frauen, die nicht mittanzen und reichen den Tänzern Sirih und Pinang zum Kauen" [21]. In der ersten Nacht stand Hainuwele in der Mitte und reichte den Tänzern diese anregenden Substanzen. In der zweiten Nacht gab sie ihnen stattdessen Korallen. In der dritten Nacht verteilte sie schöne Porzellanteller, in der vierten noch größere Teller, in der fünften große Buschmesser, in der sechsten Nacht schön gearbeitete Sirihdosen aus Kupfer, in der siebenten goldene Ohrringe und in der achten schöne Gongs.

Allmählich wurden den Menschen diese Geschenke unheimlich. Sie ertrugen es auch nicht, daß ein Mädchen sie überragte. Also beschlossen sie, Hainuwele zu töten. In der neunten Nacht gruben die Männer auf dem Tanzplatz heimlich ein tiefes Loch. „In der langsam kreisenden Spirale drängten sie das Mädchen Hainuwele auf die Grube zu und warfen sie hinein. Der laute, dreistimmige Maro-Gesang übertönte die Schreie des Mädchens. Man schüttete Erde auf sie, und die Tänzer stampften mit ihren Tanzbewegungen die Erde über der Grube fest."

Es folgte ein weiterer Akt des urzeitlichen Geschehens. Hainuweles Pflegevater Ameta begab sich auf die Suche nach der Verschwundenen. Mit einem Holzstock stocherte er am Tanzplatz in der Erde und fand Blut daran. Nachdem er Hainuwele gefunden hatte, grub er ihren Leichnam aus und zerschnitt ihn in viele Stücke. Die einzelnen Körperteile vergrub er im Umkreis des Tanzplatzes. Diese Glieder verwandelten sich in der Erde in Feldfrüchte, vor allem in Knollenfrüchte, von denen die Menschen hauptsächlich leben.

Ameta verfluchte die Menschen wegen dieser Tat. Die Göttin *Satene*, die bis dahin über die Menschen geherrscht hatte, war ebenfalls aufs äußerste erzürnt. Sie errichtete ein großes Tor, das aus einer neunfachen Spirale bestand. Dann gab sie bekannt, daß sie nun die Menschen verlassen werde: „Ich will nicht mehr hier leben, weil ihr getötet habt. Ich werde heute von euch gehen. Jetzt müßt ihr alle durch das

Tor hindurch zu mir kommen. Wer durch das Tor zu mir kommt, der bleibt Mensch, wer nicht hindurchgeht, mit dem wird es anders geschehen. Die Menschen versuchten nun alle, durch das spiralige Tor zu gehen, aber nicht alle kamen hindurch. Wer nicht durch das Tor zu Satene kam, der wurde damals ein Tier oder ein Geist. So entstanden die Schweine, Hirsche, Vögel und Fische und die vielen Geister, die auf der Erde leben. Früher waren es Menschen gewesen, aber sie konnten nicht durch das Tor gehen, hinter dem Satene stand" [21].

Zu den Menschen, die das Tor passieren konnten, sprach Satene: „Ich werde noch heute von euch gehen, und ihr werdet mich nicht mehr auf der Erde sehen. Erst wenn ihr gestorben seid, werdet ihr mich wieder sehen. Aber auch dann müßt ihr eine beschwerliche Reise antreten, ehe ihr zu mir kommt."

Die Menschen sahen sich nun vom Göttlichen auf der Erde allein zurückgelassen. Satene verschwand von der Erde und zog sich als *Nitu* auf den *Salahua* genannten Totenberg im südlichen West-Ceram zurück. „Wer zu ihr gelangen will, muß erst sterben. Der Weg zum Salahua aber führt über acht Berge, auf denen acht andere Nitu wohnen."

Der Hainuwele-Mythos gehört zu den erstaunlichsten Dokumenten des Pazifischen Raumes. Auf äußerst tiefsinnige Weise faßt er in konzentrierter Form wichtige Elemente des mythischen Urwissens zusammen. Dabei steht er in voller Übereinstimmung mit den Erkenntnissen der anderen hier behandelten Mythologien. Diese Gemeinsamkeiten seien hier kurz beleuchtet.

Die Menschen kamen vom „Berg der Entstehung". Mit dem Berg sind hier – wie bei den Totenbergen am Schluß – die höheren Ebenen der Spirituellen Welt gemeint. *Neun* Familien von Menschen waren entstanden. Die Neunzahl, die im Mythos wiederholt auftritt, gibt die Gesamtzahl der spirituellen Sphären an. Dabei handelt es sich um eine Erweiterung der Siebenzahl der Planetensphären, wie sie auch bei Gotamo Buddha und in Gestalt der neun christlichen Engelhierarchien auftritt. Neun Ebenen besitzen auch der sibirische *Große Weltenbaum* und die mittelamerikanische Jenseitswelt. Da der Mythos am Schluß auch von neun Totenbergen spricht, bezieht sich die Neunheit eindeutig auf die Spirituellen Sphären, die von den Verstorbenen nacheinander durchschritten werden. Die Menschen verließen den „Berg der Entstehung", das heißt die höheren Spirituellen Ebenen, und stiegen herab auf die Erde. Dies war der Beginn des Abstiegs der Menschheit, dem das Herabsinken der Weltseele und aller Seelen in die Erdentiefe bis auf die Tierstufe folgte, was im weiteren Fortgang der Geschichte erzählt wird.

Ameta, die Hauptperson des Mythos, erscheint in der Gestalt eines *Jägers*. Auch Dionysos-Zagreus, Horus, Onuris, Orion und Mithras waren Jäger. Und auch sie wurden von einem *Hund* begleitet. Unter anderen wilden Tieren jagten auch sie den Eber wie Ameta. Das Schwein, das mit einem Wurf viele Junge zur Welt bringt, stand in Griechenland und Ägypten für die *Fortpflanzung* und wurde aus diesem Grund den identischen Mondgottheiten Demeter und Isis zugeordnet.

Das Mädchen Hainuwele entstand im Wipfel der Palme. Sie entstammte also dem Großen Weltenbaum, das heißt sie kam aus den Spirituellen Welten. Ameta holte sie herab vom Wipfel der Palme, das heißt die Weltseele, die von Hainuwele verkörpert wird, *stieg zur Erde herab*. In Ägypten war vor allem die Himmelsgöttin Hathor eng mit den Bäumen verbunden, und ein ausgedehnter Baumkult rankte sich um ihre Gestalt. Sie war zugleich die „Himmelskuh", welche den Himmel stützte und am Morgen das Sonnenkind emporhob. Mit ihr und den verwandten Göttinnen war jeweils ein *Jäger* verbunden, der von einem Hund begleitet wurde. Aber auch Osiris, der zerstückelte Gott, wurde durch den Baum symbolisiert. Sein Sarg verwuchs mit einer großen Zeder, und auch um ihn rankte sich ein Baumkult. In allen diesen Fällen steht der Baum für den Himmel und die Weltseele. Seine Äste bilden die planetarischen Sphären und sein Wipfel die Sternenwelt.

Dieses Spirituelle Wesen, das aus den himmlischen Sphären herabgestiegen war, besaß übernatürliche Kräfte. Hainuwele war bereits nach drei Tagen heiratsfähig, sie war also erfüllt von kosmischen Lebenskräften. Aus ihrem Leib – so die urtümliche Erzählung – sonderte sie wertvolle Porzellanteller und Gongs ab. Das Porzellan steht für den Lichtglanz, den das Wesen ausstrahlte, der Gong für die Sphärenmusik, welche die Weltseele durchtönt. Die Eingeweihten, welche diese Geschichte ihren Mitmenschen erzählten, mußten sich ihnen gegenüber auf diese Weise verständlich machen. Der so gewonnene „Reichtum" Ametas war ein spiritueller, der in Erleuchtung und dem Wahrnehmen der himmlischen Klangwelt bestand.

Aber auch alle anderen Menschen wurden dieser Gaben teilhaftig. Hainuwele beschenkte sie außer mit Porzellantellern und Gongs auch mit Korallen, Kupferdosen und goldenen Ohrringen, also mit Dingen, die einen Lichtglanz aussenden. Solange die Menschen noch die Weltseele wahrnahmen, sagt uns die Erzählung, wurden sie von ihrem Licht erleuchtet und von ihren Sphärenklängen innerlich erfüllt. Wir werden hier an die spirituelle Sphäre der Hathor erinnert, in der die Verstorbenen vom Glanz der Farben und vieler schöner Dinge umgeben sind.

Allmählich aber wurden die Menschen dieses Lichtglanzes überdrüssig. Dieses große Spirituelle Wesen wurde ihnen geradezu unheimlich. Der Mythos sagt uns damit, daß die Menschen den Glanz des himmlischen Lichtes nicht mehr ertragen konnten oder wollten. Allmählich waren sie von der Schwere und Verdichtung der Materie innerlich überwunden worden, und Verblendung trat an die Stelle der früheren Erleuchtung. Wenn das Innere Licht nicht mehr leuchtet, erblindet der Mensch. Im eigentlichen Sinne ist es dieses Dunkel in der Seele, die spirituelle Blindheit, die das Versinken in der Materie bewirkt. Indem die Menschen Hainuwele, die Weltseele, in die Tiefe und ins Dunkel der Erde verbannen, begraben sie sich selbst, da sie ja Teile der Weltseele sind. Sie selbst sind es, die nun der Materie untertan sind. – Die Parallelen zum griechischen Mythos sind unübersehbar. Wie Hainuwele wird auch Persephone in die Erdentiefe entführt, wo sie im Dunkel und unter der bleiernen Schwere der Materie ihr weiteres Leben fristen muß.

So wie Demeter nach ihrer verschwundenen Tochter Persephone und Isis nach Osiris suchte, machte sich auch Ameta auf die Suche nach der verschwundenen Hainuwele. Dieses *Suchen* wurde in den entsprechenden Mythen ausführlich geschildert. Den Leichnam Hainuweles zerschnitt Ameta in viele Einzelteile. Ebenso wurde der Leichnam des Osiris zerstückelt. Die einzelnen Leibesglieder begrub Ameta in der Erde. Ebenso bestattete Isis die Glieder ihres zerstückelten Gatten. Das Einsammeln der Glieder bedeutete die Zusammenführung des verlorenen und zersplitterten Urwissens. Durch das Wirken seines Sohnes Horus, des *Jägers*, erlebte Osiris eine Auferstehung. Diese Auferstehung ist angedeutet in den Feldfrüchten, die aus den Gliedern der Hainuwele entstanden. Auch in Ägypten wurde das Pflanzenwachstum dem Mondengott Osiris zugeordnet. Seine Auferstehung wurde kultisch nachgeahmt, indem man Pflanzen aus einem aus Erde gebildeten Osirisleib sprießen ließ. Die Übereinstimmung beider Mythen könnte deutlicher nicht sein.

Der Jäger Ameta tritt hier in der Funktion des Jägers Horus auf, der seinem Vater zur Auferstehung verhilft. Die wichtigsten Glieder, die *Arme*, übergab Ameta nicht der Erde sondern an Satene. Sie erscheint gleichsam als die göttliche Mutter Hainuweles und entspricht der Demeter als Mutter Persephones. Wie Isis die Glieder des Osiris in Händen hielt, so Satene die Arme Hainuweles. Die Arme stehen hier für einen *tätigen* Aspekt; durch sie werden die Teile der zerstückelten Urweisheit wieder zusammengefügt. Isis sammelte mit ihren Armen die zerstückelten Glieder des Osiris wieder ein, das heißt sie fügte die Teile der verlorenen Urweisheit wieder zusammen.

Satene war die Göttin, die bis dahin die Menschen leitete, das heißt die Repräsentantin der Göttlichen Weisheit wie Isis. Wie Isis um die getötete Urweisheit trauerte, so war auch Satene erfüllt von Schmerz. Sie war erzürnt über die Menschen, weil sie die Weltseele getötet hatten. Nun war auch für sie kein Platz mehr auf der Erde. Nachdem die Weltseele gefallen war, zog sich nun auch die spirituelle Urweisheit von den Menschen zurück. Dieser Zug der Geschichte entspricht der unermeßlichen Trauer der Göttinnen Demeter und Isis über den Verlust der Weltseele. Nach dem Erlöschen der Weltseele im Bewußtsein der Menschen können sie selbst nicht mehr auf die Seelen einwirken; ob sie wollen oder nicht müssen sie die Menschen „verlassen".

Wenn die Menschen die Weltseele wiederfinden wollen, müssen sie nun durch ein *Tor* schreiten. Das geschieht beim Sterben, aber auch bei der Einweihung. Nur auf diesem Wege können die Menschen der Großen Göttin wieder begegnen. Mit der neunfachen Spirale, welche das Tor bildet, sind wieder die neun Ebenen der Spirituellen Welt gemeint. Im Durchschreiten der planetarischen Sphären bis hin zum Fixsternhimmel erhebt sich die Menschenseele zum Göttlichen.

Mit den neun Sphären ist aber auch die leiblich-seelisch-geistige *Ganzheit* des Menschen angesprochen. Im Hintergrund dieses Gedankens steht die weit verbreitete Gestalt des Großen Kosmischen Menschen, von dem der Mensch ein Abbild ist, was, wie wir sahen, sogar die Bibel aussagt. Wenn aber einer Seele die höheren Stufen des geistigen und spirituellen Lebens fehlen, kann sie sich nicht zum vollen Menschsein erheben, sondern bleibt zurück. Das ist gemeint mit denjenigen Menschen, die das Tor und die höheren Stufen der Entwicklung nicht durchschreiten konnten. Indem sie die Anlagen zum Geist nicht entwickeln, bleiben sie auf einer rein seelischen Stufe zurück, auf der sie sich nicht mehr wesentlich von den Tieren oder den unentwickelten Geistern unterscheiden. Dieser Gedanke entspricht voll und ganz der Vorstellung des antiken Philosophen *Platon*. Ihm zufolge hatten alle Seelen denselben Ursprung. Seelen, die sich von ihren heftigen und wilden Trieben und der animalischen Dumpfheit überwältigen ließen, blieben in der Evolution zurück und wurden zu Tieren.

Nach dem Sterben überquert die Seele die acht Totenberge, auf denen jeweils andere Totengötter herrschen, bis sie auf dem neunten Totenberg Satene wiedertrifft. Diese Totenberge sind plastische Symbole für die neun spirituellen Sphären. Die Jenseitsvorstellungen der indonesischen Eingeweihten reichten also bis in die höchsten Ebenen hinauf, wie wir das bei den anderen Mysterienreligionen bereits gesehen haben. Die Herrscher der „Totenberge" repräsentieren die Planetengötter, die wir auch hier wie überall sonst wiederfinden.

Eine zentrale Macht des Bösen, wie wir sie in Seth, Typhon, Ahriman,

Mot und Leviathan verkörpert sahen, ist im Gebiet Ozeaniens nicht zu finden. Das Böse erscheint in den unheilvollen Trieben der Menschen. Dazu gehört die *Gleichgültigkeit* gegenüber der Lichtwelt bzw. dem Lichtwesen, das zu ihnen gekommen ist. Diese Gleichgültigkeit stammt aus dem Verhaftetsein an die materielle Außenwelt. Das Böse, das die Menschen antreibt, liegt auch in der mit Hochmut verbundenen *Eifersucht* auf das Lichtwesen. Insgesamt spielen sich die mythischen Erzählungen Ozeaniens vorwiegend in der Menschenwelt ab.

Auch dieser indonesische Mythos zeigt außergewöhnliche Übereinstimmungen mit den ägyptischen Mythen um Osiris, Isis und Horus. Indonesien liegt Asien noch näher als Mittelamerika. Auch hierbei könnte man auf eine weltweite Ausdehnung uralten Mysterienwissens von einem asiatischen Zentrum aus schließen. – Ebenso wurde im Gebiet Ozeaniens auch von einer Aufrichtung des Himmels durch einen „Himmelsträger" gesprochen [21]. Und auch der Orion und die Pleiaden waren Gegenstand mythischer Erzählungen.

Abenddämmerung der Einweihung

Dante – Die letzte Himmelsreise der Alten Welt

Nach unserer langen Weltrundreise sind wir nun im Italien des 14. Jahrhunderts angelangt. Dort lebte von 1265 bis 1321 *Dante Alighieri*, der größte Dichter Italiens. In Florenz geboren wurde er später im Zuge unaufhörlicher Parteienkämpfe aus seiner Heimatstadt verbannt. Von ihm stammt die „Divina Commedia", die „Göttliche Komödie", die größte Jenseitsdichtung der Weltliteratur. Dante war ein universal gebildeter Geist, ein Gigant unter seinen Zeitgenossen. In seinen Werken vereinte er eine erlesene dichterische Sprache mit einem weitgespannten

Wissen. Zusätzlich zu den theologischen Ausführungen ist die „Göttliche Komödie“ auch ein Lehrbuch der Geographie, Astronomie und Geschichte. Das geistige und sprachliche Niveau des Dichters ist dabei so hoch, daß dieses Werk kaum noch geduldige Leser finden dürfte.

Wir können nicht daran zweifeln, daß seiner Jenseitsschilderung ein wirkliches Erleuchtungserlebnis zugrundelag. Visionen und Entrückungen der Seele waren im Mittelalter keineswegs so ungewöhnlich wie in heutigen Tagen. An bestimmten Schilderungen Dantes erkennt der Spiritualist die Echtheit seiner Erfahrungen. Seine Erlebnisse hat der Dichter dann kunstvoll ausgearbeitet und mit einem umfassenden Wissen verbunden. Da er ein politischer Mensch war, finden sich in seinem Werk auch historisch-politische Exkurse, verbunden mit härtester Kritik an Zuständen und Personen. Dante war kein kirchlicher Frömmler. Unverblümt ist seine Kritik auch an den kirchlichen Verhältnissen. Dante war auch der erste große Freigeist Europas. Und so wird es immer sein: Spirituelle Erfahrungen und Freiheitsbedürfnis haben eine ewige Ehe geschlossen!

Zum letzten Mal hatte ein Europäer den Aufstieg durch die spirituellen Planetensphären bis zum Fixsternhimmel erlebt. In Dantes Jenseitswanderung erblicken wir die Abenddämmerung einer viele Jahrtausende alten Einweihungstradition. Als Dantes Seele nach ihrer Himmelsreise in den Körper zurückkehrte, schlossen sich die Tore der Himmelssphären für lange, lange Zeit. Ob und wann sie sich wieder öffnen bleibt ungewiß. Trotz mancher Einschränkungen durch kirchlich-dogmatische Vorgaben ermöglicht uns die „Göttliche Komödie“ ein Verständnis der früheren Mysterientraditionen. Deshalb wird sie hier auch aufgenommen.

Am ehrlichsten war Dante zu Beginn seines Werkes. Wenn sich vor dem Menschen das Tor zur Seelenwelt öffnet, dann erlebt er zum ersten Mal eine wirkliche Selbstbegegnung. In bildlich-symbolischer Form zeigen sich seinem nunmehr geöffneten Seelenauge die Triebe und verborgenen Bestrebungen seines Unterbewußtseins, die er in seinem Oberflächenbewußtsein nur allzu gerne verdrängen möchte. Jetzt aber kann er ihnen nicht mehr entfliehen: Das Tor ist geöffnet – aber für beide Seiten! Alles das, von dem er sonst nichts wissen wollte, dringt nun in sein Bewußtsein ein. Der Mensch erlebt sich als nackt, entblößt von allen Maskeraden. Das ist für *alle* auf Erden weilenden Menschen ein schockartiges Erlebnis, da die vielen Illusionen, die sie sich in bezug auf ihre Person gemacht hatten, mit einem Schlag zerstört werden.

Gleich zu Beginn der Reise findet sich der Dichter „in finstren Waldes Nacht verschlagen" [23]. Der Weg zum Geist führt für den Menschen durch Nacht zum Licht. Niemand kann in die Sphären des Lichtes aufsteigen, der nicht zuvor in die dunklen Tiefen der eigenen Seele hinabgestiegen ist. „Wie hart ists, ach, von diesem Walde sagen, wie wild und rauh und dicht sein Dickicht droht: Dran denken nur macht noch aufs neu mich zagen!" In den dunklen Tiefen des Unterbewußtseins manifestieren sich die im Menschen waltenden triebhaften Neigungen und Tendenzen als tierische Gestalten. Im Waldesdunkel stellt sich dem Dichter nun ein *Panther* in den Weg. „Nicht aus den Augen wich er, aller Enden den Weg mir sperrend." Mehrmals muß der Dichter deshalb umkehren. Kaum hat er den Panther hinter sich gelassen, kommt ein *Löwe* auf ihn zu, „in seines Hungers Wut so grimmig, daß die Luft mir schien zu beben". Nicht genug damit, sieht er sich auch von einer *Wölfin* bedroht, „trächtig von der Glut jedweder Gier ... Sie machte starrend mich vor Furcht erbleichen". In höchster Not erscheint dem Dichter eine Gestalt, die sich als die Seele des antiken römischen Dichters *Vergil* zu erkennen gibt. Er nun wird dem Dichter zum Führer durch die jenseitigen Reiche.

Die genannten Tiere sind symbolische Ausdrucksformen der Triebe im Menschen, die sein tierisches Erbteil bilden. Der Panther steht für Wildheit, der Löwe für Stolz, Ehrgeiz und Herrschsucht, die Wölfin für Gier und bei Dante für die gefräßige Machtgier Roms, dessen Symboltier sie war. Diese vom Dichter geschilderte Selbstbegegnung erweist nicht nur seine Ehrlichkeit, sondern auch seine weiteren Visionen als aus eigenem übersinnlichen Erleben stammend. Wir verstehen nun noch besser, warum die Novizen aller Mysterien harten Prüfungen unterworfen wurden. Sie mußten Mut, Unerschrockenheit und Selbstbeherrschung lernen, damit sie nicht beim Überschreiten der Schwelle vor Schreck erstarrten oder unter die Herrschaft der unterbewußten Triebe gerieten.

Nach diesem Vorspiel führt die Wanderung der beiden Dichter durch die Reiche der wirklichen Seelenunterwelt, die im Christentum als die Hölle bezeichnet wird. Dort halten sich Seelen auf, die im Leben von lasterhaften und verbrecherischen Neigungen so weit beherrscht wurden, daß das ewige Licht in ihnen verschüttet worden ist und sie als Folge ihres Verhaltens keinen Antrieb mehr verspüren, in die Reiche des Geistes aufzusteigen. (Im Gegensatz zu den Religionen sieht der Spiritualismus diesen Zustand grundsätzlich nur als einen vorübergehenden an. Jede Seele kann sich das Licht und den Aufstieg in künftigen Erdenleben neu erringen, wenn sie nur will. Die entwickelten Menschen stehen ihren verirrten Brüdern und Schwestern dabei hilfreich zur Seite). Hier kann auf die ausführlichen Schilderungen Dantes nicht eingegangen werden. Betont werden muß aber, daß die meisten alten, auf spirituellen Grundlagen beruhenden Kulturen diesen Bereich der Seelenwelt kannten. Am ausführlichsten ist er in den Jenseitsbüchern des alten Ägyptens beschrieben worden, aber auch von Gotamo Buddha. (In der indischen Mythologie wäre dies das Reich der *Asuras*, das von unentwegtem Haß und Streit geprägt ist).

Als zweiten großen Bereich durchwandern Dante und Vergil die spirituellen Sphären, die im mittelalterlichen Christentum als *Purgatorium* oder „Fegefeuer“ bezeichnet wurden. Mit dem Wort „Purgatorium“ ist ein „Ort der Reinigung“ gemeint. Um weiter aufzusteigen in die Reiche des Lichtes, muß die Seele sich reinigen von allen Bestrebungen des Egoismus und allen Trieben, die der Befriedigung selbstsüchtiger Begierden dienen. Solche selbstsüchtigen Triebe werden in dieser Welt als verzehrendes seelisches „Feuer“ erlebt. Durch die verzehrende Glut selbstsüchtiger Bestrebungen wird das Ego im Menschen gleichsam „verbrannt“. Doch jedes Feuer erlischt einmal. Dann schwingt sich die von allen triebhaften Verstrickungen befreite Seele auf in die Sphären des Lichtes, wie der Vogel Phönix, der verbrannte und sich wieder verjüngte. Diese Sphäre der Reinigung der Seele gehört bereits in die spirituelle Mondensphäre. Das war Dante als einem Angehörigen des christlichen Mittelalters allerdings nicht mehr bewußt.

Nachdem er die Sphäre der Reinigung der Seele durchwandert hat, ist der Dichter nun „rein und bereit zum Aufflug in die Sterne“, in die Räume des Himmels, die er in seiner Dichtung das „Paradies“ nennt. Geblendet vom Licht kann selbst ein großer Dichter kaum in Worten ausdrücken, was dort zu sehen ist. „Die Herrlichkeit des, der das All läßt schwingen, strahlt aller Welt, und wider strahlt ihr Licht, hier mehr, dort minder, all aus ihren Ringen. Im Himmel war ich, ... sah dort, was zu sagen dem, der herabkam, Sinn und Wort gebricht.“ Als Führerin in diesen Welten steht dem Dichter nun Beatrice, seine unsterbliche, vergeistigte Geliebte, zur Seite. Sie lenkt seinen Blick in die Höhen des Geistes, und dem Dichter werden dabei die übermenschlichen Fähigkeiten der Seele bewußt: „Wie über menschlich Sein sich kann erheben der Mensch, erhellt kein Wort.“ Mit dem spirituell geöffneten Ohr der Seele hört er die Musik der Sphären. Staunend erlebt der Dichter zum erstenmal den Flug der Seele: „Jetzt staun ich, wie dies Schweben durch also leichten Stoff mich tragen kann!“ Beide nähern sich der Mondensphäre, was Beatrice ihrem Seelenfreund erklärt: „Dahin nun, in verheißner Heimat Hallen, trägt dich der Sehne Kraft ... Nicht mehr darf dieser Flug, den du geflogen, dich wundern!“

Die Himmelsreisenden gehen nun in den „ersten Stern“ ein. „Mir war, als hätt uns einer Wolke Weben, hell leuchtend, dicht, geballt und fleckenrein, ein Diamant im Sonnenstrahl, umgeben. In ihren Schoß ließ uns die Perle ein, die ewige, wie, ohne Raum zu lassen, ein Wasser einläßt allen Lichtes Schein.“ Der Dichter fühlt sich nun „dem Tal der Sterblichkeit“ entronnen. Die Gesichter der hier in der Mondensphäre weilenden Seelen erscheinen dem Dichter „wie helles Glas, durchsichtig ganz und gar“. Hier trifft er die Seele Piccardas, der verstorbenen Schwester eines Freundes. Sie erklärt ihm, daß sie im Leben ihre Pflichten als Klosterschwester vernachlässigt habe. Doch Dante vermag sie zu trösten: „In Eurer Augen Licht strahlt so ein Göttliches, ... das wandelt Euer einstig Angesicht.“ Die strahlendste unter ihren Gefährtinnen ist die verstorbene Kaiserin Konstanze. Auch Beatrices Züge sind verklärt. Es „strahlte, daß ichs lange nicht ertragen, ins Auge mir ihr Antlitz, hell, entbrannt“.

Darauf eilen beide „dem zweiten Reiche zu“. Sie sehen sich umgeben vom Glanze von tausend Lichtern, den Bewohnern der Merkursphäre. Dort trifft Dante auf die Seele Justinians, eines verstorbenen römischen Kaisers. Er gibt dem Dichter einen Rückblick auf die Geschichte Roms von Caesar bis Karl dem Großen. Damit wird er zum Sprachrohr Dantes, der sich um das Schicksal Italiens sorgt. Die Gestalt Justinians steht hier für das Ideal eines tätigen Lebens, das sich auch der Politik nicht versagt. „Nun hör: belebt ist dieser kleine Stern mit guten Geistern, die sich tätig Leben erwählt.“ Merkurs Wesen sah das Mittelalter in nie ruhender Betriebsamkeit.

Die Seelenwanderer betreten daraufhin die „dritte Himmelsbahn“. Hier herrscht Venus-Aphrodite, im Altertum auch Cypris genannt, da ihr Kult ursprünglich aus Zypern stammte. „Mit ihrem Namen ward der Stern genannt, der stets zur Sonne blickt mit Liebesflehen ... Nicht spürt’ ich dort hinan des Fluges Wehen; daß wir am Ziel, des gab der Herrin Wange mir Zeugnis, immer schöner anzusehen!“ Hier in der Venussphäre naht sich dem Dichter die verstorbene Cunizza, die Schwester des Fürsten Ezzelino. Auf Erden hatte sie viele Liebesabenteuer, unter anderem mit dem Minnesänger Sordello. Stets war Aphrodites Liebessehnsucht in ihr lebendig: „Cunizza hieß ich, muß im Glanz hier schweben, weil dieses Sternes Leuchten mich bezwang.“

Die Wanderer erreichen nun die Sonnensphäre. „Bleibt unsres Schauens Kraft am Boden liegen vor solcher Höh, kein Wunder ists fürwahr, kann doch kein Blick die Sonne überfliegen. So strahlt hier Gottes vierte Jüngerschar.“ Auch hier wird der Dichter freundlich willkommen geheißen. „Viel Lichter, sieghaft strahlend, sah ich kommen, zum Kranz um uns sich reihend.“ Hier wird der Dichter von dem großen Theologen Thomas von Aquin angesprochen. Er gehört zu einem

Kreis von zwölf großen Kirchenlehrern, Mystikern und Heiligen, die sich hier dem Dichter zeigen. Die Größe und Weite ihrer Gedanken, ihre hohe Stellung und erhabene Würde entsprechen der Bedeutung der Sonne als Mittelpunkt und Beherrscherin des Planetensystems.

An den glutroten Lichtern, die sich nun nahen, erkennt der Dichter, daß sie sich in der Marssphäre befinden. Diese Lichter „funkelten mit Macht", eine Gabe, die der Mars verleiht. Auch erscheint ein Bild des Kreuzes als Zeichen der für den Glauben kämpfenden Kreuzritter. In dieser Sphäre feiert man den Sieg Christi über den Tod und die Macht der Materie. Dieser Sieg führt für alle Menschen zur Auferstehung. In der Marssphäre begegnet dem Dichter auch ein Vorfahre, der unter Kaiser Konrad Kriegsdienste geleistet und am Kreuzzug gegen die Sarazenen teilgenommen hatte. Es folgen lange Ausführungen seines Ahnen über Geschichte und Politik und das Schicksal des Dichters in den politischen Wirren Italiens. Dante nutzt hier den Aufenthalt in der Marssphäre zu einer Generalabrechnung mit der auch für ihn selbst desaströsen Politik seines Vaterlandes. Diese langen Passagen entsprechen voll und ganz dem Wesen des Mars, dessen ganzes Streben der Erkämpfung der Macht unter Einsatz der Stärke gilt. Der Blick in die Geschichte geht noch weiter zurück zu den Helden der Vergangenheit, zu Josua und Judas Makkabäus, zu Roland und Karl, den Helden des Frankenreiches, zu den Kreuzrittern Gottfried von Bouillon und Robert Guiscard. Den größten Raum nimmt bei Dante die Schilderung der Marssphäre ein. Sie war auch am leichtesten und reichsten mit Gestalten der Politik und Kriegsführung zu füllen.

Nun steigen Dante und Beatrice auf in die sechste Planetensphäre, in das Licht eines „milden Sterns", des Jupiter. In seinem Licht erscheint der Adler als das alte Symboltier des Gottes, der sich in die reinen Höhen des Himmels erhebt. Die Seelen dieser Sphäre „glichen Karfunkelsteinen, in denen flammt des Sonnenlichtes Schimmer". In dieser Sphäre ringt der Dichter mit höchsten und schwierigsten Fragen des Glaubens. Wie kann es sein, daß den „Heiden", selbst wenn sie moralisch untadelig waren und das Christentum gar nicht kennen konnten, der Zugang zu den Pardieseswelten versperrt ist? Scheinbar unterwirft sich Dante dem christlichen Dogma, daß der Mensch die göttliche Gerechtigkeit nicht kenne und nicht in Zweifel ziehen dürfe. Doch bleibt das Problem ungelöst. Auf der anderen Seite stehen sogenannte christliche Herrscher, die schlimmstes Unrecht begangen haben; ihre schändlichen Taten werden vom Dichter aufgezählt. So stark berührt den Dichter das Problem, daß er zwei „Heiden“ erwähnt, die ins Paradies gelangten, unter ihnen der römische Kaiser Trajan.

Nun sehen sich Dante und Beatrice „zum siebten Stern emporgetragen“. Beatrice enthält sich jetzt des Lächelns, denn das von ihrem Antlitz ausgehende Licht würde ihren Dichterfreund zu sehr blenden. Hier erscheinen dem Dichter einsame, weltflüchtige Asketen, deren ganzes Streben nur noch darauf gerichtet ist, sich mit Gott zu vereinigen. Sie kommen aus noch höheren Welten eine goldene Leiter herabgestiegen. Im Gespräch mit dem Dichter beklagen sie den Niedergang des spirituellen Lebens auf Erden.

Die siebte Sphäre bedeutet jedoch noch nicht das Ende der Himmelsreise. Auf der goldenen Himmelsleiter steigen Dante und Beatrice nun in die Sternenwelt empor. Der Dichter fühlt sich als erstes zu dem Sternbild hingezogen, unter dem er selbst geboren wurde, den himmlischen Zwillingen. Im Blick zurück überschaut er die sieben Planetensphären und den winzigen Erdball.

Dante gelangt nun in das Reich der seligen Geister, welche die weiten Sternenräume bewohnen. „Als Sterne kreisend sah ich flammend helle die seligen Geister.“ In diesen höchsten Sphären werden die entkörperten Seelen zu strahlenden Lichtwesen. Dann wird ihm die Schau der Engelwelten zuteil. Neun Ringe aus Licht kreisen um einen Mittelpunkt, das göttliche Zentrum des Universums. „Die beiden ersten Ringe zeigen der Seraphim und Cherubine Walten.“ Die genannten Cherubim werden bereits in der Bibel ausführlicher beschrieben. Im eigentlichen Sinne gehören nur diese beiden Engelordnungen zum Bereich der Fixsternwelt. Die sieben anderen Klassen von Spirituellen Wesen verteilen sich absteigend auf die sieben Planetensphären, angefangen mit den

„Thronen“, die zur Saturnsphäre gehören. Dante benennt diese Wesen nach der christlichen Tradition, die bereits in der Bibel angedeutet und später von dem christlichen Mystiker *Dionysius Areopagita* detailliert ausgearbeitet wurde: Herrschaften, Kräfte, Mächte, Fürstentümer, Erzengel, Engel. Aufgrund der Vorgaben kirchlicher Dogmatik war der Dichter gezwungen, die Engelordnungen in die Fixsternwelt zu verlegen, das heißt aber in Sphären, zu denen sie nicht gehören und die ihnen auch nicht zugänglich sind. Engel, die zur untersten, erdennahen Sphäre gehören, sind nach biblischer Aussage den einzelnen Menschen als Beschützer zugeordnet, Erzengel den verschiedenen Völkern. Man ersieht hieraus, in welchem Grade sich die kirchliche Dogmatik verfälschend in die Schau des Dichters eingemischt hat.

Die Lichtfülle, die den Dichter in der Fixsternsphäre umgibt, ist für ihn kaum zu ertragen, wird aber gemildert durch die im göttlichen Licht enthaltene Liebe und Freude. „Dem weitsten Kreis der Körperwelt entronnen sind wir im Himmel nun, der pures Licht: Ja, Licht des Geistes, aller Liebe Bronnen, Liebe zum wahren Gut, an Freuden reich, Freude und Wonne über alle Wonnen!“ Bei diesen Worten Beatrices wird die Seele des Dichters noch weiter erhoben: „Da fühlt' ich hoch mich selber sich erheben, weit über alles, was an Kräften mein.“ Dann umspannt sein Blick die Gesamtheit der entkörperten Menschengeister. Sie erscheint ihm im Bilde einer goldenen Himmelsrose von riesiger Ausdehnung. Die Schau des Dichters weitet sich immer mehr ins Unermeßliche: „Zu groß nun wird die Fülle der Gesichte!“ Dante erkennt, daß das göttliche Licht die *Wahrheit* ist. Es schenkt der Seele die Erkenntnis aller Dinge: „*Ein* Augenblick läßt tiefren Blick mich tun als viel Jahrhunderte das Abenteuer.“ Die letzte und höchste Erkenntnis besteht in der Wahrnehmung der göttlichen Urdreiheit: „Tief in des hehren Lichtes klarem Scheine erstrahlte dreier Kreise Leuchten mir.“ Mit einem Hymnus auf das Licht beschließt der Dichter seine Jenseitsreise: „O ewig Licht, das in sich selber ruht.“

Aufgrund seiner erhabenen Jenseitsdichtung sind die Europäer Dante Alighieri zu großem Dank verpflichtet. Er hat ihnen damit eine Anknüpfung an die Einweihungserlebnisse der Vergangenheit ermöglicht. Seine Dichtung muß jedoch vor dem Hintergrund des früheren Mysterienwissens gelesen werden. Im Lichte dieses Wissens werden die in seinem Werk vorhandenen kirchlich-dogmatischen Vorgaben als unhaltbar erkannt. Daß es Nichtchristen verwehrt sein soll, in die Himmelswelten aufzusteigen, ist absurd und zeugt von einem beispiellosen Hochmut. Nähme man diesen Gedanken ernst, dann wären in der vorchristlichen Vergangenheit niemals Menschenseelen in die Himmelswelten gelangt, weder durch die Einweihung noch nach dem Tode. Alle in diesem Buche beschriebenen Vorgänge wären dann nichtig, unsinnig, bloße Träume, Phantasmen, Hirngespinste. Das kirchlich-dogmatische Christentum steht bis heute auf diesem Standpunkt, obwohl es über seine Auffassung wohlweislich nicht spricht. Denn wenn zahlreiche nichtchristliche Menschen in die Himmelswelten gelangten, dann wäre ja die Erlösung allein durch Christus hinfällig und würde nicht gebraucht. Schon allein aufgrund dieses allerersten Glaubensgrundsatzes kann das Christentum eine himmlische Existenz von Nichtchristen nicht anerkennen. Mit seinen Dogmen hat sich das Christentum selbst ein Gefängnis geschaffen, aus dem es keinen Ausweg gibt.

Unhaltbar ist auch die Trennung der Engelhierarchien von den Planetensphären. Daß Engel und Erzengel – als Beschützer einzelner Menschen und Völker in der Erdensphäre wirkend – in die Fixsternsphäre versetzt werden, ist völlig abwegig. Dante mußte es wegen kirchlich-dogmatischer Vorgaben so schildern, weil die Kirche die Planetensphären, das heißt aber auch die kosmischen Wirkungen insgesamt, unbedingt aus ihrem Weltbild verbannen wollte. Deshalb nennt Dante die Planeten auch nicht bei ihren Namen! Damit schaffte die Kirche auch den Menschen als Mikrokosmos ab. Die menschliche Seele ist nach kirchlicher Auffassung keineswegs ein Teil der Weltseele und kann sich deshalb auch nicht aus eigener Kraft in deren Sphären begeben. Wie man sieht, ist dieses antispirituelle Weltbild auf seine Weise ebenso logisch wie das spirituelle. – Dante war auf Grund der im Mittelalter herrschenden Verhältnisse gezwungen, diese dogmatischen Vorgaben in seine Jenseitsdichtung aufzunehmen. Der Spiritualist wird ihm selbst diese Irrtümer nicht anrechnen. Er überläßt dem Leser die Bewertung einer Religion, die solche Irrtümer zu obersten Glaubenssätzen erhoben hat.

Synthese

Die weltweite Einheit der Mysterien

Hier sollen die mannigfachen Übereinstimmungen der weltweit verstreuten Mysterien noch einmal zusammengefaßt werden. Auch die im zweiten Band behandelten Dionysos- und Demeter-Mysterien fügen wir in diesen Gesamtzusammenhang ein. *Aus dieser Übersicht ergibt sich die weltweite Identität der Mysterien, der Mysteriengottheiten und der Mysterienlehren.*

Ziel und Praxis der Einweihung. – Alle Mysterien und Einweihungswege hatten das gleiche Ziel. Sie strebten danach, den Menschen das Erleben der Höheren Welten der Seele und des Geistes zu ermöglichen. In der Praxis verwendete man verschiedene Methoden mit dem übereinstimmenden Ziel, die Seele partiell vom Gehirn zu lösen und ihr so die übersinnliche Wahrnehmung zu verschaffen.

Die Einweihung und Erleuchtung beendet einen Zustand der spirituellen Blindheit. In allen Überlieferungen wurde diese geistige Verfinsterung übereinstimmend durch eine objektiv existierende Macht der Verblendung geschaffen. Mit dieser Macht befinden sich die Mysteriengötter in einem ständigen Kampf.

Die übersinnliche Wahrnehmung und die Symbolik der Schlange. – Durch die Einweihung tritt ein astrales Wahrnehmungsorgan in Funktion, das sogenannte Dritte Auge. Shiva und Buddha sowie die Kyklopen tragen es auf der Stirn. Symbolisiert wird es durch die Stirnschlange der ägyptischen Pharaonen und Götter. Dort wird es auch das „Mondauge“ oder das „Horusauge“ genannt. Wo in den Mysterien nur die Schlange erscheint, ist ebenfalls dieses „Auge der Seele“ oder das „Himmlische Auge“ gemeint. In allen behandelten Mysterien spielt die Schlange eine zentrale Rolle. Im indischen Yoga erscheint das Stirnauge als das spezielle Organ einer bestimmten astralen Ebene im Menschen.

Aufstieg durch die Spirituellen Sphären. – Alle geschilderten Einweihungswege sprechen von einem *Aufstieg der Seele*. Er vollzieht sich nacheinander über verschiedene Stufen. Sie sind identisch mit den sieben planetarischen Sphären. Über den Bereich des Planetensystems hinaus kann sich der Geist in die unendlichen Sternenräume des Universums erheben.

Die Einheit der ägyptischen und griechischen Mysterien. – Zwischen Osiris und Dionysos-Zagreus besteht vollkommene Identität. Beide werden von der Macht der Finsternis zerstückelt, wobei die entprechenden Mächte Seth und Typhon ebenfalls identisch sind. Beide erleben ihre Auferstehung durch einen jugendlichen Gott, der auch als das göttliche Kind aufgefaßt wird – Horus und Iakchos. Auch die Eigenschaften und die Symbolik der beiden Mysteriengötter sind identisch. Beide zeigen ausgeprägte Bezüge zum Mond, zum Wasser, zur Vegetation, zum Stier und zum Phallus. Beide wurden bereits von den Griechen gleichgesetzt. Es kann kein Zweifel darüber bestehen, daß der ägyptische Osiris älter ist als der griechische Dionysos. Daraus folgt, daß die Osirismysterien über den Vorderen Orient zunächst nach Kleinasien zu den Phrygern gelangten, wo sie als die Mysterien des *Sabazios* gefeiert wurden, und sich anschließend zu den benachbarten Thrakern und von dort unter dem Namen des Dionysos bis zu den Griechen ausbreiteten.

Aber auch Isis und Demeter sind identische Göttinnen. Beide sind Mysteriengottheiten und deshalb auch durch die Schlange charakterisiert. Beide stehen in engem Zusammenhang mit dem Pflanzenwachstum. Beide Göttinnen werden von einem unersetzlichen Verlust betroffen. Isis verliert ihren Gatten Osiris, Demeter ihre Tochter Persephone, wobei Osiris und Persephone jeweils das gleiche Prinzip, die Weltseele, personifizieren. Sowohl Osiris als auch Persephone herrschen im Reich der verstorbenen Seelen. Die Erzählungen, die Isis und Demeter auf der Suche nach den Verschwundenen schildern, sind im Ganzen und in zahlreichen Einzelheiten identisch. Der zwingende Schluß liegt nahe, daß die Isismysterien bereits frühzeitig ihren Weg über das Mittelmeer nach Eleusis genommen haben und Isis dort durch Demeter ersetzt wurde. Somit haben sowohl die Mysterien des Dionysos als auch die der Demeter ihren Ursprung in Ägypten. In den Eleusinischen Mysterien haben sich Isis und Osiris in den Gestalten von Demeter und Dionysos-Iakchos wieder vereint. Im zweiten Band wird gezeigt, daß die großen Philosophen, Wissenschaftler und Künstler Griechenlands eingeweiht waren. Ihre geistigen Leistungen, mit denen sie auch die europäische Kultur vorbereitet und beeinflußt haben, speisten sich demnach aus spirituellen Impulsen, die letzten Endes ihren Ursprung in Ägypten hatten.

Die Identität der Mysteriengötter. – Alle genannten Mysteriengötter üben die gleiche Funktion aus: Sie vermitteln den menschlichen Seelen die Erleuchtung. Die Symbolik, die sich um sie rankt, ist in den zentralen Elementen identisch. Sie sind gekennzeichnet als Herrscher des Sternenhimmels, deren Augen Sonne, Mond und die Sterne sind. Damit sind sie auch Herrscher in der Seelenwelt, dem Reich der „Verstorbenen“. Sie haben jeweils spezielle Bezüge zum Mond sowie zum Morgen- und Abendlicht, den Horizonten und dem Venusstern. Sie repräsentieren auch den Luftraum und die sich dort abspielenden atmosphärischen Erscheinungen wie Wind und Regen. Mit dem Mond hängen ihre Symbole Stier und Phallus zusammen und ebenso die Tierwelt als solche, mit der sie als Jäger in Beziehung treten.

Der Stier als Symbol der Mysteriengötter. – Nicht weniger als fünf Mysteriengötter haben den Stier als Symboltier – Osiris, Dionysos, Ba'al, Shiva, Mithras. Osiris, Ba'al und Dionysos treten dabei selbst in Stiergestalt auf oder werden in dieser Gestalt zerstückelt. Der Stier *Nandin* ist Shivas Reittier, und auch Mithras reitet auf dem Stier. In den Mithras-Mysterien wird die Funktion des Stiers am deutlichsten ausgedrückt: Der Gott entbindet aus ihm den „Trank der Unsterblichkeit", der im alten Indien mit dem Somasaft und in Persien mit dem Haomatrank identisch war. Bei diesem Vorgang steht der Stier für den Mond und dieser für die Seelenwelt und die übersinnliche Wahrnehmung. Die Zeugungskraft des Stieres drückt sich auch im Phallus aus, der dasselbe Prinzip verkörpert.

Der Phallus als Symbol neuer Zeugung und Wiedergeburt. – Die drei Mysteriengötter Osiris, Dionysos und Shiva werden durch den Phallus symbolisiert. In Indien offenbart sich Shiva regelrecht im Phallus, wie zahlreiche Skulpturen zeigen. In Verbindung mit Shiva gibt der Phallus seine eigentliche Funktion in den Mysterien zu erkennen. Shiva hat ja keinerlei Verbindung mit der physischen Zeugung und Fruchtbarkeit, er zieht im Gegenteil die Menschen ab von der Erdenwelt. *Also bedeutet der Phallus die spirituelle Zeugung, die zur Wiedergeburt auf den Höheren Ebenen führt.* Vom Phallus wird diese Bedeutung auf den Stier übertragen, er ist der Garant dieser neuen Zeugung und spirituellen Geburt.

Der göttliche „Jäger", die Tierwelt und das Böse. – Vier der hier behandelten Mysteriengötter treten als göttliche „Jäger" auf – Rudra-Shiva, Dionysos-Zagreus, Horus und Mithras. Die beiden letzteren sind zudem in der Gestalt des großen Jägers Orion vereint. Als Jäger gehören sie zur Sphäre der Tierwelt und symbolisieren die Seele, die ja in der Evolution zum erstenmal in der Tierwelt auftritt. Die Seelenwelt ist zugleich das Reich der entkörperten Seelen, der „Verstorbenen". Die göttlichen „Jäger" sind als die Herrscher der Seelenwelt gekennzeichnet. – Die wilden Tiere, welche die Mysteriengötter jagen, sind aber auch die Verkörperungen der bösen Mächte, was besonders deutlich bei Horus wird. Als „Jäger" sind die Mysteriengötter zugleich die Kämpfer gegen die Mächte der Finsternis, welche die Seelen durch triebhafte Verstrickungen an die Materie ketten.

Kosmische Entsprechungen der Mysteriengötter. – Alle genannten Mysteriengötter haben mehr oder weniger deutliche Bezüge zum

Mond. Das wird klar erkennbar an ihren Verbindungen mit Mondsymbolen. Bei allen alten Völkern wurde der Mond mit Zeugung, Fruchtbarkeit, Wasser, Regen, Pflanzenwachstum, den Tieren und vor allem mit dem Stier verbunden. Diese gesamte Symbolik zeigt sich bei den Mysteriengöttern, wobei hier auf die Charakterisierung der einzelnen Gestalten verwiesen wird. Diese Mondsymbolik wird im zweiten Band ausführlicher besprochen.

Charakteristisch für die Mysteriengötter ist aber auch eine weitere Verbindung mit kosmisch-astronomischen Phänomenen. Es sind ihre Bezüge zum Morgen- und Abendlicht, zur Morgen- und Abendröte, zum Morgen- und Abendstern. Diese Verbindung ist vorhanden beim indischen Mitra, beim persischen Mithra, beim römischen Mithras, bei Horus und Orion, bei Quetzalcoatl. Bei Ba'al ist sie nur angedeutet, bei Dionysos ergibt sie sich über seine Abstammung. Beim indischen Shiva kann eine solche Beziehung aus einer wichtigen Symbolik erschlossen werden. Shiva wird nämlich als männlich-weibliche Gestalt dargestellt. Diese Darstellung entspricht der orientalischen Auffassung von der Göttin des Morgen- und Abendsterns als einem männlich-weiblichen Doppelwesen. Dabei werden dem Morgenaspekt männliche Züge, dem Abendaspekt weibliche Züge beigelegt. Dem Doppelwesen Shiva entspricht das Doppelwesen Mitra-Varuna, Mithras, Horus („Horus der Horizonte" etc.), Ba'al-Anat, sowie dem römischen Liber-Libera (Dionysos). In der Kunst wurde Dionysos entsprechend als schöner Jüngling mit weichen, weiblichen Formen dargestellt. Diese Schönheit wird auch bei den anderen Gestalten sichtbar oder ergibt sich aus den Zusammenhängen.

Der Himmelsträger. – Schließlich erscheinen die Mysteriengötter als „Himmelsträger", die mit dem Morgenlicht den Himmel über die Erde erheben. Das ist der Fall bei Mitra und Mithras, bei Horus (in der Gestalt des Schu), bei Atlas und bei Quetzalcoatl. Der Mysteriengott Atlas erscheint in der Ahnenreihe des zweiten Dionysos.

Die Trauer über das Verschwinden des Paradieses. – In den trauernden Göttinnen Isis und Demeter verkörperte sich die allgemeine

Trauer der Menschen der Vergangenheit über den Verlust der Paradieseswelten. Diese Stimmung erweiterte sich in den Mysterien von Osiris und Dionysos zur allgemeinen kultischen Trauer und Klage der Teilnehmer um die Verschwundenen. Auch in Mittelamerika wurde sie empfunden. Und der Maler *Michelangelo* stellte Adam und Eva voller Sorge und Angst in ihren Gesichtern dar, als sich das Tor des Paradieses hinter ihnen schloß. Diese Trauer erfaßte weltweit die Herzen vieler Menschen und vor allem die der Wissenden. Zur gedanklichen Formulierung des Verlustes trat an vielen Orten eine Stimmung des Sich-Verlassen-Fühlens. Auch darin zeigt sich die Wirklichkeit der Mysterien.

Eine irdische Verkörperung des Mysteriengottes? – Die alten Berichte über die Mysteriengötter stellen uns vor ein ganz besonderes Problem. Sie schildern den betreffenden Gott nämlich auf eine Weise, die an eine Wirksamkeit auf Erden denken läßt. Dadurch unterscheiden sie sich grundsätzlich von anderen Göttererzählungen. Osiris lebte und wirkte als weiser König des Goldenen Zeitalters auf Erden, und ebenso vollziehen sich sein Schicksal, seine Ermordung und die Suche der Isis auf der Erde, wobei sogar geografische Details einbezogen werden. Auch der zweite Dionysos lebt und wirkt auf der Erde. Dort wird er angefeindet, zieht in fremde Länder, bringt neue Kulturtechniken und führt auch Krieg. Quetzalcoatl ist einerseits ein Schöpfergott, andererseits wie Osiris ein weiser Priesterkönig. Die ganze Symbolik, die sich um den römischen Mithras rankt – die Hirten, das Einfangen des Stieres, der Stall, die Opferung des Stieres – scheinen sich für den Betrachter auf der Erde abzuspielen. Auch die gesamte Jäger-Symbolik trägt stark irdische Züge. – Bestätigt wird dieser Zug durch die Tatsache, daß der Mysteriengott *zunächst* nur als ein Halbgott erscheint, der fern von den Göttern lebt, was bei Rudra, Dionysos und Ba'al der Fall ist. Letzterer besitzt als einziger der Götter zunächst noch keinen eigenen Palast. Der persische Mithra gehörte anfänglich zu einer Klasse von Spirituellen Wesen, die deutlich *unter* den großen Göttern standen. Der Mysteriengott steht also in einem sehr wörtlichen Sinne *zwischen*

Erde und Himmel, *zwischen* Mensch und Gott.

Wir fühlen uns deshalb zu der Frage berechtigt: Beziehen sich diese uralten Erinnerungen möglicherweise auf eine irdische Verkörperung eines Spirituellen Wesens? In der indischen Weltanschauung sind solche Verkörperungen göttlicher Wesen keineswegs undenkbar. Immer wieder steigt zum Beispiel *Vishnu* auf die Erde herab, wenn die Existenz der Menschheit auf dem Spiele steht. Alle Erzählungen, die sich um *Rama* und *Krishna* ranken und einen zentralen nationalen Mythos bilden, gehören dazu. Die Griechen sprachen von einer achtjährigen Buße des Apollon auf Erden. Hier soll diese Frage nur gestellt, aber nicht beantwortet werden. Jede Wissenschaft, und auch die Vergleichende Religionsgeschichte, besteht aus Fragen und nicht nur aus Antworten. In jedem Fall gehört auch dieser Erdenaspekt zu den auffälligen Gemeinsamkeiten der Mysteriengötter.

Diese vielfältigen Übereinstimmungen in den Funktionen, Eigenschaften, Attributen und Symbolen der genannten Mysteriengötter können nur als vollkommen bezeichnet werden. Es handelt sich auch nicht nur um einzelne übereinstimmende Details, sondern jeweils um einen identischen Komplex von Eigenschaften. Hinter den Mysteriengöttern verschiedener Völker und Kulturkreise kristallisiert sich *der eine, gemeinsame Mysteriengott* heraus. Nicht nur in der Funktion und Praxis der Mysterien und ihrer Lehren, sondern auch in bezug auf den Mysteriengott zeigt sich eine weltweite Übereinstimmung.

Zwillingsbrüder – Der gute und der böse Gott

Alle hier besprochenen Mysterienlehren machen ähnliche oder gleiche Aussagen über die Rolle und die Herkunft des Bösen in der Welt. Auch in dieser zentralen Frage von größter Wichtigkeit stimmen sie weitgehend überein. Ihre Aussagen schlagen allerdings allen landläufigen Vorstellungen der Menschen über das Böse geradezu ins Gesicht.

Das objektive Böse und sein Ursprung. – Die erste Aussage der Mysterienlehren lautet: Das Böse existiert als objektive, selbständige Macht im Kosmos und auf Erden und nicht nur subjektiv in der menschlichen Seele. Seine Macht ist überaus gewaltig und kommt oft derjenigen der Götter gleich. Die Götter müssen immerwährende Anstrengungen unternehmen, um das Böse im Kosmos und auf Erden einzudämmen. Während der gegenwärtigen Evolutionsperiode ist die Macht des Guten und des Bösen etwa gleich stark.

Eine weitere Aussage der Mysterienlehren beschreibt die Ziele des Bösen. Es will die Menschheit vom Geiste abschneiden. Es verstrickt die menschlichen Seelen tief in das materielle Dasein. Dort befinden sie sich in der Gefangenschaft der Materie. Die Seelen verlieren ihr spirituelles Bewußtsein. Dieser Verlust drückt sich aus in Blindheit und Verblendung. Die Seelen fallen in den tiefen Schlaf der Materie. Aus diesem Schlafe sollen sie nach dem Willen des Bösen nie wieder erwachen. Auf diesen Wegen erstrebt das Böse die totale, endgültige Macht über die Menschheit. Mit dem Erreichen dieses Zieles hätte es auch das Göttliche selbst besiegt, denn die Menschheit stellt einen großen Teil der Weltseele und des Weltgeistes dar.

Das Böse wird von den Mysterienlehren als untrennbarer Bestandteil der bestehenden Weltordnung beschrieben. Die bösen Mächte bestehen seit Beginn der Schöpfung. Sie existieren in den Höheren Welten gleichberechtigt neben den guten Göttern. Sie sind gleichsam eingebunden in die Ziele der Evolution.

Weitere Aussagen beschreiben die Herkunft der bösen Mächte. Sie stammen von den höchsten Göttern des Ursprungs ab: *Ahriman* entstand aus dem Urgott Zervan. *Seth* stammt in gerader Linie vom Urgott Atum ab. *Typhon* wurde von der „Götterkönigin" Hera hervorgebracht; *Hera* selbst stammt vom Urgott Kronos ab. *Leviathan* wurde vom biblischen Gott geschaffen. Der *„schwarze" Tezcatlipoca* wurde vom urzeitlichen Schöpferpaar erzeugt. Die indischen *Asuras* existieren seit Urzeiten gleichberechtigt neben den guten Göttern.

Die Repräsentanten des Bösen entstehen gleichzeitig und gleichberechtigt als *Brüder* guter Götter. Ahriman entsteht gleichzeitig mit seinem Zwillingsbruder Ahura Mazda. Seth wird als Bruder des Osiris und der Isis geboren. Hera ist die Schwester von Zeus, Hestia und Poseidon. Der „schwarze" Tezcatlipoca ist der Bruder von Quetzalcoatl. Dadurch erscheinen die Repräsentanten des Bösen jeweils als *der dunkle Wesensteil eines guten Wesens*.

Schließlich lassen die Mysterienlehren die Repräsentanten des Bösen als *Werkzeuge* der guten Götter erscheinen. Zervan verteilt die Herrschaft von Ahriman und Ahura Mazda auf bestimmte Zeitperioden und weist ihnen damit bestimmte Plätze und Funktionen im Weltganzen zu. In den ersten beiden Jahrtausenden der ägyptischen Hochkultur wurde Seth als fester Bestandteil der Weltordnung und Garant der Königsherrschaft angesehen. Mot, der finstere Gegenspieler des Ba'al, ist der „Liebling des El", hilft also bei der Verwirklichung von dessen Plänen. Der biblische Gott „spielt" mit Leviathan und braucht ihn zur Verdichtung der Erdenmaterie. Der Himmelsherrscher Zeus, der ursprünglich mit Themis, der Weltordnung, verbunden war, nimmt Hera zur Gattin, die den ständigen Widerpart seiner Pläne spielt. Und auch dem überaus mächtigen „schwarzen" Tezcatlipoca sind offenbar bestimmte Funktionen im Weltganzen zugewiesen worden.

Die zusammenfassende Aussage der Mysterien kann aus den vorangegangenen Lehren erschlossen werden. Das höchste Göttliche gebraucht das Böse zur Verwirklichung der eigenen Pläne. Es läßt das Böse entstehen und duldet seine Existenz und sein Wirken, solange es den göttlichen Plänen dient. Der Abstieg der Menschheit in die Sphäre der Materie ist daher die Folge eines gottgewollten Plans. Die leitende Gottheit nimmt die Gefangenschaft, die spirituelle Erblindung und den Verfall der Menschheit zur Verwirklichung ihrer Pläne bewußt in Kauf.

Das Gleichgewicht von Licht und Finsternis. – Das Prinzip des Bösen, die Macht der Finsternis, wird nicht vom leitenden Gott bekämpft. Ahriman wird nicht von Ahura Mazda, sondern von Mithra bekämpft, Seth nicht vom Sonnengott Re, sondern von Horus. Mot wird nicht von El bekämpft, sondern von Ba'al und seiner Schwester. Im griechischen Mythos ist es Dionysos-Iakchos, der durch die Einweihung die Macht Plutons, des Erdenaspekts von Typhon, aufhebt. In Indien ist Shiva der Hauptkämpfer gegen die Asuras, ohne den Brahma und Vishnu sie nicht besiegen könnten.

Dieses gegenseitige Verhältnis folgt aus der Polarität der wirkenden Kräfte. Die Finsternis kann nur durch das Licht bekämpft werden. Den Vertretern des finsteren Prinzips – Ahriman, Seth, Typhon, Mot, die Asuras – stehen die Vertreter des Inneren Lichts und der Erleuchtung gegenüber – Mithras, Horus, Ba'al, Iakchos, Shiva. *Die zentrale, leitende Gottheit hält das Gleichgewicht zwischen beiden Kräften aufrecht:* Ahura Mazda, Re, El, Zeus, Vishnu. Sie erlaubt zwar das Wirken des finsteren Prinzips, hält es aber in Grenzen. Oder sollten wir eher sagen: Sie glaubte, es in Grenzen halten zu können? Die Aufrechterhaltung des Gleichgewichts der Welt ist grundsätzlich immer das Werk der Sonne. Sie wird durch den ägyptischen Sonnengott Re repräsentiert. Die anderen genannten Gottheiten tragen ebenfalls sonnenhafte Züge, jedoch nicht so eindeutig wie Re. Indem sie als zentrale, leitende Gottheiten die Weltordnung durch Gleichgewicht aufrechterhalten, üben sie grundsätzlich eine Funktion wie die der Sonne im Planetensystem aus.

Die genannten „Kämpfer für das Licht“ wiederum sind nicht frei von Zügen der Einseitigkeit, Subjektivität und Willkür. Shiva in seiner ursprünglichen Form als Rudra wurde als ein gefährlicher Gott empfunden, der Mensch und Vieh auch Schaden bringen kann, was ebenso auf Mitra-Varuna zutraf. Shiva kann als zorniger Gott erscheinen, der seine Gunst und Feindschaft willkürlich verteilt. Mitra-Varuna kann auch Krankheiten verursachen. Auftreten und Wirkung des Dionysos sind geprägt von einer charakteristischen Ungehemmtheit, von einer Ekstatik, die manchmal nicht weit vom Taumel entfernt ist. Er kann den Menschen auch Wahn und Wahnsinn schicken. Selbst bei Horus wird ein Zug der Willkür sichtbar, wenn er, wie erzählt wurde, seiner Mutter Isis den Kopf abschlägt, weil sie einmal für die Rechte des Seth eingetreten war.

Diese Subjektivität hängt eng mit der Nähe der Mysteriengottheiten zum psychischen Bereich, zum Mond und zum Tierreich zusammen. Die Seele und die Seelenwelt als ganze ist nicht die Sphäre abgeklärter Ruhe und Objektivität. Sie enthält auch zahlreiche Triebe und Emotionen und kann den Menschen auch zu unüberlegten Taten antreiben. Ungehemmte Dynamik ist ihr Grundprinzip. Es ist die Weltseele, die alles im Universum in Bewegung setzt. Die Mysteriengottheiten versetzen den Menschen zwar in die Sphäre der Seelenwelt, doch Selbstdisziplin und Herrschaft über sich selbst vermitteln sie ihm nicht. Diese Eigenschaften stammen aus dem *Geist*, einer ganz anderen Sphäre. Solange der Mensch seine Triebe und Emotionen, sein Ego und seine Subjektivität noch nicht geläutert und überwunden hat, kann er sich in der Seelenwelt in Gefahr bringen. Deshalb ist der Weg der Läuterung und Selbstdisziplin nötig, den Herakles gegangen ist, was im zweiten Band geschildert wird. Die weisen Griechen stellten dem Dionysos deshalb den Gott *Apollon* gegenüber, ein Sinnbild des Maßes, der Harmonie und Abgeklärtheit. Ebenso steht Shiva in Indien der Gott *Vishnu* gegenüber, der hilfreiche Retter und Erlöser, der – so müssen seine Taten verstanden werden – Harmonie und Gleichgewicht in der Welt und im Menschen herstellt.

Die Mysteriengottheiten heben die Seele empor in die Seelenwelt. Dadurch werden die Seelen aber auch in geringerem oder stärkerem Maße vom Erdenleben abgezogen, was geradezu unvermeidlich ist. Auf diesem Wege kann ein Mensch den Kontakt zur Erde und zum Leben weitgehend verlieren. Sein Innenleben wird reicher, sein äußeres Leben aber verarmt. Das ist nicht wenigen Menschen auf dem spirituellen Weg widerfahren. Im Zuge dieses „Abhebens“ kann in der Seele Gleichgültigkeit und Verachtung gegenüber der Welt und dem Leben entstehen. Unmerklich entwickelt sich zusammen mit einer solchen Haltung der geistige Hochmut. Auf diesem Wege kann – was zunächst paradox erscheint – ein „spirituelles Ego“ entstehen, das sich nur noch um das eigene Seelenheil kümmert, dem aber Welt, Leben und Mitmenschen immer mehr entschwinden.

Die Abkehr von der Welt wird noch unterstützt durch die überirdische *Schönheit*, welche die Mysteriengötter vor den Augen der Mysten entfalten. Sie sind ja, wie gezeigt wurde, selbst von bezaubernder, verführerischer Schönheit. Sie können in der Seele eine Art von Schönheitstrunkenheit erwecken. Ihre „blendende Schönheit" lädt die Seele zum immerwährenden Verweilen in dieser Sphäre ein. Darüber kann das irdische Leben vergessen werden. Wenn wir von der Schönheit sprechen, ist auch der *Stolz* nicht weit. Wir dürfen vermuten, daß der überirdisch schöne Mysteriengott auf seinen Stolz nur ungern verzichten würde, und ebenso wird es den Seelen ergehen, die sich ihm hingeben. Auf beiden Wegen – zu den Tiefen und Höhen des Daseins – kann der Mensch einer „Blendung" verfallen. Immer und überall berühren sich die Extreme.

Mit dem Bild der „Schlange" in Verbindung mit den Mysteriengottheiten haben die alten Eingeweihten wohl auch solche Gefahren andeuten wollen. Die vielfach gewundene Schlange drückt keine Geradlinigkeit aus. Sie zeigt in die eine und zugleich in die andere Richtung, sie sagt ja und nein zugleich, sie gibt und nimmt gleichermaßen. Wird die subtile und heimliche Macht der „Schlange" nicht beherrscht, wird sie zur Verführerin.

Dennoch gehören auch die Mysteriengottheiten als unverzichtbarer Bestandteil zur bestehenden Weltordnung. Den leitenden Spirituellen Wesen dienen sie als Gegengewicht zu der Macht, welche die Seelen allzu tief in die Materie und das irdische Leben zieht. Darin also besteht in Wirklichkeit das von der Gottheit hergestellte Gleichgewicht. Dieses Gleichgewicht in sich selbst zu bewahren ist zugleich die Aufgabe des Menschen, solange er auf Erden lebt. Er ist mit einer zweifachen Verführung konfrontiert, und keiner darf er *uneingeschränkt* nachgeben. Die Lösung dieses existentiellen Problems liegt allein im rechten Maß.

Mit dieser kaum zu bewältigenden Aufgabe ist der Mensch allerdings überfordert, vor allem wenn ihm spirituelles Wissen fehlt. Mit dem Verlöschen oder besser gesagt der Auslöschung der Mysterientraditionen und damit der Urweisheit ist dieses unbedingt notwendige Wissen in der Gesellschaft aber vollständig verlorengegangen. Der moderne Mensch der westlichen Welt steht spirituell vor dem Nichts. Tiefes Dunkel hält den Planeten umfangen. Das Gleichgewicht der Welt ist verlorengegangen. Die „Strategie des Gleichgewichts", die Richtschnur der leitenden Spirituellen Wesen, hat sich als illusionäres Wunschdenken herausgestellt. Die Menschheit, und mit ihr der Erdenplanet, beginnen sich von ihrem Ursprung zu lösen und ins Nirgendwo zu stürzen. Nur der Mensch selbst könnte diese Entwicklung noch aufhalten. Zu diesem Zweck müßte er sich seines überirdischen Ursprungs entsinnen und ihn in sein Bewußtsein integrieren. Eben dies war das Bestreben der Mysterien.

Die Mysterien und der Sinn der Evolution. – Auch abgesehen von der Einweihung als solcher machen die Mysterienlehren zahlreiche Aussagen über Welt und Mensch. Die verwendeten mythischen Erzählungen und Symbole enthüllen bei tieferem Eindringen Erkenntnisse und Aussagen, mit denen sich seit jeher Philosophie und Theologie beschäftigt haben. Themen dieser spirituellen Weisheit sind Seele und Geist des Menschen, Weltseele und Weltgeist, die Sternenwelt, das Göttliche, die Macht des Bösen, Polarität und Einheit im Weltganzen, die Evolution der Menschheit, das Leben nach dem Tode, der Sinn des Lebens und vieles mehr. In der Form von Mythen werden Fragen und Antworten formuliert, die sich auf den höchsten Ebenen menschlichen Denkens bewegen.

In der Sicht der Mysterien steht der Mensch im Brennpunkt des Unendlichen. Er erscheint als ein lebendiger Mikrokosmos, der in sich alle Anlagen des Großen Kosmos trägt. Durch die Möglichkeit der Einweihung wird dem Menschen eine höchste Würde im Weltganzen verliehen. Im Verlauf seiner Entwicklung kann er zu den höchsten Stufen des Seins und Bewußtseins aufsteigen und sich mit dem Absoluten vereinigen. In dieser Sicht ist der Mensch die Erfüllung eines Zukunftstraums des Absoluten.

Noch während der Zeit, als die Mysterien in Blüte standen, erfolgte in Indien im ersten vorchristlichen Jahrtausend die Erarbeitung dieser Weisheit in klarer, bewußter Gedankenform. Dies geschah zuerst vorbereitend in den Upanishaden, dann durch Gotamo Buddha, die Yoga-Philosophie und später durch die gesamte spirituelle Philosophie Indiens. Diese Lehren bilden einen unschätzbaren Beitrag zum vernunftgemäßen Verständnis der Einweihung. Zum erstenmal in der Evolution wurden die uralten Weisheiten in Begriffe des Verstandes gegossen. *Der Weg spiritueller Erfahrungen, den Gotamo und die Yoga-Lehren beschreiben, ist als ein unanfechtbarer Beweis der Mysterienlehren und ihrer Praxis anzusehen.* Jeder Mensch kann sich auf diesen Wegen Gewißheit von der Existenz des Spirituellen verschaffen, wenn er genügend geistige Energie und Geduld aufzubringen bereit ist.

Unmittelbar nach Gotamos Tod (nach europäischer Auffassung ca. 480 vor Chr.) wurde in Griechenland *Sokrates* geboren (ca. 470 vor Chr.), der zum Inspirator *Platons* wurde. Durch diese beiden eingeweihten Weisheitslehrer erhielt das Abendland eine eigene spirituelle Philosophie, welche die Erkenntnisse der Mysterieneinweihung dem menschlichen Verstand begreiflich zu machen versuchte. Auf Platon folgten später die Denker des Neuplatonismus, die ihre Leser in höchste Höhen spiritueller Erkenntnis führten. Dieses zeitliche Zusammentreffen kann kein zufälliges gewesen sein. Die Zeit war reif geworden für das gedankliche Verständnis der Mysterien und der Einweihung. Buddha, Sokrates und Platon haben die Erkenntnisse der Mysterien und des Einweihungsweges weitgehend öffentlich gemacht, so daß ihre Aussagen sich auch dem Verstand erschließen konnten. Das waren Taten weltgeschichtlichen Ausmaßes. Diese Morgenröte des Spirituellen Denkens in Europa ist dann allerdings durch das Christentum ausgelöscht worden. Seitdem tappen die europäischen Menschen im Dunkeln umher. Im Abendland ist Horus nun endgültig erblindet, und wir alle mit ihm.

Die Mythen und Symbole der Mysterien sind ein untrennbarer Komplex innerhalb der Gesamtheit der alten Mythologien. In den drei hier vorliegenden Bänden sind bereits viele dieser Mythen und Symbole enthüllt worden, so daß der ihnen zugrunde liegende Sinn und ihre Weisheit zutage treten. Daraus wird aber auch deutlich, daß im Grunde *alle wichtigen Mythen und Symbole der alten Kulturen aus den Mysterien und dem erleuchteten Bewußtsein stammen.* Dadurch erscheinen alle Mythologien der Vergangenheit in einem völlig neuen Lichte. Sie alle speisten sich aus einem durch Erleuchtung erworbenen, erweiterten Bewußtsein.

Einweihung als Selbsterlösung

Die drei vorliegenden Werke sollen dem Suchenden eine sichere historische Grundlage zum Verständnis und der Beurteilung der Einweihung bieten. Sie wollen aber nicht in die Vergangenheit zurückführen. Kollektive Einweihung wie in Griechenland kann es nicht mehr geben, ebensowenig die Verwendung von bewußtseinsverändernden Substanzen oder die Herbeiführung einer kataleptischen Starre. Die Einweihung in der Zukunft – falls es eine solche geben wird – kann nur auf dem Streben und der Anstrengung des Einzelnen beruhen. Die Beschreibung der Mysteriengottheiten beabsichtigt auch nicht, die Seelen zu diesen Göttern hinzuführen. Das gegenseitige Verhältnis von Menschen und Göttern hat sich im Laufe der Evolution gründlich verändert. Der Mensch tritt nun den Göttern in einer völlig anderen Weise gegenüber, als es noch zu den Zeiten der Mysterien der Fall war. Dieses veränderte Verhältnis kommt auch in einem sich immer mehr vertiefenden Gegensatz von Religion und Spiritualismus zum Ausdruck.

Der religiöse Mensch blickt auf zu einem Gott *außerhalb seiner selbst,* von dem er Trost und Hilfe erwartet. Der spirituelle Mensch verwirklicht das Göttliche *in sich selbst.* Im Verlauf seiner zahlreichen Erdenleben erwirbt er sich immer neue Eigenschaften, Fähigkeiten und Kräfte, steigt dadurch zu immer höheren Ebenen auf und wird selbst zu einem Gott. Im Laufe zahlreicher Erdenverkörperungen haben bereits viele Menschen höhere Ebenen des Seins erreicht. Nach dem sogenannten Sterben vereinigen sie sich mit ihrem ewigen, höheren Selbst, das die Essenz aller vorherigen Leben und aller ihrer Anstrengungen enthält. Das wußte bereits die alte persische Weisheit. In den Spirituellen Welten leuchten sie als weise und mächtige Geistwesen, wie es die ägyptischen Texte so eindrucksvoll beschreiben.

Nur weil die Seelen sich mit den kümmerlichen Leibern verbinden müssen, die ihnen die Erde zur Verfügung stellt, erscheinen sie dort so unentwickelt. Der materielle Erdenleib verbirgt die wahre geistige Größe der Seelen, ihre Lichtgestalt. Die Inder nennen einen spirituell weit entwickelten Menschen einen „Mahatma", was „Große Seele" bedeutet. In den alten Zeiten war diese Bezeichnung wörtlich gemeint. Die Geistgestalt eines solchen Menschen reichte buchstäblich bis in die Wolken. Das ist auch der Grund dafür, warum die großen Eingeweihten in den alten Mythen oft als Götter erscheinen. Götter und Eingeweihte sind in den alten Mythen manchmal nur schwer zu unterscheiden, beide fließen zu einer Gestalt zusammen. Das gilt vor allem für die mythischen Kulturbringer bei den Naturvölkern, die zu Göttern wurden. Viele kulturschöpferisch tätige Menschen, die auf allen Gebieten des Lebens den Fortschritt bringen, sind in den Spirituellen Welten als Lichtgestalten wahrzunehmen. Die von den Tibetern geschilderten universalen Lichtgestalten der Buddhas sind keineswegs Übertreibungen.

Hier muß noch ein weiterer Irrtum berichtigt werden. Die Einweihung erweitert nur die Wahrnehmungsfähigkeit der Seele, verändert aber diese selbst nicht in ihren Eigenschaften. Ein Blinder wird durch eine Augenoperation zwar sehend, aber nicht moralisch besser und auch nicht intelligenter oder fähiger. Der Aufstieg in den Spirituellen Welten hängt deshalb grundlegend von der Intelligenz, der Weisheit und den Tugenden ab, die sich die Seele *auf der Erde* erworben hat. Aller Fortschritt für die Menschen vollzieht sich auf der Erde. Und nur von der Erde aus können sie unmittelbar auf die höchste Ebene des Seins und Bewußtseins aufsteigen, von der Gotamo Buddha spricht. Alles das gilt bereits für das Leben nach dem sogenannten Tode und wird von allen Seelen in den jenseitigen Welten in dieser Bedingtheit erlebt.

Die Menschheit ist die neue Göttergeneration. Sie tritt gleichberechtigt neben die bestehenden Generationen von Göttern. Anders als diese hat sie sich den Aufstieg unter unermeßlichen Mühen und Leiden selbst erkämpft und wird ihn sich noch weiter erkämpfen. Darin besteht ihre Würde und ihre völlig neue Stellung in der Spirituellen Welt. Durch diese Evolution emanzipiert sich die Menschheit von den Göttern. In einer ferneren Zukunft wird sie sich selbst leiten und ihre Ziele aus sich selbst entwickeln. Alles hier Gesagte ergibt sich aus dem richtigen Verständnis der Einweihung und ihren Möglichkeiten.

Zu diesem neuen Verhältnis gehört auch der Grundsatz, daß das Heil der Menschheit an oberster Stelle steht und tausendmal wichtiger ist als irgendein Gott. Die Menschheit in ihrer Gesamtheit bildet ja einen großen, untrennbaren Teil der Weltseele und des Weltgeistes. Die Menschheit ist eine Schicksalsgemeinschaft, in der alle für alle mitverantwortlich sind. Im Spiritualismus der Zukunft ist nicht mehr viel Platz für Götter. Die fortgeschrittenen Menschen werden deren Plätze einnehmen. Wenn es noch eine Religion geben sollte, wird es eine Menschheitsreligion sein. Mit Bewunderung und Dankbarkeit wird man aufblicken zu den leuchtenden Sternen am Firmament der Menschheit, die auf der langen Erdenwanderung das Licht erobert und es auf allen Feldern der Kultur ihren Mitmenschen gebracht haben. Diese kulturellen Fortschritte waren zugleich Früchte der Einweihung.

Der Fortschritt der Menschheit und aller Einzelmenschen ist sowohl ein individueller als ein kollektiver. Niemals könnte ein einzelner Mensch den fortgeschrittenen Zustand der Kultur und Zivilisation erreichen, der durch die kollektive Anstrengung und die Arbeit aller entstanden ist und weiter entsteht. Das individuelle Fortschreiten baut auf dem auf, was durch alle anderen geschaffen worden ist. Dieses kollektive Sich-Herauslösen aus den Banden der Natur ist bereits ein Teil der Erlösung. Die gesamte Mysteriengeschichte gehört zu dieser Selbstbefreiung und Selbsterlösung. Die Menschheit erlöst sich selbst auch durch ihre kulturelle Arbeit und durch die Entwicklung von Weisheit und Tugenden. Zu dieser Selbsterlösung werden in Zukunft allerdings auch immer mehr spirituelle Anstrengungen treten müssen.

Es ist ein unabänderlicher Grundsatz der Einweihung, daß jeder durch eigene Anstrengung sich selbst erlöst. Durch nichts und niemanden kann diese Arbeit an sich selbst ersetzt werden. Im Gang der allgemeinen Höherentwicklung der Menschheit fließt dem Einzelnen aber Hilfe zu, und es liegt ganz bei ihm, sich solche Hilfe zu verschaffen. Die Hinweise der Religionen auf den großen Helfer, der uns ohne unser Zutun erlösen wird, sind vielleicht trostreich, aber nicht hilfreich, denn sie verdecken die Notwendigkeit eigener Anstrengungen. Wer noch Trost braucht, kann den Weg der Einweihung nicht gehen. Bevor man das Tor durchschreitet, müssen alle Tränen versiegt sein.

Der Weg zur Einweihung, das heißt zu einem erleuchteten Bewußtsein, beginnt mit der *Selbsterkenntnis*. Sie erstreckt sich über das ganze Leben und ist niemals abgeschlossen. Wer ohne Selbsterkenntnis die Seelenwelt betritt, begibt sich in Gefahr. Denn dort treten dem Menschen die dunklen und häßlichen Seiten seines Wesens in bildhafter Weise unausweichlich entgegen. Je mehr sich der Mensch in der Selbsterkenntnis geübt hat, desto leichter wird er diese Begegnung mit sich selbst bewältigen können. Ohne Selbsterkenntnis ist ein Aufstieg in die Welten des Geistes nicht möglich. Und je schonungsloser sie geübt wird, desto wirksamer ist sie.

Selbsterkenntnis ist nötig, um das *Ego* in uns zu überwinden. Jeder Strebende muß sich diesen Begriff unbedingt aneignen. Das Ego ist zwar die naturhafte Vorstufe des wahren Ichs, aber es ist auch der Träger des Egoismus und verstrickt in zahlreiche Triebe und Emotionen. Das Ego ist die Quelle aller Selbsttäuschung und Selbstsucht. Im Laufe der Entwicklung muß es innerlich überwunden werden, und ohne diese Überwindung gibt es keinen spirituellen Fortschritt. Würde das Ego mit in die Spirituelle Welt hineingetragen, so würde sich der Mensch die Fähigkeiten und Kräfte dieser Welt für eigensüchtige Zwecke aneignen. Auf diesem Wege würde er ein Teil der Dunklen Welten. Aus diesen Gründen muß sich der Strebende über seine wahren Motive Rechenschaft ablegen. Vor allem muß jede Form des Ehrgeizes – einer Haupttriebfeder des Egos – abgelegt werden. Wer aber glaubt, er habe kein Ego mehr, der ist am weitesten von dessen Bewältigung entfernt. Darin nämlich besteht die verhängnisvollste aller Selbsttäuschungen. Die Existenz und die Äußerungen des Egos zu erkennen, gehört zu den größten Schwierigkeiten auf dem Weg zur Bewußtseinswandlung.

Durch die Überwindung des Egos konstituiert sich das *wahre Ich* des Menschen. Das Ich schafft sich selbst durch diese Arbeit am Ego. Leib, Lebenskraft, Seele und Ego hat der Mensch von den Schöpfermächten *erhalten*, sie sind ihm geschenkt worden. Das wahre Ich aber ist sein ureigenes Werk. Diese Arbeit besteht in Selbsterkenntnis, Selbstdisziplin, Herrschaft über die Triebe und Emotionen. Die eigentliche Menschenstufe beginnt erst mit dem selbsttätigen Ich. Indem der Mensch sich sein Ich erarbeitet, schafft er sich selbst. Diese Arbeit erstreckt sich über viele Erdeninkarnationen. Der Mensch ist das einzige Wesen im Universum, das sich selbst, das heißt sein eigenes Wesen, schafft. Zwar hat er die abstrakte Möglichkeit zu dieser Arbeit ebenfalls vom Kosmos erhalten, aber in dieser Beziehung ist allein der *Vollzug* entscheidend. Nicht wenige Menschen verzichten auf diese Möglichkeit und scheuen die damit verbundenen Anstrengungen. Mit der Erschaffung seines wahren Ichs erschließt sich der Mensch die Möglichkeiten zu unbegrenztem Aufstieg. Für das wahre Ich, das sich zum Höheren Selbst weiterentwickelt, gibt es keine Grenzen im Universum. Es trägt die Unendlichkeit in seinem Schoße.

Schonungslose Selbsterkenntnis ist ein Teil der unbedingten *Wahrhaftigkeit*, die der nach spiritueller Erkenntnis Strebende sich aneignen muß. Kompromißlose Wahrheitsliebe ist der sicherste Führer in den Höheren Welten. Jede Unwahrhaftigkeit, jede Illusion und Selbsttäuschung erweisen sich dort als Hemmnis. Und der sicherste Weg, sich in diesen Welten nicht zu verirren – was leicht geschehen kann – ist, um Wahrheit zu bitten. Für die Spirituellen Wesen ist es undenkbar, daß einer aufrichtigen Bitte um Wahrheit nicht entsprochen werde, denn ihre

Welten bestehen aus Wahrheit. Die entsprechenden Wahrheiten muß der Bittende dann allerdings aushalten, selbst wenn sie sein gesamtes bisheriges Welt- und Selbstverständnis erschüttern.

Die unbestechliche Suche nach Wahrheit gehört aber schon auf der irdischen Ebene zu den Voraussetzungen des Einweihungsweges. Der Strebende muß lernen, Tatsachen von Meinungen zu unterscheiden. Genauigkeit, Tatsachentreue, Folgerichtigkeit und Widerspruchsfreiheit bilden die absolut notwendigen Grundlagen eines Denkens, das sich die Erforschung der Wahrheit zum Ziele setzt. Allerdings sind solche Eigenschaften ziemlich selten, besonders bei religiösen Menschen. Die Sprache christlicher Theologen erreicht oft einen Grad von Unbestimmtheit, der alle Konturen verwischt und letzte Überreste möglicher Tatsachen im Nebel verschwinden läßt. Der Strebende muß lernen, der „Sprache der Verheißungen" zu mißtrauen, wo auch immer sie gesprochen wird, denn sie ist eine Sprache der Selbsttäuschung und der Täuschung anderer. Er muß eine Sprache schätzen lernen, die ihn mit den Tatsachen des Lebens konfrontiert, und nicht eine solche, die ihnen ausweicht. Nach diesen Gesichtspunkten sollten auch mögliche „spirituelle Lehrer" ausgewählt werden, von denen viele diesen Anforderungen nicht gewachsen sind. All dies gehört zur „Unterscheidung der Geister", die auch in den Spirituellen Welten unentbehrlich ist.

Betritt ein Mensch unvorbereitet die Seelenwelt, so wird er dort zunächst konfrontiert mit Bildern, Vorgängen und Wesen, die ihm bislang völlig unbekannt waren und die geeignet sind, ihn in Verwirrung zu versetzen. Ihnen gegenüber fühlt sich die Seele hilflos und weiß nicht, wie sie sich verhalten soll. Das betrifft alle modernen Menschen, vor allem aber Seelen mit materialistischer und atheistischer Denkungsart sowie religiöse Menschen, die gefangen sind in einer von spirituellen Inhalten entleerten Dogmatik. Der moderne Mensch braucht deshalb dringend eine gedankliche Vorbereitung, die ihm grundlegende spirituelle Erkenntnisse vermittelt. Dazu dienen die Werke spiritueller Weisheit und Wissenschaft, die von den wirklich Wissenden verfaßt werden, die aus eigener Erfahrung sprechen. Nach sorgfältiger Auswahl sollte der Strebende sich die Inhalte dieser Weisheit aneignen und dabei mit einer gewissen Systematik vorgehen. So erhält er eine sichere Grundlage, auf der er sich auch in den Spirituellen Welten bewegen kann. Auf diesem Wege muß der Strebende allerdings auf jede Dogmatik verzichten, besonders gegenüber anderen Menschen. Wahrheiten, die wir mit geschwellter Brust und der Donnerstimme der Unfehlbarkeit verkünden, ziehen sich von uns zurück; sie wollen nicht vereinnahmt und zu Kampfinstrumenten gemacht werden. Aber auch Seelen, die das Spirituelle nur wahrnehmen und erleben wollen, werden feststellen, daß ihnen die Dinge schnell wieder entgleiten. Mit den höheren Wahrheiten ist es ähnlich wie mit irdischem Besitz: Hält man ihn *nicht* fest oder *zu sehr* fest, entschwindet er uns.

Mit spirituellem *Denken* machen wir die höheren Wahrheiten zu unserem Eigentum. Nur was wir selbst verstanden und durchdacht haben, gehört uns wirklich. Die Einweihung früherer Zeiten bestand in übersinnlichen *Wahrnehmungen*. Wahrnehmungen aber kommen und gehen wie sie wollen. Sie sind niemals unser Besitz. Nur was wir durch eigene Gedankenarbeit verstanden haben, gehört uns, und zwar für immer. Der spirituell Denkende wird Eigentümer der Wahrheit. Damit erreicht er eine Ebene, die in der Vergangenheit für ihn noch nicht existierte. In der Evolution ist dem Menschen die übersinnliche Wahrnehmung verloren gegangen, aber er ist entschädigt worden durch die Fähigkeit spirituellen Denkens. Und auf der Grundlage spiritueller Wissenschaft und Weisheit kann er sich die übersinnliche Wahrnehmung neu erschließen. Heute steht dem Interessierten in Form von Büchern ein beträchtlicher Teil der globalen Spiritualität zur Verfügung. Diesen Schatz auszuschöpfen würde ein ganzes Leben dauern. Niemals in der Vergangenheit war dem Suchenden ein solcher spiritueller Reichtum zugänglich. Wer ihn weise zu nutzen weiß, kann Fortschritte machen, die in der gesamten Vergangenheit unmöglich waren.

Mithilfe der *Meditation* durchbricht der Strebende die Schranken der Sinne und den dauernden Zwang des Denken-Müssens, die ihm die Spirituelle Welt verbergen. Der meditative Zustand geht hervor aus langdauernder und totaler Konzentration des Geistes. Diese Konzentration kann sich auf verschiedene geistige Objekte richten. Sie kann sich auch *auf sich selbst* richten, was zunächst paradox erscheint, aber grundsätzlich ein ganz einfacher Vorgang ist, der keinerlei Objekte enthält und zu totaler Gedankenstille führt. Man kann sie auch „das Sich-Vergegenwärtigen der Aufmerksamkeit" nennen. Oben wurde sie als die Grundform der buddhistischen Meditation beschrieben. Sie ist jedoch universal, kann immer und überall praktiziert werden und gehört keinem speziellen Kulturkreis an. Eine andere Art der Konzentration richtet sich ebenfalls nicht auf bildhafte Objekte, sondern auf den Meditierenden selbst, das heißt auf das meditierende Ich. Dieser Weg führt in die Innenwelt und letzten Endes zum Höheren Selbst des Menschen. Darin besteht der Weg des *Jnana-Yoga*. Auch diese Form der Meditation ist voraussetzungslos, grundsätzlich ganz einfach und kann von jedem Menschen praktiziert werden. Eine dritte Art der Meditation besteht in der Konzentration auf geistige Objekte. Diese können in Symbolbildern, in Mantren, in speziellen Meditationssprüchen oder einzelnen Sätzen bestehen. In Indien sind die Methoden der Meditation bis zur Perfektion entwickelt worden. Sie können aber überall auf der Welt angewandt werden. Meditation ist nicht Eigentum eines Volkes oder einer Kultur. Im Gegenteil: Indem Meditation den Geist erschließt, hebt sie die Praktizierenden auf die Ebene des allen Menschen Gemeinsamen empor. Der eigentliche, wirksame Vorgang in der Meditation ist in Ost und West und in aller Welt gleich.

Die Inhalte der Seelenwelt treten dem Menschen zunächst als *Symbolbilder* gegenüber. Ihre Sprache zu erlernen gehört zu den ersten Aufgaben. Alle in diesem Buche geschilderten mythischen Bilder, Symbole und symbolischen Vorgänge entstammen diesem Bilderbewußtsein und wurden von Eingeweihten weitergegeben. Mit der Sprache der Mythen erlernt der Suchende zugleich die Sprache der Spirituellen Welt. Darin liegt der große Wert der Mythen, sofern sie *verstanden* werden, auch für das neuzeitliche Bewußtsein. Der Spiritualist weiß, daß in den Seelentiefen der Menschen ein ungestillter Hunger nach solchen Bildern und ihrer Deutung besteht. In den unbewußten Tiefen entsteht nicht selten ein Gefühl der Beglückung, wenn die Seele solche Symbole zu verstehen beginnt. Denn als Bilder des kollektiven Unbewußten entstammen sie ja zugleich dem *eigenen, vergangenen Bewußtsein* jedes Menschen. Dort schlummert diese verschüttete und unverstandene Erbschaft und wartet darauf, wie Dornröschen aus ihrem Schlafe erweckt zu werden. Dann öffnet sich die Dornenhecke der gefesselten Gedanken, und neues Licht verbindet sich mit altem.

Eine weitere wichtige Tugend, die sich der nach Bewußtseinserweiterung Strebende aneignen muß, ist *Unerschrockenheit*. Denn in der Seelenwelt werden ihm auch die dämonischen Mächte sichtbar, die oben beschrieben wurden. Ihren Anblick zu ertragen und ihrem Einfluß standzuhalten ist, wie jeder einsehen wird, nicht leicht. Die Seele muß dabei ihre ganze Kraft und Selbstsicherheit zusammennehmen. Hierbei erweist sich der Wert der spirituellen Erkenntnisse, die der Strebende bereits vorher erworben hat. Denn gegen wahre, tief eindringende spirituelle Erkenntnis sind diese Wesen machtlos. In den Spirituellen Welten sind Gedanken zugleich Kräfte, und wahre Gedanken besiegen durch sich selbst das Dunkel der Lüge. Den denkenden und moralisch entwickelten Menschen, der in sich die Macht des Wahren und Guten gestärkt hat, fürchten die Dämonen. Und je mehr man das Wirken dieser Mächte im täglichen Leben und Tun der Menschheit erkennen kann, desto mehr ist man gegen ihren Einfluß gefeit.

In unserer Zeit hat dieser Einfluß auf alle Verhältnisse einen bisher noch nie dagewesenen Grad erreicht. Die Zersplitterung des Wissens und die daraus folgende Blindheit und Verblendung, welche die Ägypter mit den Mythen um Osiris und Horus meinten, sind nun bedrohliche Wirklichkeit geworden. Der Materialismus hat seinen Anspruch auf absolute Geltung und Herrschaft durchgesetzt. Und immer aggressiver meldet sich in seinem Gefolge auch der Atheismus. Die in den einzelnen Fächern geforderte „wissenschaftliche Methode" zerstört die ursprünglichen Strukturen des Denkens, das dadurch seine Geltung verliert. Innerhalb der Physik, Chemie und Technik führt die „wissenschaftliche Methode“ noch zu Erfolgen. In ihrer Anwendung auf das Verständnis des Lebens und der Seele, in Gesellschaftswissenschaften, Psychologie, Philosophie und Theologie ist sie jedoch völlig unwirksam und wirkt zerstörerisch.

Durch den Materialismus zerstört die Menschheit sich selbst. Seit längerem ist er zudem nicht nur ein theoretisches, sondern auch ein praktisches Problem, weil er dazu übergegangen ist, das Leben der Individuen und der Gesellschaft zu gestalten. Fast alles, was die Menschen heute unter dem Einfluß des Materialismus denken und tun, ist falsch und oft das genaue Gegenteil des Richtigen. Viele Eingeweihte früherer Zeiten haben diese Situation vorausgesehen und vorhergesagt. Würde der gegenwärtige Zustand der Welt auf Dauer bestehen, hätten die dunklen Mächte gesiegt. Nur eine tiefgreifende und umfassende Bewußtseinsänderung könnte diese Entwicklung noch korrigieren. Jeder spirituell Strebende sollte sich dieser Problematik bewußt werden. Indem er sein eigenes Bewußtsein verändert, trägt er gleichzeitig auch zur Aufhellung des Bewußtseins der ganzen Menschheit bei.

Leib, Lebenskraft, Seele und Geist des Menschen entstammen den Welten des Lichtes. Unter dem Einfluß der Kräfte der Dunkelheit und Verblendung können sie auf Dauer nicht gedeihen und existieren, das heißt sie degenerieren. Physische, vitale, seelische und geistige Degeneration sind Folgen des Materialismus. Sie ist heute bereits in verschiedenen Formen zu besichtigen. Die Entfaltung des Spirituellen Bewußtseins im Menschen ist an die Beschaffenheit von Leib, Seele und Geist gebunden, die ihnen im Ursprung verliehen wurde. Ist eine solche Basis nicht vorhanden, kann sich der Geist nicht mehr verkörpern. Die westliche Zivilisation steht in bezug auf die Spiritualität nicht nur vor einem theoretischen, sondern auch vor einem physischen Problem. Wenn der leiblich-seelische Organismus der westlichen Menschen das Spirituelle nicht mehr aufnehmen kann, können sich auch keine spirituellen Menschen und Eingeweihten mehr verkörpern. Dann wird es keine spirituellen Lehrer mehr geben. Jakob Böhme, der letzte in Deutschland geborene Seher, lebte vor 400 Jahren. Unter den genannten Umständen erstirbt das spirituelle Leben für immer, und zwar bereits in den Wurzeln. Eine solche Möglichkeit muß ernstlich in Betracht gezogen werden. In diesem Falle müßte sich die Spiritualität aus der westlichen Zivilisation endgültig nach anderen Weltteilen zurückziehen.

Würde die Menschheit für immer in ihrer jetzigen spirituellen Blindheit verharren, dann würde den Seelen auf lange Sicht auch alles das verloren gehen, was sie sich bisher in vielen Inkarnationen erarbeitet hatten. Wenn die ganze Menschheit auf Dauer denkt, daß es nur Materie gebe, wird es eines Tages auch nur noch Materie geben. Dann würde der Mensch den Geist und das Göttliche in sich für immer verlieren. Man würde ihn nicht mehr wiedererkennen.

Spiritualität und Erleuchtung werden von Einzelnen entwickelt und sind nicht an ein bestimmtes Volk oder eine einzelne Kultur gebunden. Das spirituelle Bewußtsein *in einzelnen Individuen* kann sich überall auf dem Erdball entwickeln. Der Spiritualist blickt deshalb in eine Zukunft der Erde, auf der – vielleicht, vielleicht – weit verstreut zunächst einzelne Individuen ein erleuchtetes Bewußtsein entwickeln. Diese Individuen werden das gemeinsame höhere Menschheitsbewußtsein repräsentieren. Auf den Ebenen des Weltgeistes gibt es keine Trennungen mehr nach Völkern, Kulturen und Religionen. Die erleuchteten Menschen schaffen die globale spirituelle Einheit der Menschheit, wie sie auch im Ursprung bestanden hatte.

Unter der Voraussetzung, daß eine solche Umkehr Wirklichkeit wird, kann die Evolution als ein Kreislauf aufgefaßt werden. Die Menschheit entstammt den Welten des Geistes. Aus den Höheren Welten steigt sie herab zur Erde. In vielen Erdeninkarnationen arbeitet der Mensch an sich selbst und erwirbt sich das Höhere Bewußtsein auf neue, stärkere und bewußtere Weise. Dadurch wird es sein unverlierbares Eigentum. Als neue Göttergeneration erobert die Menschheit sich die höchsten Gipfel des Seins und Bewußtseins. Dadurch wird sie in die Lage versetzt, schrittweise und in äonenlangen Bemühungen alle Wesen des Universums erlösen zu können.

Die zitierten Werke

[1] Hans Bonnet. Lexikon der Ägyptischen Religionsgeschichte. 3. Auflage Berlin 2000

[2] Lexikon der Ägyptologie. 6 Bände. Hrsg. von Wolfgang Helck und Eberhard Otto. Wiesbaden 1975

[3] Plutarch. Religionsphilosophische Schriften. Über Isis und Osiris. Düsseldorf/Zürich 2003

[4] Roscher. Ausführliches Lexikon der griechischen und römischen Mythologie. 12 Bände

[5] Walter Beltz. Die Mythen der Ägypter. Düsseldorf 1982

[6] Homerische Hymnen. Der Demeter-Hymnus

[7] L. Preller. Griechische Mythologie. 2 Bände. Berlin 1872

[8] Karl Kerenyi. Die Mythologie der Griechen. 2 Bände. Zürich 1951, Taschenbuchausgabe München 1966

[9] Jan Assmann. Altägyptische Totenliturgien. 3 Bände. Heidelberg 2002

[10] Hartmut Schmökel. Kulturgeschichte des Alten Orient. Stuttgart 1961

[11] Helmuth von Glasenapp. Die Religionen Indiens. Stuttgart 1943

[12] Hermann Oldenberg. Die Religionen des Veda. Magnus Verlag

[13] Gedichte des Rig-Veda. Auswahl und Übersetzung von Hermann Lommel. München 1955

[14] Die Reden Gotamo Buddhos. 3 Bände. Übersetzt von Karl Eugen Neumann. Zürich/Wien 1956

[15] Das Tibetanische Totenbuch. Hrsg. von W. Y. Evans-Wentz. Zürich/Stuttgart 1960

[16] Geo Widengren. Die Religionen Irans. Stuttgart 1965

[17] Reinhold Merkelbach. Mithras. Ein persisch-römischer Mysterienkult. Wiesbaden, 2. Auflage

[18] Maarten J. Vermaseren. Mithras. Geschichte eines Kultes. Stuttgart 1965

[19] Jan Gonda. Die Religionen Indiens I. Veda und älterer Hinduismus. Stuttgart, 2. Auflage 1978
[20] Hans Dieter Betz. The Mithras Liturgy. Tübingen 2003
[21] Rudolf Jockel. Götter und Dämonen. Mythen der Völker. Darmstadt 1953
[22] Erich Neumann. Die Grosse Mutter. Der Archetyp des Grossen Weiblichen. Zürich 1956
[23] Dante. Die Göttliche Komödie. Übersetzt von Friedrich von Falkenhausen. Frankfurt am Main 1974
[24] Apulejus. Der Goldene Esel. Aus dem Lateinischen von August Rode. Leipzig o. J.

Über den Autor

Thomas Michael Schmidt wurde 1944 in Sachsen geboren. Er studierte Musik und Philosophie. Bereits während seiner Studienzeit machte er grundlegende wissenschaftliche Entdeckungen auf den Gebieten der Mathematik, der Astronomie, der musikalischen Akustik und der menschlichen Anatomie. Diese Erkenntnisse enthüllen den intelligenten Bauplan des Planetensystems, der musikalischen Tonleiter und des menschlichen Körperbaus. Der Autor wirkte als freier Musiklehrer in Frankfurt am Main und war anschließend selbständig im Buch- und Verlagswesen tätig. In Vorträgen und Seminaren wirkte er im Sinne einer umfassenden spirituellen Wissenschaft. Er gehörte zu den Pionieren der Umweltbewegung. Durch eine Medienkampagne mit politischem Akzent konnte er in Ergänzung der Bemühungen anderer Bürgerrechtler die Fortexistenz der Naturheilmittel und damit der Naturheilkunde in Deutschland sichern, die durch ein Gesetz Ende der siebziger Jahre bedroht war.

In umfangreichen Studien widmete sich der Autor der Erforschung der europäischen Diplomatie während der Vorgeschichte des Ersten Weltkriegs sowie der Allgemeinen Geschichte. Durch umfassende Forschungen auf vielen Gebieten der Kulturgeschichte hat er die Moderne Wissenschaftliche Kosmopsychologie begründet, deren Ergebnisse ab 2010 publiziert werden. Zehntausende von nachprüfbaren Tatsachen erweisen unwiderlegbar den Einfluß der Sternenwelt auf das irdische Leben, die Geschichte und das Kulturschaffen.

Mit Büchern und Seminaren wirkt der Autor für die Verbreitung spirituellen Wissens.

Die Spirituelle Weisheit des Altertums

Band 1:

THOMAS MICHAEL SCHMIDT

Die Quellen höherer Erkenntnis

Wahrtraum – Vision – Inspiration

Die Menschen der Antike bezogen ihr mythisches und spirituelles Wissen unmittelbar aus übersinnlicher Wahrnehmung. Die erste Stufe bestand in zahlreich auftretenden Wahrträumen. Orakelstätten vermittelten Heilungssuchenden therapeutische Träume. Zahlreichen Sehern und Seherinnen erschloß sich in Visionen zukünftiges Geschehen. In Orakelstätten erhielten Menschen Aufschlüsse über das individuelle und kollektive Schicksal.

Das Buch umfaßt 193 Seiten und kostet 14,80 Euro.
ISBN 978-3-934839-07-6

Band 2:

THOMAS MICHAEL SCHMIDT

Die Einweihung in die Mysterien

Eleusis und die Mysterien des Dionysos

Die Mysterien waren einzigartige Institutionen der Antike. Durch die Einweihung wurden viele Menschen zu einem erweiterten Bewußtsein und zur Erleuchtung geführt. Die Seele konnte die Welt der Verstorbenen und die Sphäre göttlichen Lebens betreten. Entschlüsselt werden die mythischen und weltanschaulichen Grundlagen und die mit den Mysterien zusammenhängenden Gottheiten. Anschaulich und detailreich wird der Ablauf der Einweihung beschrieben.

Das Buch umfaßt 245 Seiten und kostet 17,50 Euro.
ISBN 978-3-934839-11-3

Spirituelle Weltliteratur

THOMAS MICHAEL SCHMIDT

Dichter blicken ins Verborgene

Spirituelle Weisheit in Gedichten

Poesie ist die Ursprache der Menschheit. Ihre Bilder enthüllen uns das Geheimnis, das über allen Dingen und Wesen liegt. Durch ihr verfeinertes Empfinden und Fühlen sind Dichter fähig, mehr über den Menschen zu wissen als andere. Das Poetische Bewußtsein erschließt ihnen höhere Ebenen der Wahrnehmung. Die deutschsprachige Lyrik der Klassik und Romantik ist reich an spiritueller Weisheit. Zu ihr gehören Themen wie die Realität der Seele und des Geistes, das erleuchtete Bewußtsein, das Leben der Verstorbenen, die Wiederverkörperung, die Himmelswelt, die beseelte Natur und vieles mehr. Dieser Band enthält 52 Gedichte von Chamisso, Droste, Eichendorff, Geibel, Goethe, Hebbel, Hölderlin, Kyber, Meyer, Novalis, Rückert, Schiller, Spitteler.

Das Buch umfaßt 223 Seiten und kostet 22,50 Euro.
ISBN 978-3-934839-13-7

FRIEDRICH LIENHARD

Die Sonne als Quelle von Licht, Leben und Liebe

Mit einem erläuternden Essay von Thomas Michael Schmidt:
Sonne und Weltseele

Die Betrachtung des Dichters Friedrich Lienhard (1865–1929) über die spirituellen Aspekte der Sonne verherrlicht sie als kosmische Urkraft des physischen und geistigen Lebens. In vier Kapiteln – Tod und Unsterblichkeit – Das Lebensgeheimnis – Die innere Sonne – Die geistige Sonne – führt er uns zu den tiefsten Geheimnissen des Sonnendaseins. Als reales und lebendiges Symbol des Göttlichen ist die Quelle des Lichtes und des unzerstörbaren Lebens verwandt mit der kosmischen Christuskraft. In seiner naturwissenschaftlichen Betrachtung untersucht T. M. Schmidt die zahlreichen wunderbaren Eigenschaften von Licht und Farbe und die lebenschaffende Wirkung des Lichtes in der Natur.

Das Buch umfaßt 106 Seiten und kostet 14,80 Euro.
ISBN 978-3-934839-04-5

Spirituelle Weltliteratur

NOVALIS

Sophia oder Die Wiederkehr der Weisheit

Mit einem erläuternden Essay von Thomas Michael Schmidt:
Das Märchen des Novalis in kosmopsychologischer Sicht

Mit tiefsinniger, kosmischer Symbolik faßt der Dichter Novalis (1772–1801) das Drama der Menschheitsentwicklung in der Form eines Märchens zusammen. Durch den Verlust der Urweisheit sind alle seelischen und geistigen Kräfte im Menschen dem Verfall ausgesetzt. Das Leben befindet sich im Zustande der Erstarrung. Wird es den kosmischen Mächten und dem Weisheitsbringer gelingen, dem Angriff der Todesmächte standzuhalten und die Menschheit in eine lichtvolle Zukunft zu führen?

Das Buch umfaßt 99 Seiten und kostet 14,80 Euro.
ISBN 978-3-934839-05-2

CHARLES KINGSLEY

Hypatia

Mit einem erläuternden Essay von Thomas Michael Schmidt:
Ein Frauenschicksal der Antike im Spannungsfeld von Platonismus und Christentum

Hypatia war die erste bedeutende Frau in der Geschichte der Wissenschaft. Um 400 n. Chr. lehrte sie Mathematik, Astronomie und platonische Philosophie. In Auszügen von Charles Kingsleys biographischem Roman entsteht vor unseren Augen das Leben in der ägyptischen Weltstadt Alexandria mitsamt seinen religiösen Spannungen. Ein biographischer Essay von T. M. Schmidt schildert die platonische Philosophie Hypatias und die Hintergründe und christlichen Hintermänner ihrer Ermordung.

Das Buch umfaßt 166 Seiten und kostet 14,80 Euro.
ISBN 978-3-934839-06-9